KB080453

당신,
참 괜찮은
사람이다

당신, 참 괜찮은 사람이다

나의 자존감을 찾아 떠나는
아주 특별한 심리 여행

육문희 지음

| 서문 |

당신 인생이다. 당신 뜻대로 하라!

지금 당신은 삶의 변화를 꿈꾸는 사람임이 틀림없다고 나는 확신한다. 변화를 추구하는 사람들의 마음은 혼란으로부터 시작된다. '나는 지금 과연 행복한가?', '내가 지금 이 상황을 변화시킬 돌파구는 없는 걸까?', '어떻게 사는 것이 제대로 사는 걸까?'라고 묻는다. 이런 질문들을 하는 순간, 인생을 재정비하고 재구성하고 재도전하기 위해 자신을 성찰하는 과정에 들어섰는지도 모른다.

나는 30대 중반에 이르러서야 나 자신을 제대로 찾아가기 시작했다. 그때까지의 나는 어디에도 없었다. 내가 하고 싶은 말을 다 하면 핀잔을 들을까 봐 무엇이든 냉정하게 거절하지 못하고 그저 마음 약한 사람으로 살아왔다. 다른 사람들과 원만한 관계를 유지하기 위해 그들이 좋아하고 능력을 인정받는 일에만 에너지를 쏟아부어야 했다. 다른 사람들에게 좋은 모습만을 보이려 했고 문제없는 것처럼 보여야만 했다.

그런 삶의 뒤에는 항상 불안정한 마음과 혼란스러운 감정이 똬리를 틀고 앉아 나를 비웃는 듯했다. 나의 삶은 다른 사람들의 눈에는 꽤 행복해 보이고 꽤 유복해 보였다. 그러나 사실은 모든 것이 거짓이었다. 그때까지 난 행복하지 못했고 유복하지 않았으며, 오히려 많은 걱정과 근심 속에 살아왔다.

30대 중반 이후, 생각이 완전히 바뀌면서 삶은 조금씩 변화의 조짐을 보이기 시작했다. 그것이 바로 나를 위한 긍정적인 생각의 힘이었다. 생각은 행동을 유발했고 나는 그 행동에 에너지를 불어넣었다. 그것은 다른 사람들이 원하는 내가 아닌 나에서 생각을 돌이켜 진짜 나를 이해하고자 하는 마음과 나를 사랑하고 존중하는 마음이었다. 그러자 나의 삶이 변하기 시작했다. 그동안 억눌렸던 감정들을 드러내고 내가 원하는 것들을 하나씩 이뤄 가며 나 스스로 부족하고 감추고 싶어 했던 결점들을 솔직히 드러냄으로써 스스로 자유를 얻었다.

이것이 과연 나만의 일일까? 어쩌면 세상 모든 사람이 크건 작건 혼자 힘으로 어쩔 수 없는 일들을 복잡한 관계 속에서 해결하고 있을 것이다. 그 속에서 나란 존재는 이미 사라진 지 오래다. 그 사라진 존재를 다시 불러들이고 스스로 자신의 이름을 불러 주길 바란다. 우리는 죽음을 맞기 전까지는 관계 속에서 살아갈 수밖에 없다. 나란 존재는 독창적인 존재다. 그것은 누군가 대신해 줄 수도 없고 대신해 주어서도 안 된다. 내게 주어진 삶을 어떻게 살아갈 것인지는 자신의 방식에 달려 있다. 그 환경이 처음부터 화려하든 초라하든 그것은 그

림일 뿐이다. 삶은 진행형이 아니던가. 어떻게 사느냐에 따라 변화하기 마련이다. 한 번밖에 없는 삶인데 내가 꿈꾸는 삶으로 살아 보는 것, 참 멋진 일일 것이다.

이 책은 크게 자존감 심리, 대인관계 심리, 사회 심리의 세 가지로 분류했으며 그동안 자신의 정체성을 전혀 모른 채 가정에서, 직장에서, 사회에서 받는 억압으로 혼란스러워하는 사람들을 위로하기 위한 내용으로 구성되어 있다. 또 진실된 자신의 내면을 부정하고 틀에 박힌 삶의 프로그램 속에서 위안을 찾으려는 사람들에게 힘과 용기를 주고 있다. 소중한 인생에서 진정한 자신을 발견하고 힘차게 날개를 펴 하늘 높이 날아오를 수 있는 가능성을 발견할 수 있기를 소망하는 마음을 담았다.

우리는 자신도 인식하지 못하는 사이에 다른 사람의 삶에 잣대를 들이댄다. 그것은 자신의 삶을 합리화하기 위한 구실이 되고 위로가 되기도 하며 심지어는 불화를 조성하기도 한다. 나는 절대 아니라고 말할 수 있는 사람이 얼마나 될까. 그러나 그런 마음까지도 인정하고 자기 사랑으로 승화하라고 말하고 싶다. 이 책을 선택한 독자들의 마음이 시원해지기를 바란다. 그동안 억눌려 발견하지 못한 재량들을 발견하고 인정하며, 도전하기를 두려워하지 말고 하고자 하는 일에 통쾌한 승부를 걸었으면 좋겠다. 그러나 당신 인생이다. 마음이 원하는 대로 하기 바란다.

끝으로 10여 년 동안 심리상담과 가족상담을 공부하면서 나를 발견하고 나를 찾아가는 여정을 통해 큰 깨달음을 주신 한국상담개발원의 손매남 박사님과 특별히 이 책을 집필하는 과정에서 많은 피드백을 제공해 준 도산학교의 이상민 선생님께 진심으로 감사드리며 뒤에서 많은 기도로 후원해 주신 분들께도 진심으로 감사드린다.

|차례|

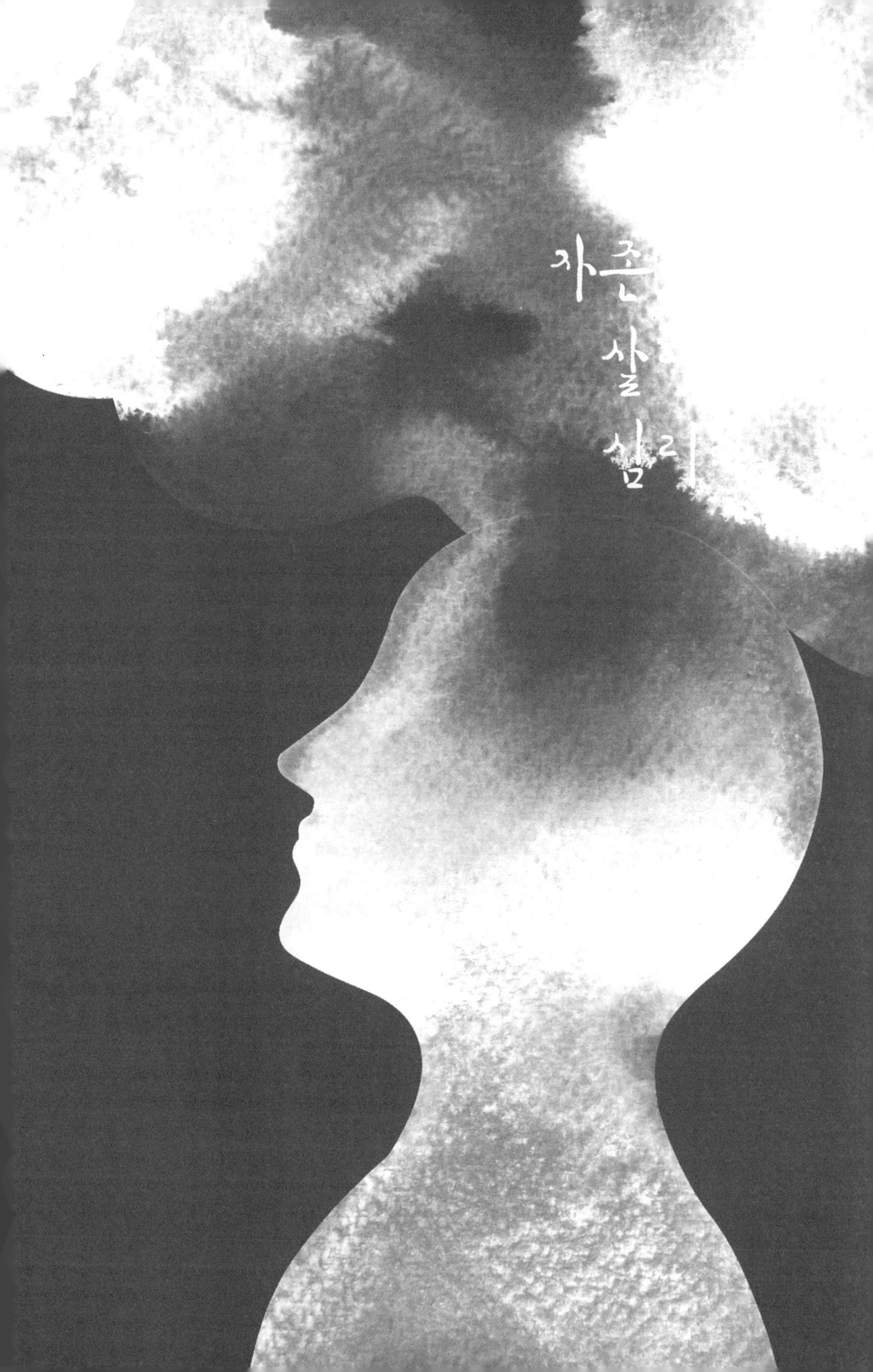
자존
살
심리

01

내 삶이다.
썩 물러가라

사람은 누구나 개인 고유의 특성을 가지고 있다. 당신은 자신의 삶을 마음대로 지휘하며 살아야 한다. 혹시 다른 사람들이 내 삶을 들락거리며 간섭하도록 내버려 두지는 않았는가? 그들의 요구에 부응하려고 귀중한 에너지들을 고갈시키지는 않았는가?

이제는 세상의 풍파에도 흔들리지 않는 튼튼한 항체로 무장해야 한다. 자신을 중심에 두고 삶을 확장해 나갈 때 비로소 존재감이 상승한다. 삶을 심각하게 바라보지 말고 즐길 줄 아는 사람이 되기 위해 자신이 하는 일에 동기를 부여하고 긍정의 마인드로 생각을 전환해야 할 것이다. 왜 소리를 못 내는가? 힘차게 당차게 큰 소리를 내보자. 다른 사람의 요구에 너무 민감하게 굴지 말고, 자신이 원하는 대로 삶을 그려 나가자. 스스로 선택하고 결정한다는 것이 얼마나 즐겁고 행복한 일인가! 성공한 사람들은 성취감으로 흡족해하며 비교적 잘 살아왔노라 말하곤 한다. 그러나 그들은 자신의 존재 자체로도 행복한 삶을 살 수 있다는 것을 알지 못한다.

다행스럽게도 요즘은 대다수의 청년들이 자신의 성향이나 자아의식에 집중할 수 있는 기회가 많아졌다. 다양한 프로그램에 참여함으로써 자신의 강점이나 약점 또는 열정과 마주하는 일들은 아주 특별한 경험이 될 것이다. 이런 활동을 통해 강한 유대감이 형성되거나 자기 정체성이 확립되기도 한다. 자신의 열정과 기질에 적합한 방향을 모색하게 되고 자신감을 개선하기도 한다. 예전에는 흔치 않았던 많은 기회들이다. 마음만 먹으면 언제든 내 삶을 위해 지휘봉을 들고 일어설 수 있다. 이 얼마나 살 만한 세상인가. 자신을 믿지 못하거나 비하함으로써 충분한 가능성을 회피하고 살았다면 이제는 자신감을 갖고 당당히 살아 보자. 내 삶의 주인은 나다. 더 이상 남의 손에 내 인생을 맡기지 말자.

당신 삶을 지휘하라. 힘차게

'괴테'는 말했다. 자신을 믿는 순간 어떻게 살아갈지 알게 된다고. 자신의 삶을 직접 꾸려 나가는 일은 본인 책임이다. 본인이 삶의 지휘자로서 사명을 잘 감당해 왔는지 가만히 들여다보자. 조금도 부끄럽지 않다고 자신할 수 있는가? 혹시 자신을 믿지 못하기에 지휘봉을 다른 이들에게 맡기고 그들이 지시하는 대로 끌려다니지는 않았는가? 자신을 신뢰하지 못하고 삶을 방관하며 수동적인 자세로 살아서는 안 된다. 그 누구도 당신 삶을 대신 살아 줄 자격은 없다. 사람들은 사소한 작은 일에서부터 큰일까지 상대에게 물음으로써 안도한다. "무얼 먹을까?" "무얼 입을까?" 자신의 생각은 저 밑바닥에 깔아 놓았다. 그것이 가장 합리적이라고 생각하며 남들이 내게 원하는 대로 맞추며 살아가고 있다. 이 모든 것이 자신을 믿지 못하고 그에 따른 후폭풍이 두려워 책임을 회피하려는 의도다. 자신을 신뢰하지 못하는 데서 오는 두려움은 생활의 전반을 다른 사람에게 의존하게 만든다. 진짜 주인은 온데간데없고 객이 주인 행세를 하도록 허락해 준 것이나 다름없다.

이제 자신의 지위를 되찾고 지휘봉을 돌려받아야 한다. 자신의 기량과 강점 및 약점을 이해하고 인정하는 것이 무엇보다 중요하다. 악단을 지휘할 때처럼 삶의 모든 문제에서도 강약의 조절이 필요하다. 지휘자는 어디서 열정을 쏟아야 하고 어디서 쉬어야 하는지를 알아야 한다. 자신의 직관과 감각의 모든 기관을 총동원해 오케스트라의 연주를 장엄하게 이끌어 내듯이 삶의 모든 부분을 직접 지휘해야 한다. 성공도 내 몫이고 실패도 내 몫이다. 내가 책임져야 한다.

나는 강의 시간을 통해 자신의 정체성을 찾아내는 일이 얼마나 중요한지를 많은 사람들에게 강조하고 있다. 10여 년 가까이 그에 관한 공부를 하기 위해 수많은 시간과 엄청난 물질 그리고 에너지를 쏟아부었다. 그 과정이 결코 쉬운 일은 아니었지만 이 작업이 나의 일과 삶에 지대한 영향을 미쳤음을 자신 있게 말할 수 있다. 사람들은 자신이 가지고 있는 성향과 기질, 기량의 척도를 알지 못한다. 성공하거나 실패하는 요인들은 능력이 있고 없고의 측면에서 바라볼 일이 아니다. 그것을 왜곡된 시각으로 바라보기에 좌절하고 낙심하는 일이 생기는 것이다. 무엇보다도 자신이 어떤 사람인지를 알아야 한다. 내가 누구인지, 나의 강점은 무엇이고 약점은 무엇인지를 먼저 파악하는 것이 핵심이다.

내가 진행하는 '나를 찾아가는 여정'이라는 프로그램이 있다. 참여한 사람들 중 이 과정을 통해 막힌 숨이 트이고 비로소 속이 후련해졌다고 말한 사람이 있었다. 그 사람을 처음 봤을 때는 어두운 안색과 지친 표정으로 잔뜩 경직되어 있었다. 그의 긴장된 호흡은 주변의 분위기마저 흐려 놓았다. 처음 시간부터 시종일관 무표정하던 사람이었다. 그런데 시간이 지나면서 어느 순간 조금씩 긴장을 풀고 있는 것이 보였다. 굳게 닫힌 입도 열려 몇 가지의 질문을 하기도 했고, 고개를 끄덕이며 입가에 미소까지 보여 주었다. 그는 내 명함을 가져갔고, 이틀 후 전화를 해 상담을 요청해 왔다.

그는 완벽주의 성향을 가지고 있었다. 그가 털어놓은 심각한 강박증은 가족은 물론 주변에까지 영향을 미치고 있었다. 사람들과의 관계가 서툴러 가깝게 지내는 사람도 없었다. 그는 진단과 훈련을 통해 자신의 문제점들을 발견했다. 그리고 그것들을 개선하기 위해 꾸준히 공부했다. 지금도 가끔 만나서 많은 이야기들을 나눈다. 자신의 정체성을 알아 가는 과정에서 그동안 왜 그리 삶이 어렵고 힘겨웠는지를 이해하게 되었다고 한다. 가족들과의 관계 역시 많이 개선되었다. 지금은 자신의 기량을 발휘하기 위해 적성에 맞는 일을 찾았다. 수년간 꾸준히 자기개발에 전념하며 새로운 앞날을 준비하고 있다. 자신을 알아 가는 과정은 새로운 세상을 향한 도전이자 힘겨운 자기와의 싸움이다. 통과한 사람만이 놀라운 성장과 크나큰 행복을 누릴 수 있다.

성공한 사람들의 대부분은 현재 자신이 하고 있는 일이 즐겁다고 말한다. 그러나 만족하지는 않기 때문에 그 일을 통해 더 큰 꿈을 그리고 계획한다. 내게 부족한 것이 무엇인지, 강점과 약점은 무엇인지 끊임없이 자신을 점검하고 개발한다. 자신의 강점을 살려 더 높은 꿈을 위해 도전하기를 두려워하지 않는다.

성공하는 데에는 반드시 이유가 있다. 주변의 성공한 사람들을 보면 우리는 자연스럽게 의문을 품게 된다. "저 사람, 많이 컸네! 비결이 뭐지?" 하고 말이다. 성공한 사람들의 대부분은 자기 삶을 남의 손에 맡기지 않았다는 공통점을 가지고 있다. 그들은 내가 생각하는 그 사람이 아니다. 나의 시선으로 다른 사람을 평가하면 안 된다. 그들은 자신의 삶을 직접 지휘한다. 그들은 타인의 의견이나 판단에 따라 살지 않았으며, 모든 생활 가운데서 오로지 자기 자신에게 집중했다. 자신의 행동을 정당화하지도 않았으며 자신의 선택을 의심하지도 않았다. 오로지 열정과 끈기와 인내를 가지고 끊임없이 노력하며 성장해 왔다. 다른 이들이 그것을 인정하든 안 하든 그들은 상관하지 않는다. 타인이 생각하는 모든 것은 타인의 몫이고 자신과는 전혀 상관없기 때문이다.

우리의 삶은 선택의 연속이다. 당신이 주인공이다. 다른 사람은 관객일 뿐이다.

자유로움을 추구하라

'하인츠 쾨르너'의 《아주 철학적인 오후》라는 책에 이런 글이 실려 있다.

"우리가 어떤 삶을 만들어 나갈 것인지는 전적으로 우리 자신에게 달려 있다. 필요한 해답은 모두 우리 안에 있으니까."

당신이 바라는 삶은 무엇인가? 삶의 지휘자로 산다는 것은 자신의 뜻대로 살아가는 것이다. 내가 선택하고 내가 이끄는 삶을 아름답게 꾸미는 것이다. 주변의 어떤 시선에도, 어떤 평가에도 휘둘리지 않도록 스스로 자신을 잘 관찰해야 한다. 관찰은 자신에게 부족한 것을 알게 해주며, 채우고 변화하게 만들 수 있는 능력을 갖게 해준다. 나를 위해 할 수 있는 것들이 얼마나 많은가. 더 친절하고 더 충실하게 나를 위해 극진히 대접해야 할 것이다.

다른 사람의 인정을 바라지 말고 내가 인정하자

얼마 전에 한 어머니의 요청으로 대학생 자녀를 상담한 적이 있다. 그 학생은 자신의 미래가 불확실하고 느꼈다. 대학을 졸업하고도 현재 전공 분야로 뭘 해야 할지 모르겠다고 했다. 졸업 후의 진로 문제를 생각하면 가슴이 답답하고 머리가 아프다고 호소했다. 알고 보니 대학도, 전공도 자신의 선택이 아니었다. 부모를 비롯해 주변의 강력한 권유로 선택했던 것이다. 대학 입학을 앞두고 그녀는 의상 디자인에 관심이 많았던 자신의 꿈을 내려놓아야 했다. 부모님이 교육학을 권유했기 때문이다. 그녀는 평소에 학교 성적이 좋았고 부모에게 착한 아이였다. 부모님이 원하는 대로 하는 것이 옳다고 판단한 것이다.

그러나 시간이 지날수록 자신의 선택이 잘못되었다는 것을 알았다. 공부에도 관심이 없었고 아무런 흥미나 동기유발이 일어나지 않았다. 부모님과의 대립이 시작된 것도 그때부터였다. 그녀는 자신의 잘못된 선택이 우유부단한 성격 탓이라고 했다. 무능하고 못난 자신이 미워서 견디기 힘들다고 고백하며 눈물을 글썽였다. 상담 결과 그녀에게만 문제가 있는 것이 아니라고 판단해 가족상담으로 전환했다.

요즘 젊은 사람들을 보면 기성세대가 알고 있는 것과는 달리 의외로 자신이 뭘 하고 싶은지조차 모르는 경우가 많다. 자신의 존재가치를 찾지 못하고 짜인 틀에 맞춰 살아나가야 한다는 것에 대한 막연한 두려움이 크다. 자신을 신뢰하지 못하므로 닥쳐오는 현실에 대한 불안감에 사로잡혀 있다. 무엇을 한다 해도 확신을 갖지 못한다. 심리학을 공부한 사람이라면 '내사'라는 용어를 잘 알 것이다. 심리학 용어로 내사란 '외부에 있는 쾌락의 동기를 자아가 환상을 통해 자기 속으로 들어와 동일시하는 과정'을 말한다. 즉, 자신의 생각이나 판단, 욕구로 알고 있던 것들이 사실은 타인이 추구하고 믿고 바라던 일이었을 수도 있다는 말이다. 투사와는 반대 개념이라고 보면 된다. 내 삶에 타인이 들어와 살면서 나를 조종한다는 생각에 섬뜩하지 않은가!

많은 사람들이 그렇게 내사에 젖은 채 자신을 잃어버리고 살아가고 있다. 특히 내가 누구인지 모른 채 말이다. 어린아이들은 삶의 전체를 부모에게 의존한 채 살아간다. 부모가 원하는 대로 학교에 가고 학원을 간다. 어떤 선택권도 없이 주어지는 대로, 요구하는 대로, 지시하는 대로 따를 수밖에 없는 연약한 존재들이다. 순종적인 아이들일수록 내사의 가능성이 높아진다. 결국은 자녀들이 성장했을 때 삶이 늘 살얼음판 같다. 누군가 큰소리라도 칠라치면 얼음판이 깨질 듯 불안감이 엄습한다. 이렇게 고착된 정서는 삶의 여러 가지 새로운 선택 사항이 있을 때에도 쉽게 결정을 내리지 못한다. 타인들의 의견을 따르며 그것에서 안정감을 찾기 때문이다.

이제는 변화할 때가 되었다. 언제까지 그렇게 살 것인가? 진정한 자신의 모습을 찾아야 한다. 타인으로부터 자유로워지자. 사회가 요구하는 삶이 아니라 내가 원하는 삶을 살아야 한다. 다른 사람의 평판에 민감하지도 말고 피하지도 말자. 그들은 내 삶을 지휘할 권리가 없다. 그들이 아무리 나를 흔들어도 나는 나다. 꿋꿋하게 내 뜻을 펼치고 당당해야 한다. 당신 삶을 지휘할 권리는 오직 당신에게만 있다.

잠시 멈춰서 자신의 내면을 들여다볼 여유가 필요하다. 나는 누구인가? 지금껏 살아온 삶과 과정들이 진정 내가 원했던 삶이었나? 그것에 대해 한 번이라도 생각해 본 적이 있는가? 나의 생각은 항상 어디에 있었는가? 무엇을 좋아했고 무엇을 불편해했던가? 지금 여기에서 있는 나는 행복한가? 이 질문들에 집중할 필요가 있다. 사람은 자신의 정체성을 알지 못한 채 평생을 보낼 수도 있다. 아니, 어쩌면 자신의 진짜 모습이 낯설고 불편할 수도 있다. 너무나 오랫동안 내 안에 갇혀 있었기 때문에 만나는 것조차 회피할 수도 있다. 그러나 용기를 내자! 이제는 당신 본연의 모습을 찾을 때다.

02

나는 진짜 내가 아니었다

주변의 수많은 사람들을 가만히 보면 스스로의 가치를 높이려는 사람이 그리 많지 않은 것 같다. 보이지 않는 부분보다 보이는 부분에서 인정받고 싶어 하는 심리가 월등히 앞서기 때문이다. 이것을 우리는 우월감이라고 말한다. 과정을 중시하는 자존감이 높은 사람과는 달리 우월감이 높은 사람은 결과를 중시한다. 자신이 성취해 낸 결과를 드러내고 많은 이들의 인정을 받으며 성장하고 싶어 한다. 그러나 그 이면에는 심한 열등감이 존재하고 있다. 열등감을 감추기 위해 이들은 우월감을 증폭시킨다. 더 화려하게, 더 빛이 나게 함으로써 열등한 자신의 이면을 빛나는 가면 뒤 어둠으로 몰아넣고 있다. 개인심리학을 수립한 '알프레드 아들러'는 말했다.

"타인에 대해 우월한 것처럼 행동하는 모든 사람의 배후에는 열등감이 숨겨져 있다."

반면에 자존감이 높은 사람들은 과정을 더 중요시한다. 이들은 결과에 연연하지 않으며, 인정을 받고 못 받고는 중요하지 않다. 이들은 삶의 과정을 즐길 줄 안다. 자기 마음에 좋을 대로 외모를 꾸밀 줄 알며, 다른 사람의 삶을 부러워하거나 비난하지 않는다. 주어진 삶에 감사하며 새로운 삶을 개척하거나 도전하기를 좋아한다. 또 그것을 통해 자신을 개발하고 성장시키는 것에 가치를 둔다. 남들이 어떻든 상관하지 않는다. 자신의 삶을 스스로 선택하고 개척함으로써 만족하며 즐거워한다.

세상천지를 둘러보자. 나와 똑같은 사람이 또 있을까? 일란성 쌍둥이도 자세히 보면 다르다. 모든 사람은 성격이나 성향, 기질, 특성, 기호, 능력, 재능이 다르다. 그뿐인가? 인상, 골격, 신체 특징 등 같은 곳이 하나도 없다. 서로 다른 사람들이 살아가는 세상에서 삶을 대하는 방식 또한 모두 다르다. 사람들은 저마다 자신이 어떤 사람인지를 알고 있다. 또한 타인이 어떤 사람이라는 것도 어느 정도 파악하는 능력이 있다. 서로의 인격을 존중하고 서로에게 친절을 베풀 줄 안다. 상대가 기뻐하는 것을 통해 자신의 존재에 의미를 부여하기도 한다. 어디에서 누구와 함께하든 나는 나로 서 있다.

그러나 이면에 있는 나란 존재는 뒤로 살짝 숨겨 놓는다. 그렇게 인생길을 가는 동안 진정한 나의 일면은 어디에도 보이지 않는다. 시간이 흐를수록 나를 지키려는 보호 장치가 지나치게 작동되어 진정한 나를 내면 깊숙이 밀어 넣었다. 아무도 모르게, 심지어는 자신도 모르게 말이다. 그렇게 억눌린 채 숨이 막힐 지경임에도 세상에 나서기가 두렵다. 그런 중에도 그 이면의 또 다른 나는 아무렇지 않게 세상을 살아가고 있다. 남의 눈을 의식하면서, 남의 소리에 귀 기울이면서 말이다. 어떻게 하면 좋은 사람으로 보일까, 어떻게 하면 성공한 사람으로 보일까, 어떻게 하면 인정받을 수 있을까! 우월감을 드러내기 위해 다른 사람의 가면을 써야만 했던 삶, 이제는 진짜 나를 위해 그 가면을 벗어 던져야 한다. 진정한 내 모습으로 살아가는 것은 부끄러운 일이 아니다. 그것은 나를 위해서 또 내 주변의 사람들을 위해서도 현명한 선택이 될 것이다.

당신은 특별한 사람이다. 특별한 당신을 만났을 때 사람들은 이전보다 더 진심으로 응원해 줄 것이고 더 많이 지원해 줄 것이다. 그들 또한 당신처럼 답답한 가면을 벗고 싶어 할 것이다. 본래의 모습을 되찾아 시원한 해방감을 느끼고 싶은 마음은 누구에게나 있다.

TV 드라마 중에 지난 7월에 종영된 〈군주—가면의 주인〉이라는 사극 프로그램이 있었다. 가면을 쓰고 왕의 대역을 하는 한 남자가 시간이 흐를수록 왕 노릇에 익숙해져 가는 모습이 안타까웠다. 자신이 아닌 다른 사람의 인생을 살면서 주위의 대신들에게 휘둘리며 살아남기 위해 충성한다. 자유는 물론 선택의 여지가 전혀 없다. 대신들이 원하는 대로만 살아야 한다. 결국 왕이 아닌 왕이 되어 백성의 꼭두각시로 전락하는 꼴이다. 그 드라마를 보면서 우리네 삶이 그와 같다는 생각이 들었다. 내 삶의 주인은 분명 나인데 우리는 모두 다른 사람으로 살고 있다. 다른 사람들을 모시고 그들의 비위를 맞춰 가며 혹시라도 외면당할까, 혹시라도 퇴출당할까, 혹시라도 미움받을까 싶어 전전긍긍한다. 그들이 바라는 내 모습을 지키기 위해 열심히 달려간다. 그것만이 살길이라고 믿기 때문이다.

가면우울증

나는 괜찮다? 나는 문제없다? 우울증은 21세기 현대인들이 많이 겪고 있는 정신질환 중의 하나다. 특히 감정이나 정서, 신체 상태, 행동 양상 등에 다양한 변화와 영향을 주는 것으로 나타난다. 그로 인해 수면장애나 식욕 저하, 심하면 비관성 자살에 이르기까지 하는 위험한 마음의 병이다.

우울증 가운데 가장 위험한 것이 '가면우울증'이다. 그러나 안타깝게도 대부분의 사람들이 가면을 쓰고 살기 때문에 겉으로 드러나지 않는다. 가족은 물론 자신까지도 전혀 알아차리지 못하게 되고, 결국에는 불행한 사건을 접하며 그때서야 심각성을 알아차리는 경우가 많다.

지난 6월 초에 방영된 TV조선 〈인생다큐 마이웨이〉에서 배우 박원숙 씨의 이야기가 소개되었다. 박원숙 씨는 심각한 가면성 우울증을 앓았다고 고백했다. 중요한 것은 진단을 받기 전까지 본인도 모르고 있었다는 점이다. 그녀가 항상 밝고 씩씩한 모습으로 활기차게 살아왔기에 주변의 가까운 지인들도 전혀 눈치채지 못했다고 한다. 그녀는 아들과 어머니를 연이어 여의었다. 극심한 상실감과 외로움이 오죽이나 컸을까. 큰일을 겪었음에도 쉽게 극복한 듯 보였고, 원래의 밝은 모습을 되찾아 경쾌하게 살아가는 듯했다. 그녀의 씩씩한 모습은 다른 사람들 눈에는 그저 긍정적으로만 보였을 것이다.

그러나 아무리 아닌 척, 괜찮은 척 살아가도 이면에 감춰진 또 다른 나는 내 몸의 상태를 알고 있다. 그녀가 뒤늦게 신체적인 증상을 호소했던 것은 자신을 살리고자 내면에서 구조를 요청하는 신호였던 것이다. 그렇게 자신마저도 속이는 것이 '가면우울증'이다. 삶의 과정 중에 겪을 수 있는 아픔과 외로움, 고통들이 어찌 내 잘못일까. 그것은 인간이 느끼고 표현할 수 있는 권리 중 하나일 뿐이다. 내 잘못이 아니다. 자신의 연약함을 드러내는 것을 부끄러워하지 말자. 인간은 본래 연약한 존재임을 인정하고 자신의 감정에 충실한 것이 자연스러운 것이다.

전문가들은 가면우울증에 취약한 사람들의 특징을 다음과 같이 설명했다.

1. 지나치게 책임감이 강하거나 모든 문제를 혼자 해결하려고 한다.
2. 체면 때문에 다른 사람의 부탁을 거절하지 못한다.
3. 자존심이 강하고 남을 많이 의식한다.
4. 연약한 모습을 보이면 자신이 형편없는 사람으로 비칠 것이라고 생각한다.

이런 사람들은 자신의 나약한 모습을 사람들이 알아차리는 것을 몹시 두려워한다. 그래서 더 똑똑하고 강한 이미지를 보여 줌으로써 자신의 능력을 과시한다. 그리고 다른 사람들의 행복한 생활을 보면서 자신의 삶이 실패했다고 자책한다. 항상 앞날의 불확실성에 대해 불안해하고 걱정하며 비관한다. 일상생활에 만족하지 못하고 죄책감을 느끼며 삶의 무가치함을 탄식한다. 이렇다 보니 갑작스럽게 화를 잘 낸다. 쉽게 피곤해하며 식욕도 짧고, 건강염려증에 시달리기도 한다. 그러면서 이런 실망스러운 자신의 모습이 남들의 눈에 비칠까 염려하며 강함과 완벽이라는 가면을 쓰고 살아가고 있다.

당신도 예외일 순 없다. 다음과 같은 증상이 당신에게도 있는지 살펴보기 바란다.

1. 평소에 이유 없이 삶을 비관한다.
2. 삶이 실패했다고 느껴진다.
3. 막연하게 앞날이 불안하고 두렵다.
4. 일상이 무료하거나 만족스럽지 않다.
5. '왜 나만 이럴까' 라는 무력감에 빠진다.
6. 다른 사람들에 비해 자신이 너무 부족하다고 느낀다.
7. 자살과 비슷한 마음을 먹거나 이유 없이 눈물이 난다.
8. 여러 가지 신체적인 증상을 호소하나 특별히 심각한 병증은 없다.

남녀노소를 막론하고 나타날 수 있는 질환으로서 우울증 환자 중 가면우울증이 약 3분의 1을 차지하고 있다. 이는 우리 주변의 누구에게라도 있을 수 있는 질병이라는 뜻이다. 살다 보면 때에 따라 가면이 필요할 때도 있다. 그러나 자신의 독특한 아름다움을 감추고 타인의 삶에 맞춰 가는 것은 어리석은 일이다. 사람은 누구나 동등한 인격체다. 동등하게 삶이 주어졌고 스스로 개척해 나가도록 부름받은 존재들이다. 더불어 사는 사회에서 시선을 나에게만 고정시키고 살아갈 순 없지만 타인의 삶에 맞출 필요는 없다. 다른 사람의 욕심을 채워 주기 위해 자신의 모습을 감추고 다른 모습으로 살아가는 사람들이 얼마나 많은가. 다른 사람의 부정적인 시선이나 핀잔이 두려워서 그들의 시선에 내 행동을 맞출 필요는 없는 것이다. 내게 맞는 일을 하고 내가 좋아하는 스타일의 잘 맞는 옷을 입어야 제대로 편한 상태를 유지하는 것과 같다. 스스로를 채찍질하면서 고행길로 접어든들 그것이 진정한 나로 성장할 수 있는 길이겠는가? 나는 나다. 굳이 세상이 만들어 놓은 잣대에 나를 끼워 넣을 필요는 없다.

만일 당신이 믿고 있는 삶의 주인이 과연 진실된 자신의 모습이라고 확신한다면 그것을 증명해 보일 수 있어야 한다. 어느 정도는 사실이 밑바탕을 이루고 있을 순 있겠지만 내가 사실이라고 믿고 있는 대부분의 내 모습이 착각일 수도 있기 때문이다. 그렇다면 우리는 그렇게 남들을 부러워하면서 그들의 삶을 탐닉할 필요가 없게 된다. 그들이 내세우고 자랑하는 모습 또한 그들의 진정한 모습이 아닐지도 모르기 때문이다. 그들 역시 자신의 삶의 좋은 단면만을 보여 주고 있는 것일 게다. 그 이면의 모습을 가면 속에 철저히 감춰 놓은 채 보이고 싶은 모습만 보여 주는 것이다. 사람들은 철저히 속고 있다. 보이는 면이 진실인 양 그들의 삶을 칭찬하면서 닮고자 애쓰며 살고 있다. 자신을 속이는 것만으로는 부족하다. 다른 사람들을 현혹시켜야만 감춰진 이면이 보람 있고 의미가 있다. 남들이 부러워할 만한 갖가지 요소들을 모으고 갖춰 완벽한 가면으로 재탄생시킨다. 그리고 그것이 마치 진실된 자신의 모습인 양 세상 밖으로 공개한다.

그렇게 가면 속으로 밀어 넣은 자신이 불쑥불쑥 한숨을 토해 낼 때마다 사람들은 세상을 탓하고 현실을 부정하기도 한다. 대체로 사람들은 자기 인생이 평탄치 않다고 생각한다. 자신의 존재를 무가치하다고 여기는 사람들일수록 가면의 이면을 전혀 눈치채지 못한다. 화려한 삶에 압도당하고 자신의 삶을 비하하면서 그들을 부러워하는 것이다. 그렇게 사람들의 시선이 집중되면 집중될수록 가면의 두께는 더욱 두꺼워지기 마련이다. 결국 질식될 만큼의 무게에 짓눌려도 자신을 바라보는 사람들의 찬사에 승리의 독주를 마시며 축배를 든다. 죽어 가는 자신을 보지 못하는 것이다. 결국 가짜에 길들여지면서 말이다.

가면의 실체

사람들은 가끔 묻지도 않은 아들의 수상력이나 딸아이의 오른 성적을 자랑한다. 남편이 선물한 목걸이며, 아내나 여자 친구가 선물한 넥타이를 자랑스럽게 어루만진다. 마치 자신의 존재가치를 끌어올리듯이 말이다. 왜 우리는 그토록 '인정'에 연연하는 것일까? 내가 만족하는 것보다는 다른 사람들의 인정을 잣대로 삼기 때문이다. 거기에 맞춰 행복과 불행을 결정하기도 한다. 물론 누구나 자신의 좋은 면만을 보여 주고 싶을 것이다. 그런데 자신의 부족한 부분들을 합리화하고자 좋은 면들을 더욱 강조하는 것은 아닐까? 그렇게 하려면 스스로의 인생에 자신이 없기에 부족한 부분들을 채워 줄 만한 것들을 찾아내야 한다. 그래서 힘들게 찾아낸 것이 바로 다른 사람들이 원하고 바라는 것들이다. 그들이 원하는 사람으로 살아가는 것만큼 안전한 것이 없다고 판단하고 그에 맞는 가면을 제작한 것이다. 철학자 강신주 박사는 말했다.

"속마음을 들키지 않으려 가면을 쓰고 안전함을 선택할 순 있지만 그렇게 살다 보면 외롭고 고독해진다."

얼마나 숨 막히는 삶이겠는가! 내게 맞지 않는 가면을 뒤집어쓴 채 살아간다고 생각해 보라. 당장이라도 숨이 막힐 것 같지 않은가?

내가 그러하듯이 다른 사람들도 그럴듯한 가면을 뒤집어쓴 채 살아간다. 그들의 모습이 부러운가? 이제는 타인으로 무장한 가면을 과감히 벗어던져야 한다. 자신의 실체를 인정하고 받아들여야 한다. 내 삶의 모습은 어떤가? 마음에 드는 부분들을 찾으려 하면 얼마든지 찾을 수 있다. 부정적인 면보다는 긍정적인 부분으로 시선을 돌리는 것이 훨씬 자신에게 관대할 수 있는 길일 것이다.

03

남의 손에 파괴되는 자신을 보고만 있을 것인가

'프로이트'는 인간의 기본 욕구 세 가지 중의 하나로 자기파괴 욕구가 있다고 말했다. 자기파괴 욕구는 일상에서 나 자신에게 가혹한 대우나 처벌을 하는 것이다. 자기 파괴는 타인을 상대로 비난받을 만한 일을 함으로써 그들로 하여금 나를 공격하게끔 만드는 것이다. 가끔 멀쩡해 보이는 사람이 가족이나 지인들에게 일어난 일들을 자기 탓으로 돌리는 경우가 있다. 술에 취해 지나가는 사람에게 시비를 걸거나 일부러 구타를 유발하기도 하는데, 그것도 일종의 자기 파괴의 한 예라 할 수 있다. 매 맞는 아내 혹은 남편으로 살아가면서 죄인처럼 상대의 수족 노릇을 하는 사람들도 있다. 이들 역시 자기를 파괴하는 사람들 중 하나다.

내가 상담하는 내담자 중 한 사람은 결혼 후 20년 이상을 남편의 폭력에도 불구하고 온갖 수치심을 견디며 살고 있다고 했다. 이런 사정을 알고 있는 몇몇 주변 사람들은 그녀를 이해할 수가 없었다. 그녀의 남편은 한 중소기업의 CEO로서 꽤 덕망 높고 지인들과의 관계도 좋아서 모든 이가 칭찬하는 그런 사람이었다. 자상하고 인자한 겉모습을 보면 폭력을 행사한다는 것이 전혀 믿기지 않을 정도다. 그녀는 주기적으로 나와의 상담을 요청했다. 남편은 그녀에게 극진히 잘해주거나 애정 표현을 할 때가 많았다고 한다. 그때마다 그녀는 오히려 자기도 모르게 극심한 불안감을 느끼곤 했다. 그녀는 자신이 사랑받을 자격이 없는 무가치한 사람이라고 생각하고 있었다. 사랑이 느껴지면 느껴질수록 죄책감이 깊어져서 견디기가 힘들 정도였다. 그런 그녀에게 남편의 사랑을 받는 것은 양심에 크게 어긋나는 일이었다. '내가 이렇게 행복해도 될까? 내가 사랑을 받는 것은 너무 뻔뻔한 일이야' 하는 마음에 오히려 불편했다.

그런 감정에서 벗어나기 위해서는 남편을 자극해야만 했다. 남편이 화가 나 자신에게 폭력까지 행사하게끔 조종하면서 자기를 파괴하는 방법을 선택했던 것이다. 이런 자기파괴 본능을 갖게 된 원인을 그녀의 어린 시절로 돌아가 찾을 수 있었다. 그녀의 부모는 무척이나 엄격한 분들이었다. 자녀들에게도 훈계와 체벌의 강도가 지나쳤다. 더군다나 큰딸이었던 그녀에게는 더욱더 여자로서, 장녀로서, 사회인으로서, 아내로서의 임무와 의무를 크게 강조했다. 그녀가 자기의 본분에 힘써 영향력을 나타낼 때에는 인정해 주고 칭찬해 주고 기뻐했지만, 행여 부족할 때에는 과하게 질책했다. 잦은 비난에 수치심은 커져만 갔다. 은연중에 나는 못난 사람, 쓸모없는 사람, 무가치한 사람이라는 죄책감이 내면 깊숙이 뿌리내린 것이다. 어린 시절부터 그녀는 주변에서 일어나는 좋지 않은 모든 일이 다 자기 탓이라고 생각했다고 한다.

자기파괴 본능은 어린 시절 부모의 지나치게 엄격하고 비합리적인 양육 방식의 영향을 많이 받는다. 그것은 곧 죄책감과 열등감을 심어주기 때문에 삶에 지대한 영향을 끼친다. 위의 사례에서 그녀는 사랑받을 자격이 없는 사람임에도 사랑받는다는 것에 대한 죄책감이 크게 작용했던 것으로 보인다. 그녀는 스스로 자기를 벌할 수 없었다. 그래서 남편을 조종해 자기를 벌하는 행위로 폭력을 가하게 했던 것이다.

당신 잘못이 아니다

수동공격은 자신이 느끼는 분노를 아무도 모르게 자기만의 방식으로 표현하는 것을 말한다. 가장 만만한 가족에게 직접적으로 표현하는 경우도 있지만 다른 사람들에게는 대부분 대놓고 표현하지를 못한다. 그랬다가는 어떤 일이 벌어질지 모르기 때문이다. 분노가 참는다고 사라지는 것이라면 얼마나 다행일까. 그러나 참았던 분노는 자신도 모르게 어떤 방식으로든 표현하게 되며, 그중 가장 흔한 방법이 침묵이다.

남편의 침묵에 기가 질린다는 지인이 있다. 그녀의 남편은 한번 말을 안 하기 시작하면 하루 이틀 정도가 아니라 길게는 6개월도 갈 때가 있다고 한다. 하루 일상은 평범하게 지나가는 듯 보이지만 부부간의 대화는 한마디도 없다. 한 지붕 아래 한솥밥을 먹으며 한마디도 안 하고 살아가는 것이 과연 가능한 일일까? 그녀는 속이 터져 죽을 지경이라고 호소했다. 이런 현상은 사춘기 자녀들에게서도 자주 볼 수 있다. 학교에 다녀오자마자 문을 쾅 닫고 들어간 후 두문불출하는 것도 부모를 향한 수동공격이 된다. 그러고 보니 나 역시 중·고등학교 시절 교묘하게도 부모님이 원하는 행동을 거부하고 반대의 행동을 하면서 짜릿한 통쾌함을 느꼈던 기억이 난다.

그렇게 우리는 상대가 원하는 행동을 고의적으로 거부하기도 한다. 그렇게 함으로써 상대에 대한 불만이나 자신의 감정을 드러내는 것이다. 이런 현상들이 이해되지 못하고 정도가 지나치면 문제가 발생한다. 이 같은 수동공격의 심리는 자기 파괴로 발전할 수 있다. 건강에 악영향을 미치는 음주, 마약, 약물 복용 등으로 자신을 파괴할 수도 있다. 처음에는 그 원인을 다른 데서 찾기도 하고 피해의식과 열등감이 증폭되어 시작한 일이지만 결국은 자신이 만들어 낸 함정으로 스스로 빠져들어 헤어나지 못하게 된다. 그들은 자신이 저지른 행동에 대한 자책감에 빠져 있다. 이미 일어난 일들에 대한 자책감은 빨리 없애야 한다. 자책감은 자신의 인생을 망치고 방해하는 모든 오류 중 하나에 지나지 않는다. 그중에서도 가장 많은 에너지를 빼앗아가는 쓸모없는 것이다. 자책감이라는 감정 속에 자신을 올무로 묶어두고 자유를 구속하지만 자책한들 이미 지난 일들을 덮을 수도, 다시 그때로 돌아갈 수도 없는 것이다. 자책감은 삶을 기피하는 현상과 심각한 우울증이나 강박장애를 수반할 수도 있다.

한의사 강용혁 원장의 글에 의하면 우울증이나 강박장애 환자들 중에 가장 힘든 부분이 죄책감이나 수치심이라고 호소하는 경우가 많다고 한다. 어찌 보면 이런 심리적 반응들은 누구나 가질 수 있는 정신기능의 하나라고 볼 수도 있다. 사람의 정신기능 중에 양심이라는 것이 있는데, 양심에 울림이 있을 때 부끄럽고 수치스럽다는 감정을 느낀다. 그런 자신을 용납할 수 없는 상황에서 스스로 후회하며 책망하는 마음을 갖게 되는 것이다. 정도가 가벼운 상태는 정상 범위로 간주하지만 과도하게 발생하는 경우는 문제가 될 수 있다고 보고 있다.

자책감을 일으키는 두 가지 원인

자책감을 일으키는 첫째 원인은 아주 어린 나이에 경험했던 좋지 못한 기억들을 자연스레 습득해서 이미 성장했음에도 불구하고 여전히 그 시절의 기억들이 몸에 남게 되는 경우다. 둘째는 우리 스스로가 기본이라고 말하고 있는 규칙들을 어겼을 때 스스로 가책을 받는 경우다. 이 두 가지 요인 모두 어린 시절부터 배워 온 비합리적인 신념이 일생에 죽 이어지는 감정 반응이다. 부모들은 자녀들에게 유아기 때부터 자책감을 유발하는 말을 수도 없이 하고 있다. "너 때문에 엄마 화났어!" 또는 "너 때문에 동생이 아프니까 조용히 네 방에 가 있어!"라는 말들은 일시적으로 큰 효과가 있을지 모른다. 그러나 아이가 성장해서도 여전히 그런 말들은 주위에 남아 있게 된다.

이런 씻기지 않은 자책감 중의 아주 작은 일부가 사람들의 사소한 지적에도 예민하게 반응한다. 가령 "네가 그런 행동을 하면 사람들이 싫어할 거야"라거나 "부끄러운 줄 알아야지" 혹은 "그래, 내가 너한텐 그런 존재밖에 안 된단 말이지?" 등의 사소한 말일지라도 나이와는 상관없이 여전히 마음의 상처를 받을 수 있다. 간혹 윗사람들을 상대로 실망을 주게 되는 경우도 있다. 그들은 나를 지원해 주고 지지해 줄 막강한 사람들이다. 자신이 안겨 준 실망이 내 삶에 영향을 끼치게 될지도 모른다. 그동안 쌓아 온 노력들이 물거품이 될지도 모른다. 그런 생각에 부족한 자신을 질책하고 원망한다. 과거에 일어났던 경험들에 의해 우리는 자신에게 너무 가혹했다. 그 모든 것이 내 잘못이 아님에도 내 잘못인 양 자책하는 것부터 배워 왔던 것이다.

내게 화살을 겨냥하지 말라

부모가 아이에게 자책감을 갖도록 조종하는 것 중 하나의 예를 보자.

"너 때문에 오늘 일을 다 망쳤어."

"네가 늑장 부리는 바람에 회사에 늦었잖아."

아이는 순간 엄마가 교통사고를 당하는 끔찍한 광경을 상상한다.

"얘야, 아빠가 바빠서 그러는데 우편물 좀 갖다 줄래?"

"잠깐만요. 게임하던 거 곧 끝나요."

"관둬라. 언제 기다리고 있냐. 기대한 내가 잘못이지."

그 순간 아이는 아빠가 현관에 미끄러져 머리를 다치는 상상을 한다.

그 외에도 "너를 낳느라고 엄마가 얼마나 고통스러웠는데"라거나 "너 때문에 참고 산다" 등등 부모가 아무 생각 없이 내뱉는 다수의 말과 행동들이 있다. 이 모든 것이 아이들에게 자책감을 심어 주는 것들이다. 특히 교사들은 돌아보기 바란다. 자신들 역시 자책감을 유발하는 가장 강력한 주체임을 기억하자.

자책감 따위는 필요 없다. 이미 지나간 일이며, 앞으로 그런 일들이 일어나리라는 보장도 없다. 어려서부터 원치 않게 습득한 비합리적 신념으로 인해 파괴되는 내 영혼을 버려둬서는 안 된다. '반드시'란 존재하지 않는다. 그것은 허상일 뿐이다. 누구나 살다 보면 실수할 수도 있고 실패할 수도 있다. 누구나 원치 않는 사고를 당할 수도 있고 뜻하지 않은 불행을 맞을 수도 있다. 그것들이 왜 내 탓이란 말인가? 누구의 잘못도 아니다. 우리는 사랑받을 자격이 있으며 내 잘못이 아니라고 소리칠 권리가 있다. 당신은 지금 충분히 잘 살고 있다. 이제는 나를 위해 살자. 이미 지나간 일들은 지나간 범주 안에 두라. 그것을 꺼내 곱씹은들 뾰족한 수는 나오지 않는다. 살다 보면 그럴 수도 있다. 자신에게 책임을 돌리지 말라.

04

마음이 원하는 대로 하자

모든 선택은 내가 한다

'톨스토이'의 단편소설 《이반 일리치의 죽음》의 주인공 '일리치'는 죽음 앞에 섰을 때 비로소 살아온 자신의 인생을 회상한다. 그는 지금껏 자신의 의지대로 살아왔다고 생각했었다. 부패한 러시아 관료 사회에서 그는 사치와 향락을 일삼는 화려한 삶을 살았다. 그러나 삶의 처음부터 끝까지 정작 자신은 어디에도 없었다. 다른 사람들의 기준과 평가에만 길들여져 그들의 삶의 우위에 서는 것이 지혜롭고 현명한 삶이라고 생각했다. 결국에는 자신이 다른 사람들이 원하는 삶에 현혹되어 철저하게 지배당해 왔다는 사실을 깨닫게 된다. 그러나 주인공은 자신의 선택을 다른 이들의 탓으로 돌리지 않았다. 그 사실을 깨닫지 못하고 그들의 꼭두각시가 되어 살아온 자신을 괴로워했을 뿐이다.

만일 내가 살아온 인생이 잘못 끼워진 단추처럼 모두 어긋나 있다면 어떨까? 내가 끼운 단추가 잘못 채워졌다는 사실을 모르는 것은 스스로 완벽하다고 생각하기 때문이다. 자신의 모습을 보고 웃는 웃음이 비웃음이라고는 생각도 하지 못한다. 생각이 이성을 흐려 놓는 것이다. 나중에 자신의 모습을 제대로 본 후에야 지금까지 사람들이 자신을 조롱한 것을 알게 된다.

우리의 삶도 이와 같다. 모든 일에 확신을 갖지 못한 채 다른 사람들의 반응을 엿본다. 그들이 정답이라 생각하고 그들이 말하는 삶을 믿어 버린다. 그 믿음이 선택으로 이끌고 그 선택이 잘못되지 않았음을 증명하기 위해 치열하게 살아간다.

내 의지대로 살아가는 것이 잘못일까? 누군가 대신 내 삶을 선택해 주길 바라는가? 내 삶의 과정이나 방향을 선택하는 것은 당연히 내 문제다.

어떤 사람들은 자신의 죽음의 위기나 지인의 죽음 앞에 직면하면서 통찰력이 생기기도 한다. 인생의 덧없음을 깨달으면서 지금까지 살아온 삶을 되돌아보기도 하고 '나는 누구인가'라는 의문을 갖기도 한다. 또는 내가 지금까지 무엇을 위해 이렇게 밤낮으로 뛰어다녔는지, 누구를 위해 이렇게 혼신을 다해 달려왔는지 생각에 잠긴다. 어쩌면 죽음이라는 단어를 부정적으로만 볼 것이 아닌 것 같다. 죽음이라는 단어는 우리에게 삶을 다시 한번 돌이켜 보게 하는 마력이 숨어 있다. 잘못된 것들을 다시 짚어 보고 재정비할 수 있도록 돕기 위한 긍정적인 단어로 해석할 수도 있겠다.

우리는 내 삶의 모든 것을 선택하고 결정할 수 있다. 내가 할 수 있을까 하는 걱정이나 불안, 의심, 염려 따위는 아무런 도움도 되지 않는다. 내가 내 삶의 주인으로서 제대로 삶을 운영해 나가고 있는지 의심하는 염려와 다른 사람들의 삶을 엿보는 행위는 던져 버리자. 그렇게 하지 않으면 다른 사람들이 추구하고 원하는 삶이 내 것인 양 착각하고 내 삶을 송두리째 그들에게 줘버릴지도 모른다. 내 삶의 주인은 나다. 내가 원하는 삶은 무엇인가?

생각도 선택이다

로마제국을 통치하던 위대한 철학자 '마르쿠스 아우렐리우스'는 "우리의 생각이 우리의 인생을 만든다"라고 말했다. 세상에 안 되는 일이 있던가? 안 된다는 생각으로 아예 선택 사항에서 제외한 것은 아닌가? 어떤 생각을 하느냐에 따라 삶은 달라질 수밖에 없다. 생각은 선택을 만들고 선택은 행동을 유발한다. 어떤 생각을 선택할 것인가는 우리의 마음에 달려 있다. 어떤 생각을 선택하느냐에 따라 삶이 기쁘고 즐겁고 행복할 수 있는 반면, 고통과 후회와 실패를 경험할 수도 있다. 우리는 주어진 삶을 살아가면서 많은 오류들을 반복적으로 겪어 왔다. 우리가 이 땅 위에 태어난 데에는 분명히 이유가 있다. 다시 말해 존재가치가 뚜렷하게 있다는 말이다.

우리에게는 보이지 않는 힘이 작용한다. 그 힘은 나를 더욱 강건하게 만들고 언제 어디서든 삶의 돌부리에 걸려 넘어지더라도 다시금 일어날 수 있는 힘을 공급해 준다. 온갖 부정적인 환경 속에서도 희망을 갖게 해준다. 그 희망을 키워 지금보다 더 나은 삶으로 나아가게끔 도와주는 생각! 우리는 그 생각을 붙잡아야 한다. 좌절하고 낙심하고, 무능한 자신을 탓하는 부정적인 생각은 우리를 자꾸만 힘없는 나락으로 떨어뜨린다. 그런 생각의 덫에 걸려 빛도 못 보고 꺼져가는 인생을 우리는 거부해야만 한다.

'나는 소중한 사람이다'라는 생각은 나를 위해 살아갈 수 있는 힘을 준다. 나는 무가치하고 한심하다는 생각은 나를 파멸의 길로 이끌 뿐이다. 모두에게 동등하게 주어진 삶이 어떻게 누구는 귀하고 누구는 천할 수 있겠는가. 하나님은 한 치의 어긋남 없이 동등하게 우리 모두를 소중한 생명으로 빚으셨다. 그 귀하고 값진 생명의 존재를 우리는 사랑스럽게 가꿔 나가야 할 의무가 있다. 그러니 매번 긍정적인 생각을 선택하는 연습을 하자. 내가 간절히 원하는 미래에 대한 소망과 꿈을 실현할 수 있다는 생각에 마음을 쓰자. 그 소망이 현실이 될 수 있도록 내 삶을 움직여야 한다. 나의 작은 행동이, 나의 작은 실천이 내 앞에 펼쳐진 거대한 삶을 지휘할 수 있다. 우리 모두에게는 그만한 능력이 있다는 사실을 깨달아야 한다.

감정도 선택이다

영국의 소설가 'E.M. 포스터'는 말했다.

“감정이란 것은 끝이 없는지도 모른다. 왜냐하면 감정은 표현하면 할수록 더욱 그것을 표현할 수밖에 없기 때문이다.”

사람은 누구나 다양한 감정을 가지고 있다. 사랑, 기쁨, 증오, 미움, 시기, 질투 등 감정이 들어가는 모든 것은 대부분 선택의 의지가 들어 있다는 것을 아는가? 즉, 내가 그 감정을 선택하는 것이다. 우리는 어떤 감정이든 자유로이 선택할 수 있다. 우리가 가장 조심해야 할 것은 일상에서 느낄 수 있는 감정을 어떻게 다루느냐 하는 문제다. 한번 느낀 감정을 허락하면 그에 대한 생각이 꼬리에 꼬리를 물어 계속 발생할 수 있기 때문이다.

예를 하나 들어보자. 직장에서 자신에게 해를 끼친 사람이 있었다. 그는 이제 그 자리에 없는데 어느 날 그 사람과 비슷한 이미지를 가진 사람이 입사했다. 예전에 알던 그 사람과는 성격도 다르고 사고방식도 다르지만 그의 행동 하나하나가 마음에 들지 않는다. 예전의 그 사람이 내게 퍼부었던 비난과 조롱이 새로 입사한 직원에게 투사되어 눈만 마주쳐도 마치 자신을 조롱하는 듯한 느낌이 든다. 그러다 보니 그가 미워지고 싫어진다. 직장에 나가는 것이 즐겁지 않다. 어디서든 마주칠 수 있는 공간에서 피할 수만 있다면 피하고 싶다. 자기보다 아랫사람임에도 불구하고 늘 그 앞에서 작아지는 자신의 모습이 너무 싫다. 사실 새로 입사한 직원은 예전의 그 사람과는 아무 상관이 없는 평범한 직원에 불과했는데 말이다. 그 직원은 직원대로 아무런 연유도 모르고 자신에게 불편함을 느끼게 하는 상사가 거슬렸다. 그의 기분이 좋아지도록 눈을 맞추고 웃어 준다. 그럴수록 상사는 정색을 하며 자신을 피한다. 관계는 자연스럽게 멀어지고 좀처럼 가까워질 수 없는 지경까지 이른다. 당신이라면 어떤 기분이겠는가?

그는 선택하지 않아도 될 감정을 새로 입사한 직원에게 투사했다. 단지 이미지가 비슷하다는 이유 하나만으로 말이다. 그 감정이 직원에게 전달되어 서로 불편한 관계를 만들고 악순환이 꼬리를 물게 되었다. 그는 "지성이 아닌 감정이 결국 의견을 좌우하게 된다"라는 철학자 '허버트 스펜서'의 말처럼 그 사람의 가치를 제대로 파악하기도 전에 자기만의 감정을 앞세우고 말았다.

생각에는 자물쇠가 없다. 무슨 생각이든 자유자재로 할 수 있는 것이다. 어떤 기가 막힌 상황이 내 앞에 펼쳐질지라도 그것에 대해 판단하고 생각하는 것은 내 통제 안에 들어 있다. 누가 뭐라 하건 내 생각을 관장하고 통제하는 것은 내 몫이다. 어느 누구도 대신할 수 없는 일인 것이다.

행복을 선택하라

행복은 전제 조건이 아니다. 내가 선택하는 것이다. 이왕이면 긍정적인 효과를 발휘할 수 있는 행복으로 생각을 전환하자. 이기주의라는 말을 우리는 부정적으로 생각하는 경향이 있다. 그러나 이기적이지 않은 사람은 아무도 없다. 남에게 해를 끼치면서 이기적인 삶을 살아가는 것은 분명 문제가 있다. 그러나 누구에게도 해를 끼치지 않는다는 전제하에 이기적으로 살아가는 것은 현명한 일이다. 그들은 자신이 행복할 수 있는 길을 선택한다. 생각의 방향을 긍정적으로 전환하고 자신의 감정이 편안할 수 있도록 잡다한 생각들을 통제할 줄 안다. 그렇기 때문에 쉽게 의기소침해지지 않으며 쉽게 상처받지도 않는다. 자신에게 이로운 방향으로 행복을 선택하는 법을 잘 알고 있다. 대처 능력도 뛰어나서 어떤 경우에도 낙심하지 않는다.

당신은 어떤 사람이라고 생각하는가? 행복을 선택하든 불행을 선택하든 그것은 당신만의 특권이다. 아무리 힘겨운 상황에 처해 있다고 해도 그것을 해결하고 극복해 나가는 방법을 강구한다면 그것은 행복을 선택하는 것이다. 같은 상황에서 걱정과 근심에 짓눌려 자신의 삶을 비탄에 빠뜨리고 비관만 하느라 시간을 보낸다면 그것은 불행을 선택하는 것이다.

이 땅 위에서 평탄한 삶만을 살아가는 사람은 거의 없을 것이다. 우리는 사회라는 구성주의 안에서 다양한 환경을 접하고 그 안에서 관계를 형성하며 살아간다. 그 안에서 스스로를 위한 삶을 선택하는 법을 배워 나가야 할 것이다.

- 행복은 선택이다. 외부에 있는 것이 아니라 내부에 있다.
- 사랑을 선택하자. 아무것도 바라지 말고 오로지 내가 행복할 수 있도록.
- 용서를 선택하자. 인간의 연약함을 긍휼히 여길 때 내 마음은 사랑으로 채워진다.
- 도전을 선택하자. 결과에 연연하지 말고 최선을 다하는 내 모습을 내가 칭찬해 주면 된다.
- 받아들이자. 받아들이지 못함으로써 생겨나는 분노의 감정은 그 무엇도 해결할 수 없으며 내 마음을 심하게 상하도록 할 뿐이다.

삶은 선택의 연속이다. 무엇을 선택하는지에 따라 행복할 수도, 불행할 수도 있다. 무엇을 원하는가? 원하는 대로 선택하자.

05

당신은
참 괜찮은 사람이다

'자기칭찬결핍 증후군'이라는 말이 있다. 간단히 말하면 스스로 해낸 일에 대해 칭찬을 하지 못하는 것을 말한다. 1년 전쯤 유사한 사례의 상담을 맡은 적이 있다. 그는 유명한 음식점의 총지배인으로, 지극히 평범해 보이는 남성이었다. 형제들이 운영하는 음식점이라 그는 비교적 쉽게 입사해 임원직에 오를 수 있었고 중직을 맡아 생활을 영위할 수 있었다. 물론 타고난 성실성과 열심히 일하는 자세는 있었다. 그러나 그는 늘 자신의 부족한 면에 초점을 맞추고 있었다. 자신은 큰일을 할 만한 그릇이 못되는 사람이라는 생각으로 스스로를 괴롭히며 살아왔다. 그의 형제들은 어려서부터 공부도 잘하고 착실한 까닭에 주변의 칭찬과 인정을 한 몸에 받으며 성장했다. 유독 자신만은 공부보다는 세상에 먼저 눈을 떴고, 친구들과 어울려 자유분방한 삶을 꿈꾸며 살아왔다. 그러다 보니 부모 형제의 비난을 받기 일쑤

였고, 문제아로 낙인찍혀 관심에서 제외된 채 성장했다. 그나마 다른 형제들이 잘나가고 있으니 다행이다 하며 위안을 얻었다.

형제들과는 달리 지방의 이름 없는 대학을 졸업한 후 그는 취직을 못한 채 방황하고 있었다. 여기저기 입사 원서를 제출해 봤지만 그를 불러 주는 곳은 한 군데도 없었다. 그사이에 형제들은 전공을 살려 호화로운 음식점을 여러 군데 확장시켜 탄탄한 실력들을 이미 인정받은 상태였다. 어느 날 동생이 현재 아무 직업도 없는 실직자라는 것을 알게 된 형제들은 그를 불러들여 소정의 교육을 받게 한 후 총지배인으로 승진시켰다. 그는 지금까지 살아오면서 그렇게 열심히 일을 해본 적이 없었다. 그러나 오랜 기간 숙련된 형들의 눈에 찰 리 만무했다. 가끔씩 쏟아지는 형제들의 비난은 아래 직원들 앞에서 수치심만 커지게 만들었다. 그는 자신의 무능함이 만천하에 드러나는 것 같아 무척이나 소심해지고 우울해졌다. 우울증은 시도 때도 없이 달려들어 자신을 삼키려 했다. 그는 그런 삶을 비관하면서 불안한 감정들을 더욱 키워 가고 있었다.

몇 가지의 검사를 시행하고 상담을 하다 보니 그가 어떤 사람인지 윤곽이 드러나기 시작했다. 그는 자신이 알고 있던 모습과는 판이하게 다른 면모를 지니고 있었다. 그는 굉장히 활동적이며 도전적인 성향을 가지고 있었다. 지금 지니고 있는 소심함과 내성적인 성향은 본래 자신의 것이 아니었다. 그는 성공 지향적이었으며 미래 지향적이었다. 성장 과정에서 잘나가는 형제들에게 밀리면서 그들의 성공에 기뻐하는 사람들을 보았다. 그에 비해 아무것도 아닌 것 같은 자신의 모습이 초라하고 보잘것없는 존재라는 확신이 들었으리라. 그러다 보니 앞으로 나설 기회를 잃고 뒤로 숨는 법부터 배워 왔던 것이었다.

'성공을 못 하는 사람은 무능한 것이다.'

'인정을 못 받는 것은 자신이 형편없기 때문이다.'

어차피 형제들처럼 못할 바에는 차라리 문제아로 남아서라도 사람들의 관심을 끌어 보자. 그런 심리가 작용했던 것이다.

자신이 어떤 성향을 가진 사람인지는 전혀 알아낼 방법이 없었다. 다른 사람들의 평가대로 그는 스스로 형편없이 무능한 사람이라는 낙인을 찍은 채 살아왔다. '꿈틀대는 욕망은 헛된 꿈일 뿐이다'라고 자신의 의지를 눌러 가면서 위축된 채 살아왔다. 그런데 난생처음 자기에게 무엇인가 놀라운 능력이 있을지도 모른다는 생각을 했다. 지나온 과정 동안 자신의 삶에 일어났던 일들을 돌아보았다. 자신이 왜 그토록 성공한 사람들에게 집착했는지, 그들의 삶을 보면 왜 그리 짜릿하고 설레었는지 조금씩 알게 되면서 자신의 정체성을 차차 실감하게 되었다. 그는 스스로를 인정하고 긍정적인 시각으로 자신을 바라보는 것부터 다시 시작했다.

세상은 우리의 생각을 알아차린다

그동안 가지고 있던 재능들을 꺼내 보자. 그것들에 생명력을 불어넣는 훈련은 내가 가진 기질이나 성향에 불을 붙이는 효과가 있다. 세상은 우리가 생각하는 대로 흘러간다. 매사에 자신감이 없는 사람은 아주 작은 일에도 남들의 칭찬에 의존하려고 한다. 그렇게 해서라도 위로를 받고 싶은 것이다. 그러나 반대로 비난받거나 인정받지 못할 때는 자신을 비관하게 된다. 무가치하고 쓸모없는 사람이라는 생각은 삶을 더욱 피폐하게 만들고 사회 부적응적인 현상을 나타내기도 한다. 내가 나 자신을 인정하지 못하고 칭찬하지 못하면 우리는 그 무능함에 맞춰 살아가게 된다. 그것은 자신이 참 괜찮은 사람이라고 인정하지 못하는 사람의 전형적인 증상이기도 하다. 즉, 매사에 자신감이 없다. 다시 말해 자존감이 형편없이 낮은 수준이다.

그러나 우리가 해낸 일에 대해 기대한 만큼의 칭찬을 듣기는 쉽지 않다. 대부분의 사람들이 남을 칭찬하는 일을 어렵게 생각하기 때문이다. 이는 뇌과학으로도 설명이 가능하다. 우리의 뇌는 칭찬과 인정을 받아 즐거울 때 도파민이라는 신경전달물질이 생성된다. 도파민은 인간의 행동과 기분에 따라 영향을 많이 받는데, 도파민 수치가 올라갈수록 즐겁고 행복하다는 기분에 만족감을 느끼게 된다. 이것은 스스로 자신을 칭찬할 때도 같은 효과를 나타낸다고 한다. 반대로 도파민 수치가 내려가면 집중력이 떨어지고, 의욕도 식욕도 없는 무기력한 상태가 되며 부정적인 정서를 유발하기도 한다. ADHD주의력결핍 과잉행동장애나 틱장애 등의 증상을 보이는 사람들의 경우 도파민이라는 신경전달물질이 부족해서 그럴 수도 있다고 추정하고 있다.

사람들이 약물이나 음주, 도박 등에 중독되는 것도 이유가 있다. 정상적인 생활 속에서 얻을 수 없는 자기 존재가치에 대한 보상을 그런 것들을 통해 대신하는 것이다. 우리는 자신의 존재 하나만으로도 사랑받기에 충분한 가치가 있다는 것을 알아야 한다. 독창적인 삶을 주장하고 자기 방식의 삶을 추구할 권리가 있다. 다른 사람의 성향이나 기질 등을 내 것과 비교하지 말아야 한다. 그런 문제에서 옳고 그른 것은 없다. '오프라 윈프리'는 말했다.

"나 자신에게 찬성표를 던질 수 있어야 한다."

어떤 중직의 자리에서 열심히 살아가고 있는 사람들 중에도 유독 자기 자신에게만 철저한 사람이 있다. 힘들고 지치고 고단해 쉬고 싶다는 생각도 그들에게는 팔자 좋은 사람들이나 부릴 수 있는 허세에 불과하다. 자신을 존중하고 배려할 줄을 모른다. 자기 공감이 전혀 안 되는 사람들이다.

지인 중에 30년이 넘도록 단 하루도 마음 편히 쉬지 못하고 일을 하는 사람이 있다. 평생을 맞벌이하면서 벌어들인 재산도 상당하다. 아파트를 몇 채씩 갖고 있으면서도 대출이나 부채가 전혀 없다. 또 다른 사람의 이야기도 있다. 그녀의 남편은 어느 지방에서 이름 석 자만 대면 모르는 사람이 없을 만큼 어마어마한 땅부자라고 한다. 서울에 있는 상가와 집들을 사들여 임대 사업을 하면서도 아직도 남은 땅이 상상을 초월한다. 그런데 그 두 사람의 삶은 그리 녹록치 않아 보였다. 여러 채의 집과 통장에 쌓인 재산은 그들의 것이 아닌 듯했다. 그들은 현재 가지고 있는 것들을 전혀 누리지 못한다. 항상 채워져 있어야 하고 계속해서 쌓아야만 하는 돈의 하수인에 불과한 듯 보였다. 만 원짜리 티셔츠 하나 사는 것도 사치라고 말하고, 폐휴지를 모아 가며 보물 창고라는 중고용품 매장을 주로 이용한다. 내가 그들에게 행복하냐고 물었다. 자신을 위해 해주고 싶은 것이 무엇이냐고 물었다. 그들의 대답에는 공통점이 있었다.

"나 같은 사람이 그런 팔자나 되나."

왜 사람들은 이미 자기가 가지고 있는 것, 혹은 원한다면 무엇이든 할 수 있는 자신의 삶을 인정하지 않을까? 사람들은 항상 자기가 누리지 못하는 것들을 누리는 사람들을 부러워한다. 그들의 형편이 자신보다 훨씬 못하다는 것을 알면서도 말이다. 마치 그런 행복들을 누릴 자격이 자신에게는 없다는 듯이 손사래를 쳐가면서 말이다.

내면의 균형이 중요하다

지금까지의 내용은 가진 것을 헛되이 낭비하라는 말이 절대 아니다. 형편에도 안 맞는 사치와 향락을 누리라는 것도 아니다. 손가락 끝을 살짝만 베어도 우리는 아픔을 느낀다. 그리고 그 상처에서 피가 나지 않도록 지혈을 하기도 한다. 그만큼 우리의 몸이 소중하다는 것을 작은 상처를 통해서도 느낄 수 있다. 지금까지 그렇게 각박하게 살아왔다면 이제는 자신에게로 시선을 돌려 보자. 외부의 것들에만 치중하느라 '나'라는 사람을 잊고 살아온 것은 아닐까? 여기에 있는 나는 어떤 사람일까?

"내일의 천자보다 오늘의 재상"이라는 속담이 있다. 불투명한 장래의 막연한 일보다 지금 당장 실제로 누릴 수 있는 것이 (설령 그것이 변변치 않더라도) 더 낫다는 의미를 담고 있는 속담이다. 사람은 현재를 살아간다. 미래에 이르면 그 미래 역시 현재가 된다. 당신은 이 현재를 행복하게 살아갈 권리가 있다. 그러기 위해서는 우리 내면의 균형이 잘 잡혀 있어야 한다. 어느 한곳으로만 치중된 삶은 건강하지 못하다. 현실적으로 삶의 질을 높이는 사람들은 자신을 개발하는 일에 전념하게 된다. 운동이나 취미생활, 사교 모임이나 봉사 활동 등 자신만의 고유한 특성을 살려 내면의 가치를 상승시킨다. 자신에게 주어진 일에 최선을 다하는 한편, 자신이 하고 싶은 일이나 할 수 있다는 신념을 가지고 도전하는 것을 어려워하지 않는다.

실제로 당신은 참 괜찮은 사람이다. 스스로가 인정하지 않았을 뿐이다. 무엇인가를 누릴 수 있다는 것은 본인의 의지다. 나는 할 수 없다고 생각하면 하지 못한다. 부는 축적하라는 개념이 아니다. 행복을 위한 수단이자 도구일 뿐, 모시고 사는 상전이 아니다. 재능 역시 쓰지 않으면 무용지물이 된다. 자신을 위해 살아가도 괜찮다. 당신은 그럴 만한 충분한 가치가 있는 사람이기 때문이다.

06

내가 더 많이 사랑해 주자

상처받을 것을 염려하지 말자. 상처가 두려운 이유는 그것이 자존감을 강타하기 때문일 것이다. 상처가 쉽게 아물면 문제가 없겠지만 그것은 내면 깊숙이 자리 잡고 삶의 모든 부분에서 통증을 유발한다. 즉, 자존감에 흠집을 내고 정체성 혼란과 더불어 불안감을 조성한다. 그렇다면 자존감이 상처를 입는 경위는 어디서부터 시작되는 것일까?

'성격이 행동을 만든다'는 기존 이론에 따르면 자존감이 낮은 사람은 모욕적인 상황에서 상처를 받는다고 한다. 이에 의문을 제기한 심리학자 '제임스 레어드'는 벌레를 이용한 실험을 시행했다. 레어드의 의문대로 결과는 자존감이 낮은 사람이 쉽게 상처를 받는 것이 아니라 '모욕을 당할 만한 상황에 처했을 때 사람들의 자존감이 크게 떨어지는 것'으로 나타났다.

환경이 나를 대신할 순 없다

자존감이란 무엇인가? 말 그대로 자신의 존재가치에 대한 믿음을 말한다. 우리의 예상과는 달리 현대 사회를 살아가는 젊은이들 중 절반은 자존감이 현저히 낮다. 자신이 사랑받을 가치가 있는 소중한 존재라는 것을 인정하지 못한다. 특히 여성들의 경우 외모에 대한 자존감 결여가 상당히 크다. 외모로 인한 콤플렉스가 사회적인 문제로까지 이어지고 있는 추세다. 못생겨도 당당하게 살아가는 사람들도 많다. 뚱뚱해도 생활하는 데 아무 지장 없으면 괜찮다. 키가 작으면 어떤가. 장애를 가졌으면 어떤가. 존재만으로도 당신은 소중하다. 그런 것은 아무런 문제가 되지 않는다. 있는 그대로의 자신을 사랑하고 긍정하는 자세가 중요하다.

어려서부터 많은 사람들에게 사랑과 인정을 충분히 받으며 자란 사람이 얼마나 될까? 연령층이 낮아질수록 자존감이 낮아진다는 보고가 있다. 그것은 물질만능주의를 살아가는 현대인들의 삶이 결국은 행복하지 않다는 결론을 말해 준다. 그러다 보니 자존감에 대한 심리서가 서점가를 장악하고 너도나도 상처받은 자존감의 회복 방법을 강구하기 위해 나섰다.

그러나 자존감이 어찌 젊은 사람들만의 전유물이던가. 자존감의 상처는 나이와는 상관없이 우리의 삶을 황폐하게 만들기 위해 시퍼런 서슬을 세우고 달려들 준비 태세가 되어 있다. 누구든지 만날 수 있으며, 피해 갈 수 없는 함정을 곳곳에 파놓았다. 그 함정에 빠졌을 때 대처하는 요령은 사람에 따라 다소 차이가 있다. 그 요소는 삶의 일부분이며 살아가는 내내 불가항력적인 것으로 우리 삶을 위협하고 있다.

어머니의 권유로 상담을 신청한 여학생의 이야기다. 그녀는 초등학교 고학년부터 시작된 친구들과의 마찰로 학교생활은 물론 학원 수업까지도 지속하기가 어려웠다. 중·고등학교를 거치면서 사람들에 대한 불신과 증오는 갈수록 커졌다. 누군가 칭찬을 하면 그 칭찬한 사람을 경멸했다. 마음에도 없는 말을 한다며 인상을 붉히고 오히려 화를 내곤 했다.

그녀는 아주 어려서부터 영리하고 총명해 사람들의 사랑과 인정을 받아 왔다. 활동적이고 낙천적인 성격에 또래 아이들 중에서도 항상 리더가 되었고 인기가 많았던 아이였다. 그녀의 자존감에 상처가 생긴 것은 집안의 화평이 깨지면서부터였다. 연이은 부도로 집안은 몰락했고 알코올에 의지해 살던 아버지는 집을 떠났다. 어린 동생들을 보살펴야 했던 그녀는 그때부터 모든 것을 내려놓아야만 했다. 성적도, 외모도, 리더의 자리도 이제는 자기 것이 아니라고 생각했던 것이다.

한 여성 내담자는 완벽한 여성으로서의 품위를 갖추고 있었다. 그녀는 무슨 일에든 담담한 척, 힘들어도 아무렇지 않은 척, 불안하지 않은 척, 뭐든지 '척'하는 습성이 몸에 배어서 자기가 실제로 누구인지조차 모르겠다고 했다. 본래 자신의 모습을 사람들이 알아차릴까 봐 불안했다. 실체를 들켰을 때 쏟아질 비난과 조롱이 두려워서 더 완벽하게 자신을 포장해야만 했다.

사람들은 대부분 지금의 내 모습에 만족하지 못하고 살아간다. 지금보다 훨씬 나은 사람이 되고 싶어 한다. 그 삶의 기준이 내가 아니라 주변을 둘러싼 환경이 되는 것이 문제다. 자신의 존재가 아니라 환경이 자존감을 쥐락펴락하는 것이다. 자신에 대한 칭찬은 두 번째이고 주변 환경에 대한 칭찬에 우쭐한다. 그리고 갖춰진 환경에 대한 다른 사람들의 반응을 기대한다. 그런 긍정적인 기대가 실현되지 않으면 자신의 존재를 가치하락으로 받아들이고 극단적인 생각의 함정에 빠지게 된다.

그래서 타인들이 원하는 사람으로 거짓된 가면을 내세워 자신의 실제 모습을 숨긴 채 살아가는 것이다. 그러나 머릿속에서 지운다고 해서 열등감이 사라지는 것은 아니다. 단점이 사라지는 것도 아니고, 없던 재능이 생기는 것도 아니다. 결국 열등감과 자신이 만든 거짓 자아 사이의 괴리감만 키워 더 상처받고, 더 실망하고, 자기를 비하하는 사람이 되고 만다.

불행을 불행으로만 보는 것은 모순이다. 그것이 오히려 나를 더욱 더 성장시키고 발전할 수 있도록 돕는 매개체가 될 수도 있다는 사실을 사람들은 인정하지 않는다. 심리학자 '나탈리 앙드레'는 '나는 행운을 타고났다'고 생각하는 사람일수록 무슨 일에서든지 긍정적인 마음을 잃지 않는다고 말했다.

살다 보면 불운한 일을 당해 실의에 빠지는 경우가 있다. 직장에서 해고를 당한다거나 원치 않는 질병을 얻어 평탄할 줄만 알았던 삶에 그늘이 드리운다. 죽도록 노력했건만 원하는 대학에 아깝게 합격하지 못했다. 이런 일들은 우리를 낙심하게 만들고 '내가 이것밖에 안 되는 사람이었나' 하는 부정적인 생각을 몰고 오게도 된다. 물론 이런 상황에서 아무렇지 않은 사람은 없을 것이다. 그러나 낙심한 채로 오래 머무는 것은 자신에게 좋지 않은 영향을 미칠 뿐 그 어떤 도움도 되지 않는다. 그 상황을 통해 '내가 무엇을 할 것인가'로 생각을 전환하자. 빠르면 빠를수록 좋겠다.

직장에서 해고당했다면 그 기회를 통해 그동안 하고 싶었던 일을 찾아볼 수도 있다. 원치 않는 질병을 얻었다면 치료와 함께 건강을 위한 치유의 장소를 찾아 새로운 삶을 시작하는 것도 좋을 것이다. 원하는 대학에 들어가지 못했으면 다시 도전하기 위해 더 많은 공부를 할 수 있음에 감사할 수도 있다. 불운한 일을 당했다 하더라도 인생이 망가진 것은 아니다. 다시 시작할 수도 있고 새로운 일들을 모색할 수도 있다. 삶에서 내가 할 수 없는 일은 없다. 무엇이든지 생각하기 나름이다.

행복한 사람들의 곁에 서자

미국 텍사스대학교의 '토마스 조이너' 박사는 기숙사 학생들을 대상으로 우울감에 대한 조사를 실시했다. 기숙사는 2인 1실이 기본이었다. 조이너 박사는 룸메이트 중 한 사람의 우울감 척도를 알면 나

머지 한 사람의 우울감도 알 수 있다는 결론을 내렸다. 감정은 주변에 많은 영향을 끼친다. 우울감과 마찬가지로 행복감도 전염된다. 그래서 항상 밝고 긍정적인 사람들을 곁에 두어야 한다. 그들이 살아가는 모습을 보면 환경의 영향을 받지 않는다는 것을 알 수 있다. 그들은 자신의 존재만으로도 행복할 수 있는 사람들이다.

부자가 되려면 부자 동네에서 살아야 한다는 말이 있다. 모든 일에는 반드시 이유가 있기 때문이다. 그들의 삶을 부러워하고 흉내 내라는 것이 아니다. 그들의 생활 방식을 배우고, 사고하는 능력을 배우고, 극복하고 다시 일어서는 방법을 배워야 한다. 그들이 부자가 된 이유가 다 삶의 방식에 녹아들어 있다. 당신이 자신을 특별하게 사랑한다면 자신을 위해 할 수 있는 최선의 것들을 해주자. 부자가 되고 싶은가? 명성을 얻고 싶은가? 좋은 사람이 되고 싶은가? 아직 늦지 않았다. 누군가 내게 원해서가 아니라 자신이 원하는 것을 누릴 수 있도록 스스로에게 기회를 주어야 한다. 시간을 주고 경제적으로 지원해 주고, 도움을 받을 수 있는 스폰서를 찾아 주자. 그것이 행복하다면 말이다.

인간은 변화하는 생명체다. 지금 당장이라도 변하고 싶다고 마음먹으면 얼마든지 자신을 변화시킬 수 있다. 스스로가 변화를 두려워하지 않길 바란다. 지금의 삶을 그대로 유지하고 싶은가? 지금의 삶이 영원하길 바라는가? 그러나 안타깝게도 영원한 것은 어디에도 없다. 인생은 그리 길지도 짧지도 않다. 나 자신을 위해 더 많이 사랑하는 삶으로 변화를 꿈꾸라.

나를 더 많이 사랑하는 방법들

- 다른 사람의 삶을 통해 배우되 나와 비교하지 않는다.
- 나만의 특성과 매력을 찾아낸다. 사람은 누구나 독특성을 가지고 있다.
- 스트레스는 사양한다. 내 마음에 치명적인 악영향을 미칠 뿐이다.
- 걱정하지 않는다. 걱정한다고 해결되는 일은 없다.
- 자신의 존재를 온몸으로 느끼고 사랑의 감정을 불러들인다.
- 다른 사람의 의견을 존중하되 자유로움을 추구한다.
- 실수해도 태연하게 여긴다. 실수 없는 사람은 아무도 없다.
- 거절해도 괜찮다. 내 마음이 먼저다.
- 남의 의견을 따르기 전에 내 의견을 말한다.
- 진정한 자기와 마주하고 내면의 소리에 귀 기울인다.
- 내가 원하는 것이 무엇인지 목록을 작성하고 하나씩 선물한다.
- 스스로를 칭찬한다. 나는 참 괜찮은 사람이다.

07

상처 따위는 필요 없다

내 의지와는 상관없이 우리는 삶의 광범위한 부분 구석구석에 상처의 흔적을 가지고 산다. 언제인지 모르게 그 누군가에게 나 역시 씻을 수 없는 상처를 주었을지도 모른다. 마음에 상처를 받았다는 것은 아무리 씻어 내도 지울 수 없는 흉한 문신 같은 것이다. 크고 작은 상처는 항상 모욕감과 수치심을 동반한다. 그로 인해 자존감이 형편없이 땅에 떨어진다. 상처를 받은 쪽이 오히려 그 모든 원인을 자신에게 돌리고 스스로를 비하하면서 괴로워한다. 평생 지울 수 없는 흔적을 안고 자존감에 균형을 잃은 채 살아가게 된다. 그동안 상처를 준 사람은 오히려 당당하고 떳떳하게 언제 무슨 일이 있었냐는 듯 쉽게 그 순간을 잊고 살고 있다.

사람 사이에서의 마음의 상처는 대부분이 믿었던 사람과의 신뢰관계에 틈이 생기고 균열이 가면서 생겨난다. 믿었던 사람에게 상처를 입으면 온몸이 마비되고 심장이 멎는 듯한 뻐근함을 느낀다. 동시에 분노와 자책으로 괴로워하며 마음속 깊은 곳에 진한 흔적을 남긴다. 이런 경우는 보통 부모와 자녀 관계, 부부 혹은 연인관계, 오랜 세월 신뢰를 형성했던 철통같이 믿어 왔던 사람 사이에서 주로 일어난다.

'아들러'는 말했다.
"세상을 보는 시각에는 두 가지가 있는데, 타인을 적으로 보느냐 친구로 보느냐로 나뉜다."

한 여성의 이야기다. 그녀는 내성적인 성격으로 인해 사람들과의 관계에서 많은 어려움을 느끼고 있었다. 누군가 다가올라치면 한 걸음 물러서게 되는 자신이 싫었다. 혹시나 자신의 마음이 상대로 인해 상처를 받지 않을까 하는 생각에 매번 사람들과의 관계에서 거리를 두게 된 것이다. 그런 그녀가 팀원 선배와 조금씩 가까워지면서 함께 하는 시간들이 많아졌다. 그러던 어느 날 갑자기 그 선배가 사랑을 고백해 왔다. 갑작스러운 고백에 그녀는 그동안 선배에게 향했던 자신의 감정이 혼동되는 것을 느꼈다. 선배라는 사람의 사랑 고백이 의심스러웠다. '내게 어쩌려고, 무슨 의도로 그러지?' 하는 생각이 앞섰다. 그녀는 결국 고민 끝에 거절했고, 그 후에도 수차례 그 선배에게서 연락이 왔지만 연거푸 거절하고 말았다.

이 경우는 아들러의 말대로라면 상대를 친구가 아니라 적으로 보았던 것이다. 반대로 그녀에게 거절당한 사람의 입장은 어떨까? 팀

원관계로 지내면서 점점 가까워졌고 서로를 바라보는 시선이나 입장이 비슷해 공감대를 형성하며 함께해 왔다. 선배는 그녀에게 호감을 느꼈고 그녀 역시 그에게 호감을 보였다. 아마 그는 그녀를 적이 아닌 친구로 믿고 용기 내어 고백을 했을 것이다. 그러나 그녀의 냉정한 거절에 그의 자존감은 형편없이 바닥에 떨어져 상처를 입은 건 아닐까? 다행히 자존감 항체가 높아 스스로 치유가 되었다면 다행이겠지만 어쨌든 거절을 당한 사람이 받는 충격은 크든 작든 감정을 자극하는 건 사실이다.

또한 우리는 일상에서 수도 없이 많은 마음의 상처를 받는다. 중요한 모임에 초대받지 못했을 때, 친구에게 저녁식사 제의를 했는데 거절당했을 때, 내가 애써 마련한 선물이 상대방의 서랍 속에서 빛도 못 보고 있다는 것을 알았을 때 등 사소한 많은 일들 속에서 우리는 상처를 허락하고 있다. 그러나 다행히도 그것은 비교적 일시적이라 시간이 지나면서 서서히 씻기기도 한다. 사람은 혼자 살아갈 수 없다. 어느 곳을 가든 사람과 사람 사이에는 교제와 교류가 있기 마련이다. 상처를 주고받는 관계에 정해진 것은 없다. 그게 누구든 상처를 피해 갈 순 없는 것이다. 주의할 것은 상처의 원인을 자신에게로 돌리지 말아야 한다는 것이다.

상처를 주는 사람은 없다. 받는 사람만 존재한다

예고도 없이 찾아온 상처라는 덫, 그것을 피할 수 있는 사람이 과연 얼마나 될까. 그러나 피할 수 없어 받은 상처에 기름을 끼얹는 어리석음은 버려야 한다. 당장이라도 불을 붙이면 인생 전체를 집어삼킬 수도 있다. 상처는 상처를 낳고 그 상처는 비극을 낳는다. 내 안에는 또 다른 내가 있다. 또 다른 나는 마음 깊은 곳에 웅크리고 앉아 끊임없이 자신을 돌봐 주길 기다리는 상처받은 내 어린아이이다.

아이는 태어나서 2년 동안 엄마의 따뜻한 품속에서 몸과 마음이 가장 편안한 최적의 상태에 있어야 한다. 그러나 그 시기에 이미 고립감이나 거부당하는 느낌으로 스스로의 무가치함을 느껴 버리는 경우가 있다. 따뜻한 사랑이 체온으로 전해져야 할 때에 그 느낌을 경험하지 못하는 사람들이 있다. 상실감과 외면 내지 배신감 등을 먼저 경험함으로써 마음의 문을 걸어 잠가 버렸다. 내 안으로 꼭꼭 숨어 세상 밖으로 나오길 두려워하는 보이지 않는 존재다. 사람에 대한 신뢰가 형성되지 못한 채 성인이 되었을 경우 조그만 자극에도 마음이 쉽게 다치고 자존심에 멍이 든다. 평소에는 일반 사람과 전혀 다를 바 없다. 그러나 어떤 특정한 상황에서 무의식중에 자신도 모르게 신경을 곤두세우고 격분할 때가 있다. 다른 사람들이 판단했을 때는 별것 아닌 듯한 일이기에 아무도 이해하지 못하는 상황에서 말이다.

그러나 그는 무의식이 전하는 메시지에 반응한다. 과거에 있었던 상처가 자극이 되어 일종의 자기방어 태세로써 상처를 주려는 사람을 공격한다. 이럴 때 분노조절은 쉽지 않다. 다시는 받고 싶지 않은 상처로부터 자신을 보호하려는 무의식이 반응하는 것이다. 그 격분은 상상할 수 없을 만큼 격렬할 수 있다.

내담자 중에 이른 나이에 결혼을 하고 두 아이를 둔 평범한 직장생활을 하는 남성이 있었다. 그의 아내는 매력적인 외모에 자신보다 학력도 높고 똑똑해 동경의 대상이 되는 여성이었다. 그러나 그는 아내의 모든 일거수일투족이 마음에 들지 않았다. 특히 뛰어난 말솜씨와 사람을 다루는 기술이 자신과는 차이가 많았다. 어느 곳에서든 자신은 항상 아내의 능력과 유창한 언변에 밀리곤 했다. 그러다 보니 누구도 의도치 않은 상처를 입고 스스로의 존재가치를 상실해 버리곤 했던 것이다. 그럴수록 그는 아내와의 대화를 멀리하고 아내가 바라는 행동을 하지 않음으로써 아내의 마음을 상하게 하곤 했다. 그는 아내를 무척이나 사랑했다. 그러나 사랑하는 만큼 경멸하고 있었다.

살다 보면 누군가로 인해 심한 모욕감을 느끼거나 창피함을 당할 때가 있을 것이다. 이 남성의 경우가 그랬다. 우리는 그런 경험을 제공한 사람을 증오한다. 경멸하기도 하며 형편없이 추락시키고픈 감정이 생긴다. 자신이 느낀 그 수치스러운 모욕감을 준 사람을 용서하지 못한다. 그래서 수동적인 방법으로 상처를 밀어내곤 한다. 그런 감정은 두고두고 가슴에 남아 있다.

그와는 반대로 '또 다른 나'가 아무런 저항 없이 오히려 움츠러들 때가 있다. 기억하고 싶지 않은 상처가 고개를 내민다. 그러나 그것을 꺼내 또다시 들여다볼 자신이 없다. 이런 사람들의 특성은 지나치게 내성적이거나 쉽게 우울 증세를 보인다는 것이다. 남의 말에 무조건적으로 순응하는 소극적인 모습을 보이며 세상에서 숨어 버릴 기회를 찾는 사람들이다.

모든 사람은 저마다의 기질과 능력이 다름을 인정하자. 주눅 들거나 부러워하지 말라. 당신은 독창적인 사람이다. 스스로를 비하하지 말라. 그리고 위로하고 사랑해 주라. 다른 사람의 도움을 받아도 좋겠다. 당신은 세상에 하나밖에 없는 가장 소중한 존재다.

정신과 전문의가 쓴《혼자 잘해 주고 상처받지 마라》라는 책이 있다. 저자는 "자신의 감정을 타인의 감정을 살피는 데 허비하지 않으면 타당한 비판은 수용하지만 부당하고 일방적인 비난으로부터는 자신을 보호하는 힘을 갖게 된다"라고 설명했다. 평소에 상대가 원할 만한 것들을 자기 의지로 선행으로서 베푸는 사람들이 있다. 상처를 잘 받는 사람 중에는 '착한 아이 콤플렉스'를 갖고 있는 경우가 많다. 이런 사람들은 공감 능력이 너무 발달되어 있는 것이 문제다. 상대의 문제를 자신의 문제인 양 마음을 쓰고 지나치게 확대해서 해결해 주는 상황까지 몰고 간다. 무슨 일에건 팔을 걷어붙이고 도움을 자처해야만 직성이 풀린다. 언제나 모든 일을 내 일처럼 해결하려는 사람들이다.

이런 사람들 옆에는 항상 그들에게 모든 일을 전담하고 마음 편히 제 할 일만 하는 사람이 있기 마련이다. 그들은 그것을 당연하게 받아들인다. 저 좋아서 하는 일이니 크게 고마워할 것도 없고 보상해 줄 것도 없다고 생각한다. 스스로 일을 도맡은 사람들은 자신의 에너지를 쓰지 않아도 될 만한 것들에 과도하게 집착한다. 결과적으로 자신이 해결한 일들에 대한 정신적 보상을 요구한다.

'내가 얼마나 잘해 줬는데.'

'내가 이렇게까지 했으니 날 인정해 주고 사랑해 주겠지.'

'내게는 특별히 더 잘해 줘야 하는 거 아냐?'

그러나 이런 인정욕구가 채워지지 않을 때 이들은 상처받고 분개한다.

인정에 연연할 것이라면 너무 잘해 주지 말기 바란다. 내가 할 수 있는 것에 한계선을 긋자. 그 이상은 상대도 불편할 수 있고, 지나친 보상 심리가 작용하면 실망할 수도 있다. 상대의 문제는 상대가 알아서 하도록 하라. 나는 내가 할 수 있는 작은 도움이나 조언이면 충분하다. 한쪽의 일방적인 도움은 아무 조건 없이 순수한 마음으로 행해져야 한다. 결과야 어떻든 내가 한 일에 대한 보상은 자신 스스로에게서 받으면 된다. 상대의 마음을 살피느라 에너지를 허비하는 일은 나를 위한 일이 절대 아님을 유의하자. 치유되지 않은 상처받은 영혼은 관계 속에서 또 다른 상처 유발자가 될 수 있음을 알아야 한다.

08

상처 유발자를 사수하라

의도적으로 상처를 주는 사람들은 습관적인 경향이 있다. 그들은 특정한 대상을 선택한다. 주로 시기심과 질투, 두려움, 열등감, 경쟁심 등이 주요 원인이 된다. 공통적으로 그들은 부정적인 정서로 인해 부러운 대상에게 상처를 줌으로써 묘한 쾌감을 느끼는 것으로 알려졌다. 그들의 특징은 첫째, 경쟁심이 강하고 자신보다 월등히 나은 사람들이 수고해 얻은 성과를 인정하려 하지 않는다. 둘째, 상대가 다른 사람들 앞에서 돋보이는 것을 질투하며 평가 절하한다. 셋째, 자신이 보기에 노력하는 것에 비해 결과가 더 좋거나, 비교적 편하고 안락하게 살아가는 것을 타당하지 않다고 여긴다. 넷째, 자신보다 항상 앞서 다른 사람의 칭찬이나 인정을 받는 것을 무의식적으로 질투하며 시기한다. 아이러니하게도 그런 질투의 대상 곁을 떠나려 하지 않는다는 것도 특징 중 하나다.

그들은 자신의 삶을 누군가 알아주길 바란다. 자신은 혼신을 다해 노력하며 살아가는데 사람들이 인정해 주지 않으면 의기소침해지고 원망한다. 열등감과 피해의식이 깊어 자신도 자신의 감정을 억누를 수 없을 만큼 분노한다. 그 분노의 대상은 자신의 상처와 아무 상관이 없는 가까운 사람이나 힘없는 동물이 되기도 한다.

이런 열등감을 표출하는 또 다른 유형으로 인터넷 악성 댓글 작성자나 스토커를 들 수 있다. 이들은 스스로 모습을 보이면 자신감이 없고 심리적으로 위축된 사람들이기에 자신의 모습이 보이지 않는 방법을 선택한다. 익명성이 보장되기에 자신의 분노와 열등감을 쏟아낸 온갖 악성 댓글을 달고 협박을 하며, 상대가 불쾌해하고 모욕감을 느끼는 것을 통해 자신이 우월해지는 기쁨을 누리는 것이다.

그들은 상대의 약점을 이용해 교묘하게 악용하기도 한다. 혹시라도 이런 사람들이 주변에 있다면 그들의 자극적인 말과 행동에 넘어가서는 안 된다. 그들은 자신이 던진 미끼에 걸려들면 인정사정없이 물어뜯으려 한다. 그들은 세상에 대한 불신과 불만으로 가득한 사람들이다. 자신은 늘 피해자라며 눈물, 콧물을 동원해 억울함을 호소하기도 하면서 상대의 입장을 난처하게 만들기도 한다. 노골적으로 상처를 주는 말과 행동을 하기도 하고 그것에 반응하는 상대를 비웃으며 마음대로 조종하려고 한다. 이런 사람들은 평소에는 아주 친절한 모습과 행동을 보임으로써 선량한 이미지를 앞세운다. 그러나 다른 사람들과 어울리면서도 진정성 있는 소통은 이루어지지 않는다. 진실은 머지않아 정체가 드러나기 마련이다.

상처 유발자들은 이미 오래전에 심각한 상처를 입어 치유되지 못한 채 병든 작은 아이를 품고 있는 사람들이다. 그들은 항상 피해의식 속에서 살고 있기 때문에 누군가 자신의 정당함과 억울함을 알아주길 바라고 있다. 자신보다 우위에 있는 사람들을 경멸하고 그들이 자신을 위협하는 존재들이라고 인식한다. 즉, 자신은 보호받아야 할 피해자이고 그들은 가해자가 되는 셈이다. 이런 사람들은 인정을 갈구한다. 자신은 선한 사람, 불쌍한 사람, 보호받아야 하는 연약한 사람임을 인정받고자 몸부림치고 있다. 상처로 자신을 파괴하는 불쌍한 영혼인 것이다.

덧나지 않도록 상처를 내보이라

'배르벨 바르데츠키'의 책 《너는 나에게 상처를 줄 수 없다》에서는 '페터 베마이어 연구팀'에 의한 연구 결과로 상처받은 마음의 세 단계를 다음과 같이 정의해 놓았다.

- 첫 번째 단계: 상처를 준 사건이 일어난 직후부터 한 시간 동안 나타나는 마음의 변화로, 분노와 무력감이 생기고 생각이 정지된다. 심하게 마음을 다친 충격 때문에 혼잣말을 하는가 하면 배가 아프거나 심장이 조이는 듯한 통증, 편두통과 같은 신체적 이상 증상이 나타나기도 한다. 이때 나타나는 분노는 뚜렷한 목적을 가진 복수심이라기보다는 누구를 미워해야 할지 모르는 방향성 없는 분노라고 할 수 있다.

· 두 번째 단계: 사건이 일어나고 한 시간쯤 지난 시점부터 일주일 사이에 나타나는 마음의 변화로, 분노와 함께 실망과 절망을 느낀다. 모욕당한 기분에 증오심을 불태우면서도 버림받거나 더 큰 상처를 입을까 봐 겁을 내고 있는 상태라고도 볼 수 있다. 그래서 사람들과의 접촉을 끊고 자기만의 동굴 속으로 들어가기도 하며, 상처를 준 사람이나 관련된 사람들을 경멸하고 제대로 대응하지 못한 자기 자신을 혐오하기도 한다. 자존감이 약한 사람들은 일주일 넘게 이 단계에서 빠져나오지 못하는 경우도 있다. 그들은 상처받은 상태에서 벗어나기 위해 뭔가 시도하는 것을 주저한다. 상처 준 사람을 찾아가 따진다거나 자기 고집을 꺾는 일, 상대의 이야기를 들어 보거나 용서해 주는 일 같은 것들을 생각하는 것만으로도 상처가 되살아나기 때문이다. 그래서 차라리 '다시는 그 사람을 만나지 않겠어', '모두 다 너 때문이야', '그 사람은 정말 비열해'라고 말하며 극단적으로 거부하는 쪽을 택한다. 상처를 준 사람의 경우도 마찬가지다. 다른 사람들과의 접촉을 차단하고 '내가 왜 그런 일을 저질렀을까?', '왜 그렇게 행동했을까?' 하는 자책감에 시달리면서 끊임없이 자신의 죄를 묻는다.

· 세 번째 단계: 상처받은 상태에서 벗어나 마음을 추스르는 단계다. 남성들은 대부분 이 단계에서 혼자 있고 싶어 한다. 여행을 떠나거나 취미생활에 몰입하며 그 사건과 거리를 둔다. 반대로 여성들은 자신에게 일어난 일과 심경의 변화를 낱낱이 알리고 싶어 한다. 사건의 발단, 전개, 위기, 결말을 순서대로 들려주고 누가 가장 큰 피해자이며 누가 가장 악독한 가해자인지를 정리한 뒤, 그 혼란 속에서 자신이 얼마나 힘들었는지를 이해받고 싶어 한다.

상처가 덧나지 않도록 하려면 그 상황에 대한 기억을 다른 것으로 대체하거나 빨리 벗어나는 것이 좋다. 내 마음이 상처에서 벗어나지 못하고 편치 않은 기억을 떨궈 내지 않는다면 상처는 심하게 덧나고 만다. 지워지지 않는 흉터를 남긴 상처는 내면 깊숙한 곳에 자리 잡은 채 시시때때로 건드리면 아프고 미세한 자극에도 예민해 주변은 물론 내 인생 전부를 불행으로 몰고 가는 원인이 될 수도 있는 것이다. 상처를 받았는가? 호소하자. 상처받아 아프다고 말하자. 상대가 어떻게 듣든 상관 말고 자신의 아픈 감정을 호소하자. 아무 상관없는 약한 사람이나 가족들에게 분풀이하지 말고 상처를 제공한 사람에게 말하는 것이 좋다. 누구에게든 보여 주어야 한다. 크고 작은 사고들로 인해 신체에 외상을 입었을 때 병원에 달려가 진료를 받고 치료를 받는 것처럼 마음의 상처도 그냥 지나치지 말아야 한다. 상처받은 나를 위해 무엇인가를 해줘야 할 의무가 우리에게는 있다.

상처를 거부하라

'프란코이스 로체포우콜드'는 말했다.

"소인들은 사소한 것 때문에 상처를 입는다. 그러나 위대한 사람들은 사소한 것을 다 이해하기 때문에 절대로 그런 것 때문에 상처를 입지 않는다."

세상의 모든 사람이 내 마음만 같으면 얼마나 좋을까. 여러 상황 속에서 나도 모르게 남에게 주는 상처도 있다. 그것까지야 내가 어쩔 수 없는 일이다. 누군가에게는 아무것도 아닌 일이 또 다른 누군가에게는 충격적인 상처가 될 수 있기 때문이다. 그러나 그것을 우리가 다 알 수 없으니 어찌할 도리가 없는 것이다. 문제는 상처를 받는 사람이다. 사람마다 특별히 예민한 부분들이 있기 마련인데 이것 또한 모두 다르다. 상처도 선택이다.

내 아픈 부위를 발견하는 것은 아주 중대한 작업이다. 내가 어떤 상황이나 어떤 말에 상처를 받는지 더듬어 알아보자. 그 부위를 발견했다면 방치하지 말고 치료를 받아야 한다. 상대가 먼저 내 취약점을 알고 상처에 민감한 부위를 집중적으로 공격하는 사람도 있다. 그들에게 나 자신을 먹잇감으로 던져 주어서는 안 된다.

상처받지 않는 열 가지 방법

- 하나, 사랑하라. 나를 사랑하듯이 모든 생명을 조건 없이 사랑하는 마음을 갖자.
- 둘, 내 아픈 부위를 들여다보자. 그리고 저절로 낫기를 바라지 말고 치료해야 한다.
- 셋, 상처를 주는 사람은 더 많이 아픈 사람일 수 있다. 긍휼히 여기는 마음을 갖자.
- 넷, 모든 사람이 다름을 인정하자. 내 마음과 같은 사람은 없다.
- 다섯, 그럴 수도 있지 하고 생각하자. 세상의 모든 사람은 말과 행동에 자유로울 권리가 있다.
- 여섯, 그까짓 상처 따위로 소중한 나를 아프게 하지 말자. 나보다 소중한 것은 없다.
- 일곱, 상처받는 것은 나만 손해다. 상대는 아무렇지 않다는 것을 유념하자.
- 여덟, 상처에도 덤덤해 보자. 심심하면 스스로 떠나간다.
- 아홉, 상처를 내보이라. 공개된 상처는 더 이상 남아 있을 이유가 없을 것이다.
- 열, 긍정적인 생각으로 전환하자. 부정은 긍정과 함께 있을 수 없다.

09

나를 신뢰하는 것만큼 큰 힘은 없다

자신을 믿고 사랑하는 일을 모르는 사람은 아마도 없을 것이다. 그러나 아는 만큼 실천하기는 어렵다. 그 말 자체가 진부하고 상투적이긴 하지만 그만큼 자신을 위해 갖춰야 할 마음가짐임에는 틀림이 없다. 자신을 신뢰하지 못할 때 발생하는 일들은 삶의 질을 무참하게 깎아내린다. 내가 중심이 되지 않고 다른 사람들을 내 삶에 끌어들여 그들에게 휘둘리게 되기 때문이다. 그런 삶은 자신이 무가치하다고 여기고 다른 사람들의 세계를 신뢰하게 된다. 그들의 정신 아래 자신의 삶을 내려놓고 그들에게 지휘권을 넘겨주는 것이다. 나는 무능하고, 내 생각은 보잘것없고, 내 선택은 틀릴 수 있다는 연약한 마음에서다. 얼마나 답답하고 어리석은 일인가! 그렇다면 나는 온전히 자신을 신뢰하고 있다고 자신 있게 말할 수 있는가?

현자 '에라스무스'는 '우리가 자신을 믿지 못하므로 스스로를 사랑하지 못하는데 어찌 다른 사람을 사랑할 수 있을까?'라는 말을 이렇게 설명했다.

"자기 자신을 미워하는 사람이 다른 사람을 사랑할 수 있을까?"

우리는 내가 가진 것보다 다른 누군가가 가진 것을 부러워한다. 내가 처한 환경보다 다른 사람들의 환경에 더 마음을 쓴다. 내가 가진 것은 보잘것없어 보이고 남의 것이 좋아 보이기 때문이다. 옛 속담에 "남의 떡이 커 보인다"라는 말이 있듯이 내 삶이 아무리 윤택할지라도 자신에게는 별것 아닌 하찮은 것일 수도 있다는 말이다.

한 남성이 자신의 부인에 대해 이야기하며 연거푸 한숨을 쉬어 댄다. 남부러울 것 없는 살림에 호의호식하며 살아가는데, 아내는 밖에만 나갔다 오면 화를 내고 짜증을 내며 부정적인 말들을 쏟아 낸다고 한다. 원인인즉, 아내가 어울리는 이웃 사람들이 새 옷을 사거나, 새 차를 구입하거나, 새 가구를 들이거나 할 때면 자기 것과 비교하면서 신경이 무척이나 예민해진다고 한다. 이런 일들은 어쩌면 일반적으로 공감할 만한 일인지도 모르겠다. 일주일 전에 새로 장만한 냉장고가 이웃의 냉장고에 비해 기능이 많이 부족한 것 같아 보이거나, 큰맘 먹고 산 가방이 다른 사람이 들고 있는 가방보다 실용적이지 못하다는 생각에 자신이 잘못 선택한 것 같은 우울한 기분들 말이다. 검은색 차를 구입했는데 친구는 같은 기종으로 흰색을 구입했다. 흰색이 더 깔끔해 보이지 않던가? 지금이라도 바꿀 수 있다면 바꿀까 하며 고민해 본 적 없는가?

이렇게 사람들은 아주 소소한 것에서도 자신의 선택을 의심한다. 그런 것들로 우울해지기도 하고, 안목이 떨어지고 앞서가지 못하는 자신이 못마땅하기도 하다. 선택할 당시에는 요모조모 따져 보며 신중하게 생각한다. 아니, 어쩌면 이웃의 그것보다 성능이나 기능 면에서 훨씬 뛰어난지도 모른다. 그럼에도 불구하고 우리는 다른 사람의 것들을 더 높이 평가하는 경우가 많다. 그러다가 어느 날 누군가 내 것들을 칭찬하고 높이 세워 줄 때에야 비로소 안심하게 된다. 결국 나를 신뢰하는 것이 아니라 다른 사람의 평가를 신뢰하는 것이다. 누군가에게 인정을 받는다는 것은 좋은 일이다. 그것이 거짓이건, 입발림이건 칭찬받으면 기분이 좋아지는 것은 사실이다. 그러나 인정받는 것이 필수불가결한 조건이라면 삶의 모든 부분을 나 아닌 다른 사람의 평가에만 의존하게 되어 위험할 수도 있다는 것을 인지해야 한다.

당신 생각이 옳다

'로잘린 카터'는 이렇게 말했다.

"자신의 능력을 믿어야 한다. 그리고 끝까지 굳세게 밀고 나가라."

내가 선택한 모든 것은 전혀 잘못되지 않았다. 그러나 그 모든 것을 다른 사람들을 통해 확인하고 싶어진다. 사람들은 각자가 좋아하는 취향이 다르다. 누구의 말을 믿을 것인가? 그들은 그들의 취향대로 모든 것을 평가할 뿐이다. 직업도, 집도, 자동차도, 가구도. 선택의 폭은 넓겠지만 결정적인 것은 자기 취향이다. 내 것을 남의 취향에 맞춘다면 그것에 대한 애착은 곧 시들해질 것이다.

진로 방향을 정하기 위해 성향 검사를 요청한 여학생이 있었다.

"저는 메이크업 아티스트가 되고 싶어요. 요즘은 미용업이 상당히 번창해 있고 취업 준비생들이 많아 자리가 부족한 상황이지만 저는 공부를 더 많이 해서 그들보다 뛰어난 아티스트로 성공하고 싶어요. 그런데 부모님께서 반대가 심해요. 그 일로 취직을 한들 얼마나 일할 것이며 평범한 아티스트가 아닌 그들 우위에 서는 일이 쉽겠냐고 하세요."

그 학생은 꿈이 확실했다. 부모의 의견이 아무리 강경해도 따르고 싶은 마음은 없었다. 그러나 반대 의견에 부딪치면서 자신의 선택이 과연 옳은지 혼란을 겪게 되었다. 뿐만 아니라 자신의 능력이나 자질까지 의심하게 되었다.

인간은 남의 말에 휘둘리기 쉬운 존재다. 내가 옳다고 확신한 것들도 다른 사람의 논리 앞에 무너지는 일이 허다하다. 내가 선택한 것들을 너무나 초라하고 가치 없는 것들로 추락시키는 일은 누가 강요한 것이 아니다. 결국 자신을 신뢰하지 못하고 다른 사람들의 말에 휘둘리게 되는 나를 믿지 못하는 마음에서 일어나는 일이다.

'안나 프로이트'는 "나는 힘과 자신감을 찾아 항상 바깥으로 눈을 돌렸지만 자신감은 내면에서 나온다. 자신감은 항상 그곳에 있다"라고 말했다. '노먼 빈센트 필'은 "겸손하지만 합리적인 자신감 없이는 성공할 수도 행복할 수도 없다"라고 말했다.

정신분석학자 이승욱 박사는 태어나서 만 3세까지의 엄마와의 유대관계가 신뢰감을 형성하는 데 가장 중요한 시기라고 말하고 있다. 엄마의 따뜻한 품 안에서 젖을 먹고 포만감을 느끼는 과정에서 엄마와의 사랑스러운 눈맞춤을 통해 자신의 존재가치를 믿게 되는 것이다. 요즘 젊은 부모들은 전략적으로 아기를 낳고 전략적으로 아이를 양육한다. 태어난 지 백일이 채 되기도 전에 남의 손에 맡기는 경우도 많다. 아기들은 눈빛을 통해 세상을 본다. 엄마가 아닌 다른 사람의 눈빛에는 사랑이 담겨 있지 않다는 것을 아기들은 직감으로 알 수 있다. 자신이 얼마나 소중한 존재인지를 느끼는 과정을 박탈당하고 있는 것이다.

그런 성장 과정 속에서 자신을 신뢰하는 사람으로 자라기란 쉽지 않다. 이미 자신을 두고 사라진 엄마에게 거부당한 느낌을 갖게 된다. 자신은 사랑스럽지도 않고 소중하지도 않은 가치 없는 존재라고 판단한다. 그것들은 내면 깊숙한 곳에 자리 잡고 상처로 묻히게 된다. 자신의 존재가치를 전혀 모르면서 어찌 자신을 신뢰할 수 있으며 다른 사람을 신뢰할 수 있을까? 이미 부모들의 경쟁의 도구가 되어버린 아이들은 으레 그렇게 살아가는 것이 운명이라 받아들인다. 안타까운 현실이 아닐 수 없다.

부모들은 자신의 욕심을 채우기 위해 아이들을 희생시키고 있다. 사랑이라는 이름으로 말이다. 중요한 성장 과정에 있는 아이들의 잠을 방해하면서 키가 크고 건강하길 바란다. 자신 있게 당당한 사람이 되라고 하면서 아이의 모든 일거수일투족을 간섭한다. 세상에서 앞서가는 리더가 되길 바라면서 헬리콥터 맘을 자처한다. 아이들은 부모에게 전적으로 의존하면서 자신을 믿지 못하게 되는 것이 어쩌면 당연한지도 모르겠다. 나는 절대 아니라고 자신 있게 말할 수 있는가?

자신감은 내면에서 나온다

사람들은 자신을 온전히 믿는다고 말한다. 그러나 실제로는 어린 자식들이라도 믿고 싶은 마음이 앞서고 있다는 것을 모른다. 완벽한 환경 속에서 살아온 사람이 얼마나 될까? 아니, 완벽이란 있을 수 없다. 대부분의 사람들이 자신의 삶을 개척해 보려고 많은 노력들을 한다. 여기서 하고 싶은 말은, 꼭 관습에 따르지 않아도 된다는 이야기다. 자신을 찾길 바란다. 있는 그대로의 나를 믿음으로 받아들이자. 남들을 위해 나를 길들이는 것이 아니라 나 자신을 위해 무엇이든 해야 한다.

모든 사람이 자신을 진정으로 사랑하는 방법을 안다면 세상은 참으로 살 만한 곳이 될 것이다. 아주 작은 것부터 시작하자. 내가 싫어하는 것과 좋아하는 것부터 구분하자. 다른 사람이 그와 반대일지라도 내 선택을 믿자. 그리고 그것을 숨기지 말고 당당하게 내세우기 바란다. 예를 들어 남들을 배려한답시고 좋아하지도 않는 음식 메뉴를 선택하지 말라는 뜻이다. 거절하는 것 역시 자신을 신뢰하는 마음에서 가능할 수 있다.

성공하는 인물들은 자신의 잠재된 능력이나 가능성을 스스로 믿고 있는 사람들이다. 자신을 신뢰하므로 어떤 시련이나 역경 속에서도 오랫동안 좌절하지 않는다. 자신에 대한 신념이 강해서 다시 일어설 수 있다는 믿음이 빨리 실행으로 옮겨 가도록 이끌기 때문이다. 일상에서 우리는 많은 사람들과 관계를 맺고 많은 일들을 접하며 많은 선택의 여지 앞에 서 있다. 남들의 선택은 그들의 몫이다. 내 선택과 비교하지 말자.

그러기 위해서는 자신의 능력에 자부심을 가져야 한다. 내 안목이 남다름에 자부심을 갖고 그 무엇도 내 안목을 따라올 수 없다는 자기 믿음이 중요하다. 내가 아는 정보에 확신을 가져야 한다. 누군가 다른 이야기를 하더라도 그 말을 존중하되 내 판단이 잘못되었는가를 의심하지 말아야 한다. 설령 그것이 잘못된 판단일지언정 자신을 비하함으로써 스스로의 가치를 깎아내려서는 안 된다. 나를 믿고 신뢰하는 것만큼 중요한 것은 없다.

가만히 생각해 보면 우리의 선택이 한쪽으로 치우친다는 것을 알 수 있다. 거기에는 반드시 이유가 있다. 나의 내면에 각인된 그 무엇인가가 한쪽 편으로만 강하게 나를 이끌기 때문이다. 그것이 무엇인지 내면의 소리에 귀 기울여 보도록 하자. 그리고 스스로에게 물어보자.

내가 좋아하는 것들은 무엇이며 그 이유는 무엇인가?

내가 싫어하는 것들은 무엇이며 그 이유는 무엇인가?

내가 바라고 원하는 삶은 무엇이며 언제부터 피어났던 소망인가?

내가 믿고 신뢰하는 것들은 무엇이며 근거는 어디에 있는가?

기억하자. 내가 나를 신뢰해야만 타인도 나를 신뢰할 수 있다는 것을.

10

나는 좋은 사람이 되지 않기로 했다

우리의 잘잘못을 예민하게 주시하며 처벌을 내리는 사람이 누구인지 생각해 본 적이 있는가? 부모일 수도 있고 배우자일 수도 있으며 직장 상사나 동료, 친구 등 누구든 될 수 있다. 우리가 가장 두려워하는 사람은 누구일까? 평소에 평판이 좋은 이미지를 가진 사람일 수도 있고, 내가 많이 좋아하는 사람일 수도 있다.

그중에 부모는 아이에게 가장 가까운 사람이자, 사랑을 미끼로 공포를 제공하는 사람이 될 수도 있다. 유난히 엄격하거나 지배적인 부모일수록 아이들에게 제한 사항을 많이 요구하고 그에 따르지 않을 경우 회복하기 어려울 정도의 큰 상처를 입히곤 한다. 믿고 의지하는 부모가 아이에게 행한 체벌은 몸도 마음도 여리디여린 아무것도 저항할 수 없는 아이들에게는 충격일 수밖에 없다. 피할 수도 거부할 수도 없는 상태에서 아이들은 부모를 이해할 수 없다. 당연히 믿고 의지하는 존재이므로 부모가 원하는 대로 자신을 속이며 따르는 법만을 익히게 된다. 즉, 좋아서가 아니라 무섭고 두려워서다. 부모의 강한 체벌은 아이들에게 '나는 사랑받을 자격이 없는 나쁜 사람'이라는 죄책감을 불러일으킨다. 부모가 화난 데에는 이유가 있고 그 이유는 자기가 잘못해서라고 해석하며 스스로 자존감에 상처를 입히는 것이다.

부모의 강력한 체벌은 감정이 실린 경우가 더 많다. 아이들이 내 뜻에 따르지 않는다거나 내 욕심을 채워 주지 않을 때 아이들에게 분노한다. 부모의 지배적인 태도를 거부하기에는 어린아이들은 아직 힘이 없다. 결국 아이들 스스로 두렵지만 의존할 수밖에 없는 부모의 뜻에 따라 말 잘 듣는 착한 아이가 되고자 노력하게 된다. 눈치를 보면서 말이다.

그러고 보면 나는 엄격한 부모님 밑에서 자랐지만 부모의 소유물이 되지 않으려고 많이도 애썼던 것 같다. 나는 착한 아이와는 거리가 멀었다. 내가 좋아하는 것을 고집했고 부모님의 어떤 강요도 거부하면서 어린 시절을 까칠하게 보냈다. 형편에도 안 맞는 좋은 옷과 좋은 가방을 요구했고, 어떻게 해서든 그것들을 손에 넣어야 했다. 그런 나와는 반대로 우리 자매들은 부모님의 마음에 들기 위해 많이도 참아 왔다고 한다. 착한 아이로 인정받기 위해 부모님이 원하는 대로 움직였고 칭찬을 받기 위해 포기한 것도 한둘이 아니라고 했다. 그 어릴 때 성향은 지금도 삶에 나타난다. 쉬이 버리지 못하는 것이 어릴 적부터 몸에 익혀 온 습성이 아니던가.

좋은 사람의 기준은 무엇인가? 보통 좋은 사람이라 함은, 남들에게 선행을 베풀고 늘 손해를 보더라도 기꺼이 자신을 희생하는 사람을 일컫는다. 그런 것에 비추어 보면 나는 일찍부터 좋은 사람이 되지 않아도 괜찮다고 생각했던 것 같다.

훌륭한 사람이 아니면 어떤가

미국의 사상가이자 저술가인 '헨리 데이비드 소로'는 말했다.

"내가 떠맡을 권리가 있는 나의 유일한 책무는 어떤 때이고 간에 내가 옳다고 생각하는 일을 행하는 것이다."

사람들의 평가에 민감한 사람들은 좋은 사람이란 곧 훌륭한 사람의 이미지와 연관시킨다. 사람들은 보통 남에게 좋은 인상을 주고 싶어 하며, 좋은 사람이라는 말에 현혹된다. 그것은 중독성이 있어 계속해서 좋은 사람이라는 이미지를 만들어 낸다. 그렇게 하지 못하면 소외당할지도 모른다는 마음에 불안해하기도 한다. 예를 들어, 어떤 중직을 맡고 있는 사람은 그 자리에 있는 사람들 앞에서 자신의 능력이나 인품이 남다름을 보여 주고 싶어 할 수 있다. 또는 사랑하는 연인이 있는 곳에서 자신이 얼마나 매력 있고 다정하며 친절한 사람인지를 보여 주고 싶어 할 수도 있다. 이 모든 것은 다른 사람들의 평가에 달려 있다. 그들이 나를 어떻게 평가하느냐에 따라 성공할 수도 있고 실패할 수도 있다.

그러나 진실함이란 아무런 꾸밈없는 상태에서 자신의 모습을 그대로 보여 주는 것을 말한다. 누군가에게 보여 주기 위해 진정한 자신의 모습을 감추는 것이 과연 좋은 사람일까? 물론 훌륭하고 좋은 사람이 되지 말라는 뜻은 아니다. 그 좋은 사람이라는 이미지를 지키려고 애쓰지 말라는 말이다. 좋은 사람이라는 편견에서 자유로워져야 한다.

어떤 사람들은 삶의 모든 에너지를 좋은 사람으로 보이기 위한 이미지에 쏟고 있다. 그들은 이미 좋은 사람이라는 자기상에 사로잡혀 있다. 그 이미지는 주로 외부로 흘러간다. 가족들에게는 냉정하고 몰인정한 사람이 외부에서는 세상에 둘도 없는 좋은 사람이 되어 자자한 명성을 얻는 것이다. 그것이 그 사람들이 살아가는 방식이며 삶의 이유가 된다. 그것을 누군가 파괴하고자 위협하면 그들은 세상을 다 잃은 것처럼 격분한다. 자신의 이미지에 큰 손상을 입힌 사람들을 용서하지 못하게 되는 것이다.

좋은 사람이 된다는 것은 심각한 정신적 고통까지 수반하게 한다. 대표적인 것이 인정을 받으려는 것과 거절을 못하는 것이다. 거절을 하면 자신의 좋은 사람이라는 이미지에 크게 손상을 입을지도 모른다는 생각이 커서 차마 거절하지 못하고 가슴앓이를 하곤 한다.

미국의 저명한 상담 전문가이자 《좋은 사람 콤플렉스》의 저자 '듀크 로빈슨'은 좋은 사람들이 불행할 수밖에 없는 이유를 아홉 가지 유형으로 설명했는데, 에니어그램으로 본 아홉 가지 성격 유형과 비슷한 점이 많았다. 각자의 성향에 따라 콤플렉스가 어떻게 나타나는지

나열해 보았다.

· **에니어그램 성향별 좋은 사람 콤플렉스와 그에 따른 피드백**

1. **완벽 콤플렉스** 완벽하지 않은 세상은 믿을 수 없다. ➡ 완벽하지 않아도 된다. 세상에 완벽한 것은 하나도 없다. 정확히 처리하지 못한다고 해서 잘못된 것은 아니다. 너무 완벽한 것은 자신과 사람들을 피곤하게 할 뿐이다.
2. **착한 아이 콤플렉스** 나는 다른 사람에게 도움이 되어야 한다. ➡ 착한 사람이 아니어도 괜찮다. 자신의 감정에 솔직해야 한다. 다른 사람들을 위해 살아가느라 자신을 돌보지 않는 것은 어리석은 일이다. 그렇게 희생적으로 헌신한다 해도 그것을 알아주는 사람은 많지 않다.
3. **성취 콤플렉스** 내게 성취란 살아가는 이유다. ➡ 가끔은 실패하거나 실수할 수도 있다. 실패는 커다란 자산이 되어 주므로 오히려 배움을 경험할 수 있다. 성공하기 위해 자신을 혹사시키지 말라.
4. **신비주의 콤플렉스** 나는 독특해야만 한다. ➡ 특별하지 않아도 당신은 사랑스럽다. 사람들과 어울려라. 홀로 고립된 생활은 당신을 우울하게 만들 뿐이다. 우울함에 오래 머물다 보면 당신의 영혼이 슬퍼진다. 독특함만이 특별한 것은 아니다. 함께 더불어 사는 삶이 행복이다.
5. **지식 콤플렉스** 나는 다른 사람보다 똑똑해야 한다. ➡ 지식만이 전부는 아니다. 자신만의 퀴퀴한 움막에서 나오라. 사람들과 어울려라. 관계 속에서 자신의 방대한 지식을 나누라. 사람들은 당신을 기다리고 있다.
6. **충성인 콤플렉스** 세상에 믿을 사람은 나뿐이다. ➡ 세상에는 진실된 사람도 많다. 무조건적인 의심을 거두라. 당신을 해치거나 해할 사람은 없다. 보이는 것을 부인하지 말고 보이지 않는 것을 의심하지 말라.

7. **열정 콤플렉스** 나는 사람들을 즐겁게 해줘야 한다. ➡ 때로는 즐거움이 다가 아니다. 오지랖으로 몸을 상하게 하지 말라. 자신에게 진정 소중한 것이 무엇인지 먼저 생각해 보라. 즐거움을 좇느라 정작 소중한 것을 잃을 수도 있다.

8. **지도자 콤플렉스** 나는 사람들 중에서 강해야만 한다. ➡ 약하고 미련한 것이 사람이다. 지나치게 강하면 부러진다. 당신의 강한 에너지가 때로는 다른 사람에게 부담이 될 수 있다. 가끔은 자신을 위해 부드럽고 달콤한 휴식을 취하라.

9. **조정자 콤플렉스** 나는 사람들과 잘 지내야만 한다. ➡ 관계가 깨진다고 세상이 달라지는 것은 아니다. 다른 사람의 일은 그들에게 맡기라. 지나치게 조정해 주느라 힘 빼지 말라. 거절할 줄도 알아야 한다. 거절한다고 나쁜 사람이 되는 것은 아니다.

좋은 사람이 되고 싶은가? 사실은 좋은 사람으로 보이고 싶은 것은 아닌가? 나는 좋은 사람이 되지 않기로 했다. 누군가에게 보이기 위한 일이라면 굳이 애써 내게 악영향을 끼치면서까지 좋은 사람이 되고 싶지 않다. 내가 원하는 대로, 내가 좋은 대로 살면 된다.

11

눈치 없는 사람이 속 편한 사람

스스로에게 질문해 보자. 나는 지금까지 내 모습 그대로 자연스러운 감정을 지니고 살아왔던가? 우리는 이제 다시 시작해야 한다. 기존의 지키고 싶었던, 남에게 맞춰져 있던 선량한 이미지를 이제는 자신에게로 돌려야 한다. 물론 쉽지는 않을 것이다. 이제까지 내가 믿어 왔던 것들을 떼어 놓는 일은 크나큰 용기를 수반한다. 그렇게 해도 괜찮을까 하는 불안감이 따르는 것은 정상적인 반응이다.

그러나 보여 주기에 급급했던 이미지 속에 불안하고 초조하게 숨죽이고 있는 내 안의 여린 사람을 보자. 그것이 바로 자신의 진정한 모습이 아닐까? 성공한 자신의 모습 속에 실패할까 봐 두려운 나, 착한 사람으로 보이고 싶은 모습 속에 외면당하고 소외될까 봐 불안해하는 나, 능력 있는 훌륭한 모습 이면에 초라하고 보잘것없는 나. 당신은 그런 작고 여린 사람을 부정하며 살아오지는 않았는가? 성공하고, 힘이 있고, 선량한 것이 나쁘다는 것은 아니다. 그런 모습이 아무런 조건도 평가도 바라지 않는 자연스러운 상태에서 나타나는 것이라면 말이다. 그런 사람이 과연 있기나 할는지는 모르겠지만.

남의 평가를 바라느라 더 이상 눈치 보지 말자. 내가 하고 싶은 대로 사랑하고, 베풀고, 내 감정에 충실하면 그만이다. 남들에게 훌륭하다는 소리를 듣지 못한다고 나쁜 사람이 되는 것은 아니다. 다른 사람들 때문에 하고 싶은 말을 못하고, 거절을 못하고, 싫다고 말을 못하는 것은 더 이상 자신을 사랑하지 않는다는 것이다. 자신을 사랑한다고 말하면서 왜 마음이 원하는 대로 살지 못하는가?

대문호 '윌리엄 셰익스피어'는 말했다.

"인간이 가장 먼저 해야 할 일은 자기 자신에게 진실해야 한다는 것이다."

상대의 호의를 거부하지 말라

지인 중에 감사의 표현으로 성의를 표하는 사람을 강하게 거부하는 사람이 있다. 그 친구는 매번 그렇게 상대의 호의를 거절한다. 내민 손이 민망할 정도로 거절하는 것을 보고 저렇게까지 할 필요가 있나 생각한 적이 여러 번 있다. 그녀에게 넌지시 물어보았다. 그녀는 호의를 표한다고 냉큼 받는다면 자기를 어떻게 생각하겠냐고 했다. 결국은 받고 싶지 않아서가 아니라 상대가 어떻게 생각할지 그것이 두려웠던 것이다.

멜랑콜리melancholy 친화적 성격의 사람은 양심적이며 타인에게 최선을 다하는 사람으로서 자신의 말이나 행동으로 인해 남들이 자신을 싫어하게 될까 봐 더 착한 사람처럼 행동하게 된다고 한다. 나는 나를 진심으로 사랑하는가? 스스로에게 질문해 보자. 다른 사람들의 호의나 배려가 오히려 불편하다는 사람들이 있다. 그들은 자신에 대한 애정에 결핍이 있는 사람들일 것이다. 이들은 남의 호의를 베푸는 대로 받는 것은 잘못이며, 자신을 무시한 행위라고 연결시킨다. 오직 그들이 원하는 강하고 능력 있는 사람의 모습으로만 인정받길 원한다.

어릴 적에 자주 혼나고 지적을 받은 경험이 많은 사람일수록 성장한 후에도 항상 자신이 잘못하고 있는 것은 아닌지 스스로를 의심하게 된다. 문득문득 누군가 자신을 비난하고 있는 것은 아닌지 위축되곤 하며, 여러 사람이 모인 자리에서도 의견을 표하지 않고 말을 아낌으로써 상대의 비난을 피하려고 한다. 하지만 자신의 생각처럼 타인들은 내 말이나 행동에 그리 관심이 많지 않다. 설령 관심 있게 보고 들었다 하더라도 크게 문제를 제기하거나 냉정하게 반응하지 않는다. 순전히 자신이 갖고 있는 비난이나 거부에 대한 노이로제가 오직 자기 자신만을 괴롭히고 불편하게 만드는 것일 뿐이다.

이 세상에는 다양한 사람들이 다양한 삶을 살아가고 있다. 무뚝뚝하고 냉정하고 차가운 사람들도 있지만 마음이 따뜻하고 편안한 사람들도 있다. 그들은 나름대로 끌리는 사람들이 있고, 좋아하거나 싫어하는 유형의 사람들이 있다. 내가 생각하는 기준에 맞는 사람보다 맞지 않는 사람들이 훨씬 많다는 이야기다. 강하고 능력이 있어야만 사랑받는다는 공식은 성립되지 않는다. 반대로 거부당한다는 공식도 성립되지 않는다. 그러니 사랑받으려고 애쓰지도 말고 거부당할까 봐 두려워하지 않아도 된다.

미움받는 것을 두려워 말라

사랑받지 못할까 봐 두려운 사람들은 자신의 존재가 얼마나 강하고 유능한 사람인지를 상대에게 부각시키려 한다. 먼저 그들에게 강한 자신의 존재를 알림으로써 그들이 자신의 우월함을 인식하고 특별한 사람으로 인정해 주길 바라고 있다. 그렇다고 상대와 소통을 하거나 잘 지내려는 마음은 없다. 이들은 누군가 새로운 사람을 만나거나, 새로운 조직 또는 모임에 일원이 되어 그 안에서 자신이 얼마나 괜찮은 사람인지 확실하게 인식시켜 놓으려 한다. 그렇게 해야만 그들은 안심하고 편안한 상태가 된다. 그 강한 이미지는 강인함, 직위, 유능함, 지식 등으로 내세울 수 있다. 또는 평범하지만 착한 마음이나 공정함, 독특함으로 자신을 드러내기도 한다. 그동안 쌓아 놓은 자신의 이미지에 손상이 가는 것을 이들은 죽기보다 두려워한다.

유튜브에서 동영상 하나를 본 적이 있다. 미국의 오바마 대통령이

기자회견 때 마지막으로 한국 기자들에게 질문을 하도록 기회를 주는 장면이었다. 그런데 당시 현장에 있던 한국 기자 중 한 사람도 질문을 하고자 손을 드는 사람이 없었다. 보는 내가 더 민망할 만큼 현장은 고요했다. 결국 질문의 기회는 중국 기자에게 넘어갔다.

이 동영상을 본 사람들이라면 누구나 다 왜 우리 기자들은 아무 질문도 하지 못했을까 하는 의문이 들 것이다. 그래도 명색이 기자인데 도저히 이해가 가지 않았다. 그러나 기자도 어쩔 수 없는 나약한 사람인지라 두려움은 피해 갈 수 없었나 보다 하고 나름대로 결론지었다.

우리나라의 교육 방식과 유대인들의 교육 방식에는 크게 다른 점이 있다. 우리나라에서는 학교에 다녀온 아이들에게 "선생님 말씀 잘 들었어?" 하고 묻는 데 반해, 유대인들은 반대로 "선생님께 질문 많이 했니?"라고 물어본다. 그것을 통해서도 알 수 있지 않은가. 우리는 말을 잘 들으라고 하고, 유대인들은 하고 싶은 말을 잘하라고 한다. 물론 상대의 말을 경청하고 공감하고 수용하는 것이 잘못이라는 의미가 아니다. 자신이 하고 싶은 말을 정확히 전달하는 능력도 중요하다는 이야기다. 어린 시절 학교에서는 부모님 말씀을 잘 들어야 한다고 하고, 집에서는 선생님 말씀을 잘 들어야 한다고 가르친다. 그래야 착한 사람이고 훌륭한 사람이라고 말이다. 그렇게 우리는 잘 듣는 것이 좋은 사람이라는 인식이 크게 자리하고 있으며, 말을 많이 하지 않고 아끼는 것이 지혜라고 알고 있다.

오바마 대통령이 갑작스럽게 질문할 기회를 준 것이 어쩌면 한국 기자들에게는 당혹감과 함께 큰 부담을 주었을지도 모르겠다. 그러나 기자회견 자리에 참석하면서 질문할 내용들을 준비조차 하지 않았을 리는 없다. 아마도 자신들의 질문에 대해 스스로 확신이 없었던 것이리라고 볼 수밖에 없다. 또한 다른 사람들이 질문한 자신을 어떻게 바라볼까 하는 두려움이 컸으리라. 지금도 여전히 젊은 부모들은 그래도 아이들에게 자신감을 심어 주기 위해 노력하는 것을 볼 수 있다. 그러나 거기에도 함정은 있다. 말을 잘해야 똑똑한 사람이라고 주입하면서도 아이들에게서 말할 기회를 박탈해 버린다. 눈치 보지 말라고 하면서 매사에 부모가 눈치를 준다. 자신의 감정과 생각과 의문들을 말로써 표현하라고 하면서 아이들의 말을 터무니없다며 가로채거나 무시하기 일쑤다. 어찌 보면 일관성 없는 부모들의 교육은 예나 지금이나 별반 다를 게 없다는 생각이 든다.

인간으로서 갖춰야 할 기본적인 인성과 매너는 필요하다. 내가 소중하고 귀하다면 다른 사람 역시 귀하고 소중한 존재다. 그들에게 피해를 입히는 행위 따위는 없어야 한다. 그것은 상대는 물론 내게도 커다란 오점을 남기는 행위다. 나는 나로 살아가되 다른 사람들 역시 존중받아야 마땅한 각각의 개체임을 가르쳐야 한다. 부모들은 아이들에게 표현할 권리와 말할 수 있는 권리를 돌려주어야 할 것이다. 내 아이가, 혹은 옆집 아이가 말 잘 듣고 착하다고 착각하지 말라. 그것은 부모들이 두렵기 때문에 그런 척 행동하는 것뿐이다. 내 아이를 가장 잘 아는 사람은 부모들 자신이라는 것도 착각이다. 내 어머니는 50년이 다 되어 가는 지금까지도 내가 어떤 사람인지 절반도 모르신다.

'No'라고 단호하게 말하라

좋은 사람이라고 칭찬을 듣는 것이 과히 기분 나쁘지는 않다. 그러나 나는 언제부터인가 좋은 사람이고 싶지 않았다. 나는 싫은 것은 죽어도 싫은 사람이다. 누구의 말에도 위축되지 않고 거절할 줄도 안다. 그런 나를 평가하는 사람들은 호불호가 확실히 나뉜다. 그러나 나는 그런 것은 안중에도 없다. 나는 내가 무척이나 마음에 들기 때문이다.

남들에게 좋은 인상을 주고자 애쓰지 않아도 된다. 자신을 향한 관심과 사랑을 외부에서만 얻으려고 하지 말라. 자신을 먼저 사랑하고 귀하게 여기는 마음은 표면적으로 나타나게 되어 있다. 표면적으로 나타난 모습을 보고 사람들은 당신에 대한 인상을 평가한다. 남들에게 보이고자 하는 모습을 자신에게 쏟아라. 내게 더 친절하고 내게 더 관대하며 내가 원하는 것을 내게 제공해 주자.

남들의 눈치를 살피며 그들이 원하는 대로 살아왔다 한들 그들을 향한 내 바람은 내 마음을 황폐하게 할 뿐이다. 내가 원하는 만큼이 어느 정도인지 그들은 전혀 모르고 있으며 관심 또한 없다는 것을 잊지 말자.

12

내 안의 두려움을 정면돌파하라

마음이 안정되지 않은 사람은 다른 사람의 마음을 이해하기가 어렵다. 다른 사람의 마음을 이해하는 것은 중요한 일이다. 즉, 정신적으로 건강한 사람들이 다른 사람들의 인격 자체와 마음을 존중할 줄 안다는 이야기다. 그들의 어렵고 고단한 삶을 이해할 줄 알고 공감할 줄도 안다. 반대로 어떤 일에 지나치게 예민하거나 신경이 불안정한 사람들은 분별력이 떨어진다. 자신을 사랑하지도 이해하지도 못하는 사람이 다른 사람의 정신세계를 이해할 수 없는 것은 당연한 일이다.

이들은 자신의 문제점들을 직시하며 그것들을 아무 상관없는 다른 사람한테 투사해 버린다. 그리고 실제 그들의 모습이 아님에도 불구하고 실제 모습인 것처럼 해석하려 한다. 다른 사람의 있는 그대로의 모습을 인정하려 하지 않고, 자신이 생각한 모습으로 상대를 매도하는 것이다. 평소에 유난히 의심이 많은 사람들이 있다. 그들은 다른 사람들의 모든 행동에 자기가 해석한 대로 의미를 부여한다. 누군가의 칭찬에도 무슨 의도가 있는 것은 아닐까 의심하고 순수한 마음으로 받아들이려 하지 않는다. 이런 사람들은 자신조차 믿지 못하고 자신의 존재를 그리 좋아하지 않는다. 그러면서 그런 감정을 누구에게도 들키고 싶어 하지 않으며, 애써 아닌 척 자신조차도 속이려 한다. 남의 호의를 거절하는 사람들이 가지고 있는 감정 중의 하나로, 그들은 호의를 있는 그대로 받아들이지 않고 의도가 무엇인지 캐내려 하기도 한다. 주변에 꼭 한둘은 이런 사람들이 있기 마련이다.

내게 없는 것을 가지고 있는 친구에게서 배우라

지인 중 두 여성의 이야기다. 그들은 비슷한 또래에 비슷한 환경을 가지고 있다. 다른 사람들이 보기에는 비슷한 처지에 서로 위로가 되고 힘이 되어 주는 스스럼없는 절친한 사이로 보였다. 그런데 알고 보니 둘 중에 한 사람은 그들의 관계를 유지해 나가는 데 많은 어려움을 겪고 있었다. 이유인즉, 한 명은 모든 사람에게 인정받고 칭찬받고 사랑받고 있는 반면, 다른 한 명은 모든 면에서 자신보다 우월한 친구에게 가려 정체성마저 혼미한 상태가 되었다. 열등한 친구는 우월한 친구를 시기하며 질투하고 있었다. 자신이 생각하고 싶은 대로 그 친구에게 투사했다. 모든 일거수일투족을 못마땅히 여기고, 교묘하게 약점이 될 만한 것들을 부각시키려 애쓰고 있었던 것이다. 그런 보이지 않는 부정적인 상황이 수년간 지속되고 있었다. 우월한 친구는 상대 친구와의 관계를 어려워하고 있었다. 열등한 친구는 그럴수록 더 밀접한 관계를 유지하려고 자존심까지 던져 가며 그 친구 곁을 지키려 하고 있었던 것이다.

이런 예는 어쩌면 주변에서 흔히 볼 수 있는 일인지도 모른다. 그렇게 열등한 사람들은 자신의 감정을 억압하고 있다. 억압된 자신의 감정을 가장 가까운 친구나 동료에게 투사한다. 이런 경우 관계의 어려움을 겪는 것은 우월한 사람의 몫이 되어 버린다. 결국 그들이 원했던 대로 파놓은 함정에 깊숙이 빠져 버리는 것이다. 열등한 사람들은 좋은 사람이 되려고 애쓰기보다는 다른 사람들이 자신을 싫어할지도 모른다는 두려움을 안고 살아간다. 세상에 단점이 없는 사람이 있을까? 단점이 있다고 못난 것은 아니다. 오히려 단점이 없는 사람이 이상한 것일 게다. 그깟 단점 때문에 내 삶의 전반적인 질을 떨어뜨린다는 것은 미련한 행동이다. 단점으로 인해 자신감을 잃을 필요도 없다. 대부분의 사람이 단점이 많아도 아무렇지 않게 잘 살아가고 있지 않은가. 그와는 반대로 장점이 많아도 그에 만족하지 못하고 삶을 두려워하며 어둠 속에 살아가는 사람도 있다.

아일랜드 출신의 극작가 겸 소설가인 '조지 버나드 쇼'는 "자신의 부족한 점을 더 많이 부끄러워할 줄 아는 이는 더 존경받을 가치가 있는 사람이다"라고 말했다. 애써 자신의 부족한 점을 감추려 할 필요는 없다. 오히려 자신의 부족함을 솔직히 인정하고 드러내 보일 때 더 친밀감이 생기기 때문이다. 이것은 어른들 사이에서도 종종 발생하는 문제다. 부족한 것은 죄가 아니다. 마치 죄인인 양 위축되고 소심해질 필요 없다. 사람들은 솔직하게 자신을 드러낼 때 그 사람을 더 신뢰하기 마련이다.

성공하지 못했으면 어떤가. 최선을 다한 자신의 모습에 스스로 박수를 보내고 재도전을 위해 더 많이 노력하면 된다. 부유하지 못하면 어떤가. 어려움 속에서도 자신 있고 당당하게 살아가는 자신의 모습이 대견하지 않은가? 자녀들이 좋은 대학에 가지 못하고 좋은 직장에 취직하지 못했으면 어떤가. 젊고 건강한데 기회는 얼마든지 있다. 명문 대학을 나와도 실업자 신세를 벗어나지 못하는 사람들이 훨씬 많다. 포기하지 않고 나아가는 법을 알아 가도록 돕는다면 반드시 좋은 날은 오게 되어 있다. 부모 속을 썩이는 자녀들이 있다 하더라도 부끄러워하지 말자. 앞날을 어찌 알겠는가? 그 아이들이 더 많은 경험을 익히고 삶의 지혜를 더 많이 배워 스스로 살아가는 방법을 먼저 깨닫는다면 그것도 이득이 아닐까?

모든 것을 긍정적으로 생각하자. 지금 당장 눈앞의 현실이 평생 가는 것은 아니다. 우리는 부족한 것만을 보고 숨기느라 정작 가지고 있는 것들을 잊고 살지는 않았는지 돌아볼 필요가 있다. 그렇게 갖지 못한 것에 연연하지 말자. 부족하더라도 보잘것없더라도 내가 가진 것에 의미를 부여해 보자. 이미 바랜 삶의 의미가 되살아날 것이다. 무너진 정체성이 살아날 것이다. 그리고 진짜 내 모습이 비로소 숨을 내쉬며 기지개를 활짝 펴고 나아올 것이다.

더 많이 실패해 본 사람이 더 크게 성공한다

요즘은 남성은 물론 여성들도 다른 사람들에게 강한 이미지를 심어 주고 싶어 하는 경향이 많다. 현대 사회가 바라는 이상형인 것도 한몫을 하고 있다. 즉, 강하고 당차고 자신감 있는 사람이 매력적인 사회가 된 것이다.

그러다 보니 자신감이 부족한 사람들은 무슨 일에든지 실패를 먼저 두려워한다. 두려워서 아예 시도 자체를 못 하기도 한다. 이토록 실패를 두려워하는 이유는 자신에 대한 믿음과 확신이 없기 때문이다. 실패한 자신을 향한 사람들의 반응이 어떨지를 먼저 걱정하고 두려워한다. 그리고 성공한 사람들은 반드시 비합리적인 방법으로 성공했을 것이라고 추측한다. 그들의 성공에 대해 사람들이 칭찬하는 것을 인정하고 싶지 않다. 자신이 할 수 없었던 일들을 성공한 사람들은 그들의 노력과 재능의 결과가 아닌 부정한 무엇인가가 있다고 생각하는 것이다.

사람은 자신을 향한 믿음이 있어야 한다. 내 능력은 내가 잘 안다. 내 능력만큼 해냈을 때는 자신을 아낌없이 칭찬할 줄도 알아야 한다. 설령 실패했더라도 부족한 부분들을 인정하고 개선해 나갈 점부터 파악해야 한다. 실패했다고 모든 것이 끝난 것은 아니다. 실패를 경험해 봐야 성공하는 길도 알게 되는 것 아니겠는가. 실패를 두려워한 나머지 다시 한번 일어설 수 있는 기회를 저버리는 어리석음은 범하지 말기 바란다.

13

실패만이 알고 있는 비밀

2012년 12월, 매일경제신문에 '서울 여의도에 네 명의 중소기업인이 모였다'라는 기사가 보도되었다. 이들 네 사람은 사업 실패의 아픔을 딛고 재기에 성공한 오뚝이 기업인이라는 공통점을 가지고 있었다. 이들은 "실패는 낙인이 아닙니다. 실패할 도전조차 못 하는 게 부끄러운 일이죠"라고 입을 모았다는 내용을 소개하고 있다.

요즘은 내비게이션이 있어서 원하는 목적지만 입력하면 어디든 빨리 갈 수 있는 길을 안내받을 수 있다. 혹 길을 잘못 들었어도 길을 잃거나 헤매는 일은 거의 없다. 나는 지독한 길치에 방향치다. 내비게이션이 없었다면 아마도 운전을 포기했거나 아니면 아예 시도할 엄두조차 못 냈을지도 모르겠다. 그런데 이 내비게이션의 안내를 받으면서도 간혹 길을 잘못 들어설 때가 있다. 이상하게도 꼭 같은 방향에서 길을 헤매곤 한다. 여러 번 거듭 잘못된 방향을 다시 바로잡다 보니 어느 순간부터는 자연스럽게 그 지역의 특성과 위치 정보까지 알게 되었고, 나중에는 전혀 알지 못했던 여러 개의 길이 있는 것을 볼 수 있었다. 뿐만 아니라 그 과정에서 평소에 못 보던 것들을 찾아내는 기쁨까지 얻게 되었다.

내비게이션의 안내를 받듯이 목표를 향한 우리의 길을 안전하게 안내받을 수 있는 방법이 있다면 얼마나 좋을까? 그러나 안타깝게도 그런 일은 있을 수 없다. 사람에게는 스스로 배우고 익히며 개척해야 할 사명만이 주어졌기 때문이다. 그러나 길을 잃어 봐야만 알 수 있는 것들이 더 많다는 사실을 소소한 경험들을 통해서도 깨달을 수 있다.

세상에 어느 누가 실패를 목적으로 새로운 일을 시작하는 사람이 있겠는가. 세상에 그 누가 자신이 하고 있는 업무에서 뒤처지고 무능한 존재라 취급받고 싶은 사람이 있겠는가. 그러나 대부분은 성공을 위해 달리기보다는 실패하지 않으려고 질질 끌려가는 사람이 많은 듯 보인다. 특히 실패한 경험이 있는 사람들은 치명적인 그 결과를 다시는 경험하고 싶지 않을 것이다. 두 번 다시 실패하고 싶지 않은 마음에 더욱 조심스럽고 예민한 것이 당연할 것이다.

솔직히 실패라는 사실보다 실패라는 결과를 초래한 자신의 선택에 더 괴로운 것은 아닐까? 실패를 자신의 능력과 결부하지 말자. 즉, 실패한 자신은 형편없이 무능하고 못난 사람이라는 자책감에 시달리지 말아야 한다. 실패했다고 끝난 것이 아니다. 그런 생각에 빠져 있다 보면 모든 의욕이 상실되고 패배감에 시달리면서 암울한 나날들이 한동안 계속되기도 한다. 더구나 모든 에너지와 자원을 다 쏟아부었을 때는 더욱 그럴 것이다.

그러나 실패에 대한 해석을 달리해 보자. 차단된 희망의 경로가 다른 경로를 이어 주는 새로운 기회가 될 수도 있다는 쪽으로 생각해 볼 수도 있다. 물론 쉽진 않을 것이다. 눈앞이 캄캄한 암흑인데 어떤 길이든 보일 리 없다. 그러나 조금씩 생각을 정리하고 시각을 달리해 보자. 또 다른 새로운 길이 조금씩 선명하게 나타날 수도 있다는 기대를 해보는 것도 시도해 볼 만한 일이다.

실패는 귀중한 자원이다

'랜디 K. 멀홀랜드' 작가는 말했다.

"우리 모두 살면서 몇 번의 실패를 겪는다. 이것이 바로 우리를 성공할 수 있도록 준비시킨다."

성공을 하려면 실패를 배워야 한다는 말이 있다. 실패를 많이 해본 사람일수록 더 크게 성공할 수 있다는 뜻이다. 실패는 단지 성공을 위한 부수적인 것이라고 생각하면 실패한 상황에서 회복하는 데 도움이 될 것이다. 한 번도 실패하지 않고 쉽게 성공하는 사람들도 물론 있을 것이다. 그러나 그것은 지극히 위험한 일이 될 수도 있다. 넘어져 봐야 다시 일어서는 법을 터득할 수 있다고 하지 않던가. 많이 넘어져 본 사람이 웬만한 실패에도 끄떡없이 재기에 성공할 수 있는 능력을 갖출 수 있는 것이다. 어쩌면 실패라는 것 자체가 성공하기 위한 훈련 중 하나가 아닐까 하는 생각도 해본다. 훈련을 통해 단련이 되고 그 과정 중에 자신에게 더욱 집중할 수 있는 시간들을 얻을 수 있을 테니, 실패에 너무 낙심하느라 아까운 시간들을 소비하지 말았으면 한다.

아무리 경쟁 위주의 사회라 하지만 성공의 가치 기준에 의해 타인의 능력을 평가 절하해서는 안 된다. 부정적인 견해를 가지고 있다면 이제는 좀 더 너그러운 시각으로 바라보자. 실패가 사람의 인생을 좌우할 순 없다. 누구든지 실패할 수 있고, 그 실패를 딛고 더 크게 일어설 수 있다. 실패가 두려워서 아무것도 해보지 않는 비겁한 사람은 되지 말자. 실패할지도 모르는 상황에서 1%의 가능성을 믿고 용기 있게 도전하는 사람은 앞으로 그 어떤 일도 성공해 낼 가능성이 훨씬 많은 사람이다. 설령 감당해야 할 현실적인 압박이 죄여오더라도 그 이상으로 상황을 확대시키지 말아야 한다. 스스로 헤쳐나갈 길을 찾음으로써 우리는 성공으로 가는 길이 더 많이 있음을 알게 될 것이다.

해보고 싶은 일이 많다는 것은 아직까지 그 일들을 시도해 본 적이 없다는 말과 상통한다. 하고 싶은 일을 해보는 것이 얼마나 즐겁고 행복한 일인가? 되고 안 되고도 해봐야 아는 것이다. 막연하게 '아마 그럴 것이다'라는 생각은 자신을 믿지 못하므로 생기는 핑계에 불과하다. 편안한 상태에서 성공하기를 바란다는 것은 있을 수 없는 일이다. 수많은 날들을 피땀 흘려 노력하고 모든 삶을 다 쏟아부어도 될까 말까 한 상황에서 쉽게 성공한다는 것은 말이 되지 않는다. 쉽게 성공하리라는 꿈은 깨야 한다. 그런 일은 절대 일어나지 않을 테니 말이다.

이혼은 실패가 아닌 선택이다

실패는 우리 삶의 한 부분이다. 열심히 잘 살아온 부부가 어느 날 이혼을 했다. 그들은 이혼한 사실이 사람들에게 알려지지 않기를 바란다. 결혼생활을 유지하지 못한 것이 마치 인생 전체를 실패하기라도 한 듯이 그들은 죄의식을 갖는다. 그런 이유로도 사람들은 결혼생활을 유지하기 위해 무던히도 노력한다. 인생에서 중요한 요소 중의 하나이기 때문에 더욱 깨고 싶지 않은 것 중의 하나일 것이다. 그러나 이혼까지 가는 데는 그만한 이유가 있을 것이다.

그런데 깊숙이 들어가 보면 서로가 자신의 위치에서 최선을 다하지 않은 것을 알 수 있다. 성공하기 위해 죽기 살기로 노력하는 것에 비교해 보자. 결혼생활을 행복하게 이끌어 나가기 위해 죽기 살기로 서로에게 노력했는가? 우리가 살아가는 목적이 단순히 열심히 일하고 그 일에서 성공만을 원한다면 일에만 매진하는 것을 나쁘게 볼 수 없다. 그러나 가정을 지키길 원한다면 다른 일과 더불어 가족들에게도 최선을 다해야 하는 것은 당연한 일이다.

만약 그런 것들이 불가능한 상황이고 도저히 해결될 가능성이 없다면 이혼을 선택하는 것도 어쩌면 현명한 일인지 모른다. 그것은 선택이지 실패가 아니라는 뜻이다. 마치 삶 전체를 실패한 듯이 위축되거나 당당하지 못할 일이 아니므로 숨길 필요가 전혀 없다. 요즘은 이혼이 옛날처럼 오점으로 남지 않는다. 절대로 부끄러워하지 않길 바란다.

일단 저질러 보자

우리는 무엇이든지 마음만 먹으면 할 수 있다. 자신을 충분히 신뢰하고 이해하고 있는데 못할 것이 뭐가 있단 말인가. 가보지 않은 길을 가보고자 결심했다면 일단 한번 발을 내딛어 보는 용기를 내야 한다. 참으로 설레고 가슴 벅찬 일이 아닐 수 없을 것이다. 세상을 놀라게 할 만한 많은 사람들은 한 가지에만 매진하지 않았다. 그들은 가보지 않은 길을 두려워하지 않고 일단 가봄으로써 다른 이들이 해내지 못한 일들을 과감히 해낸 사람들이다. 그들이 특별해서였을까? 그들이 보통 사람들과 다른 것이 있다면 어떤 미지의 영역이라도 두려움 없이 과감히 도전했다는 것뿐이다.

'알버트 슈바이처'는 "인간과 관련된 것 치고 내게 이질적인 것은 없다"라고 말했다.

삶을 지휘하는 지휘자가 자신을 신뢰하지 않는다면 어찌 세상이라는 오케스트라를 지휘할 수 있겠는가? 아무런 자격도 능력도 없는 사람에게 지휘권은 주어지지 않는다. 생명이 부여된 그 순간부터 우리에게는 놀라운 능력도 함께 주어진다. 못할 것도, 안 될 것도 없다. 자신에게 주어지지 않은 것 같은 그 어떤 가능성도 우리는 발견하지 못한 것일뿐더러 발견해 내려 하지도 않은 것일 뿐이다. 내게는 그 무엇도 해낼 수 있는 능력과 자질이 없다고 생각하고 그것을 찾아내려 하지 않는 사람이라면 그냥 지금 그대로 살면 된다. 그것은 선택이므로 세상을 향한 불평도, 불만도, 바람도 가질 이유가 없다.

그러나 성공한 사람들은 다르다. 적어도 그들은 새로운 것들을 발견하고 도전하는 데 망설이지 않았다. 그리고 멈추지 않았다. 그것이 아주 작은 구멍가게일망정 구멍가게를 통해 더 큰 꿈을 꾸고 그 꿈을 이루고 또 꿈을 꾸고 그 삶을 즐기며 롤러코스터를 타듯이 삶을 즐길 줄 아는 사람들이다. 새로운 것들에 도전하고자 하는 시도를 방해하는 내 안의 두려움들을 제거해야 한다.

물론 새로운 일을 시작한다는 것이 그리 마음 편할 리는 없을 것이다. 그러나 그것은 당연한 현상이므로 짊어지고 갈 수밖에 없다. 마음이 편하려면 익숙한 일을 찾아야 할 것이다. 익숙한 상태에 머물러 있으면서 더 이상의 발전은 기대하지 않는 게 좋다. 그 이상을 바란다면 그 또한 위험을 감수하는 일이기 때문에 당신은 불안한 상태와 마주칠 수밖에 없다. 그러나 다시 한번 자신을 돌아보자. 당신이 생각하는 것보다 당신은 훨씬 강인한 사람이다. 무슨 일이든 지혜롭게 해결할 수 있으며 현명하게 이끌어 나갈 수 있다. 단지 용기가 없을 뿐이다.

실패에 대한 두려움은 삶의 번영을 방해하는 위압적인 존재다. 앞서 말했지만 실패라는 것은 성공으로 나아가는 하나의 과정에 불과하다. 나 자신의 능력이나 자질과 결합하지 말아야 한다. 즉, 동일시하지 말아야 한다. 자신의 가치가 성공했느냐 실패했느냐의 기준에 따라 달라진다는 것은 있을 수 없는 일이다. 그것은 사람들이 만들어낸 하나의 허상일 뿐이다.

어떤 일의 시작에 반드시 이유가 있는 것은 아니다. 일은 내가 원할 때 하는 것이다. 누군가 강요해서 하는 것도 아니고, 하고 싶지 않은 일을 마지못해 하는 것도 있을 수 없다. 내가 원한다면 무엇이든 일단 저질러 보자. 죽이 되든 밥이 되든 어쨌든 결과는 나올 것이다.

나는 세 번의 사업을 경험했다. 그 사업들로 인해 한 번의 성공과 한 번의 실패와 한 번의 새로운 기회를 가졌다. 한 번의 성공으로 돈을 벌었고, 그 돈을 전부 투자해서 한 단계 업그레이드된 사업을 시도했다. 그러나 계획의 차질로 투자한 돈을 몽땅 날리고 말았다. 그래도 나는 다시 한번 시작해 보리라는 생각으로 가슴이 설레었을 만큼 의지가 대단했다. 하지만 다시 시작한 사업 역시 뜻대로 되지 않았다.

그런데 여러 가지 대책과 방안을 모색하느라 여러 사람을 만나게 되면서 새로운 내 재능과 능력을 발견하게 되었다. 나는 새로운 삶을 위해 정말 열심히 달려왔다. 많은 시행착오와 오류도 범했지만 멈추지 않았다. 시간이 흐르면서 조금씩 윤곽이 잡히기 시작했고, 어느덧 나는 꿈꾸고 계획했던 자리에 앉아 있는 나를 만날 수 있었다. 내 꿈은 한자리에 있지 않았다. 그것은 럭비공처럼 어디로 튈지 몰랐다. 확실한 것은, 평생의 내 시선은 끊임없이 꿈을 좇고 있었다는 것이다.

일명 '털보이'라고 불리는 사람이 있다. 그는 130개의 대학을 돌아다니며 콩을 심는 전도사 역할을 자처하고 있다. 그는 젊은 시절 자신이 성공과 실패, 좌절을 맛보고 재기하는 과정에서 얻은 깨달음을 젊은 학생들에게 전하며 꿈을 심어 주고 있다. 그는 요즘 꿈이 없는 대학생이 너무 많다고 안타까워하면서 아무리 어렵고 절박한 상황이라도 절대 꿈을 포기하지 말라고 당부하고 있다.

실패의 주원인은 철저하지 못한 준비, 미숙한 경영 방침, 소홀한 관리가 대표적이다. 무슨 일이든 시작하기 전에 철저한 준비는 기본이다. 대충 어영부영 되는 일은 없다. 철저한 준비에는 하고자 하는 일에 대한 많은 지식과 정보 수집이 또 기본이다. 사람을 다루는 기술 또한 중요하며, 이미지 관리도 철저히 이루어져야 한다. 무슨 일이든 쉬운 것은 없다. 실패함으로써 얻게 되는 많은 것들은 버릴 것이 하나도 없다. 그것을 교과서 삼아 성공하는 방법을 공부한다면 이전에 실패했던 모든 것을 만회할 수 있는 고마운 자료들이 되어 줄 것이다. 실패가 두려워 꿈조차 꾸지 않는 나약한 자신으로부터 탈피하는 사례가 점점 많아지길 기대해 본다.

14

나는 나와 사랑한다

인생이 순풍에 돛단배처럼 유유히 평온하게만 흘러간다면 얼마나 좋을까. 그러나 우리는 삶이 그렇게 평화롭기만 하지 않다는 것을 누구나 인정하며 살고 있다.

삶을 여러 각도에서 바라보고 여러 정서들이 하나의 감정으로 받아들여질 때 우리는 삶을 이해할 수 있고 흐름에 맞춰 살아갈 수 있다. 모든 생명은 인류가 시작되고 창조된 모든 만물 중에 아주 작은 일부분에 속해 있다. 그러나 그 거대한 창조물 속에서 가장 귀하고 소중한 존재들이다. 모든 사람이 각자 서로 다른 사명들을 부여받고 이 땅 위에 생겨났다. 자연의 흐름이 매일 다르고 동식물의 특성이 모두 다르듯 사람 역시 모두 다른 특성들을 가지고 있다. 사람들은 생긴 모습은 물론 생각도 다르다는 것을 알고 있지만, 자신에게 맞는 차크라, 내외부로 흐르는 기질 등 많은 것에서의 차이는 잘 알지 못한다. 이 모든 것의 특성을 이해하고 통합하는 데에는 많은 노력이 필요하며 인내와 끈기, 무엇보다 지식과 이해가 필요한 부분이라고 할 수 있겠다.

대부분의 사람들은 누구나 비슷한 생각을 하고 비슷한 판단을 한다고 믿고 싶어 한다. 그러나 그것은 심각한 착각이다. 모두 그런 착각 속에 살다 보니 그것이 맞는 것처럼 믿길 뿐 사실은 전혀 다르다. 모든 개체를 기계로 찍어 냈다 하더라도 공기와 습도와 바람과 환경에 따라 질적인 차이가 생기기 마련인데 하물며 사람이 어떻게 같을 수 있겠는가. 하나님은 기계를 사용하지 않으셨다. 사랑과 존중과 가치만을 담아 생명의 호흡을 불어넣으셨지만 그것을 받아들이고 단련하는 과정에서 사람들은 저마다 다른 특성들을 갖게 된 것이다. 그 다른 개인적인 의식들이 모여서 통합되는 과정을 거치게 되고, 또다시 서로에게 영향을 주며 살아가는 것이 바로 인간의 삶인 것이다.

당신은 위대한 사람이다

우리는 인생을 살아가면서 수많은 일들을 매 순간 결정하고 선택해야 한다. 그럴 때마다 지혜를 더해야 한다. 그런데 자신을 향한 믿음이나 애정이 없다면 그 또한 커다란 두려움과 복잡한 문제로 남을 뿐이다. 자신을 신뢰하는 것이 무엇보다 중요하다. 지금은 내 안에 잠들어 있는 잠재력을 끌어낼 용기가 필요한 때다. 잠재력은 누구에게나 실존하고 있다. 잠재력을 끌어내지 못하도록 당신의 삶을 조종하는 실체를 벗어 버려야 한다. 그 실체는 온갖 부정적인 단어들이 연상하는 수많은 이유들로 삶의 질을 떨어뜨리려고 안간힘을 쓰고 있다.

그중에서도 두려움만큼 큰 적이 있을까? 이 두려움을 떨쳐 내야 한다. 내가 살던 곳을 떠나 보자. 내가 해봤던 일을 놓고, 나와 친숙하고 익숙한 모든 것에서 벗어나 보자. 새로운 곳에서 새로운 삶을 살아 보고자 결심하는 용기, 두려움은 용기 앞에서만큼은 아무 힘도 발휘하지 못한다. 만약에 용기가 두려워 아무것도 시작하지 않는다면 두려움은 더 큰 힘을 이용해 내 삶을 집어삼키려고 덤벼들 것이다. 나는 확신한다. 두려움은 허상이다. 실존하지 않는 허상이라는 두려움에 눌려 삶을 송두리째 빼앗기는 일이 없어야 할 것이다.

오래전 일이지만 나는 삶이란 거대한 무게에 눌려 질식할 것 같은 시간들을 보낸 적이 있다. 무엇이 그리 두려웠던 걸까? 나는 내게 곧잘 질문을 던졌다. '무엇이 두려운 거지?' 그 당시 수도 없이 질문을 던지며 내 안에서 답을 얻고자 했지만 사실 두려움의 실체는 막연한 것이라는 결론만을 얻을 수 있었다. 그 후 이유 없는 불안과 두려움은 지속되었고 내 삶을 점점 황폐하게 만들었다. 연거푸 반복되는 불안한 정서에서 벗어나기 위해 수없는 날들을 방황했다.

그러던 어느 날 나는 막연한 두려움의 원인이 바로 '잃어버린 나' 때문이었다는 것을 깨닫게 되었다. 많은 사람들이 자신의 의견을 제시하길 어려워하고 있다. 사람들의 반응이 두려운 것이다. 그래서 하나로 통합된 의견을 따르는 것이 가장 현명한 방법이라고 생각하는 것이다. 내 생각이나 기호, 취향 등을 전혀 고려하지 않고서 말이다.

종교작가 '닐 도널드 월시'는 말했다.

"다른 사람들이 당신에 대해 어떻게 생각하는지를 걱정하는 한, 당신은 그들에게 소유된 셈이다. 외부의 승인을 필요로 하지 않게 될 때 비로소 당신은 스스로의 주인이 될 수 있다."

나는 '잃어버린 나'를 찾아 나섰다. 긴 여정이었기에 버려야 할 것들이 너무 많았다. 참으로 많은 것들이 내 삶을 가로막고 있었다는 것도 그때 알게 되었다.

나를 찾기 위해 내가 가장 먼저 버려야 했던 것은, 원래 내 것이 아니었던 의존적인 삶이었다. 그것은 나의 잠재된 능력을 깊숙이 감춰버린 불안의 주동자였다.

둘째는 게으름이었다. 게으름은 내 삶을 무미건조하게 만드는 요인이었다. 게으름은 그 무엇이라도 할 수 있는 기회들을 외면하게 했고 유동적인 삶을 방해하는 장애물일 뿐이었다.

셋째는 '잠'이었다. 수면 과다로 소중한 시간들을 많이도 놓쳤다. 그 시간들을 다시 주워 담을 수 있다면 무엇이든 할 수 있겠다는 생각이다.

넷째는 '타인들의 시선'이었다. 남들의 시선을 의식하느라 아파도 아프다 못 했고, 힘들어도 힘들다 못 했다.

다섯째는 '실패에 대한 두려움'이었다. '실패하면 어쩌지?' '실패한 나를 보는 사람들의 반응은 어떨까?' 실패를 생각하느라 정말 아무것도 하지 않았다.

여섯째는 '자존심'이었다. 자존감에 상처를 입을까 두려워한 나머지 자존심이라는 파수병을 세워 스스로를 보호하고자 목숨을 걸었다. 그러나 자존심은 힘없고 나약한 파수병에 불과했다. 내 강인함은 나의 내면에 따로 있었다.

내게 관대함은 타인에게 관대함으로 이어진다

잃어버린 나를 찾고 독립적인 삶을 추구하게 된 이후, 내 삶은 눈에 띄게 달라지기 시작했다. 나를 이해하는 만큼 다른 사람들을 이해하게 되었다. 그리고 내가 원하는 대로 사는 만큼 다른 사람들이 원하는 삶도 존중하게 되었다. 내 삶은 어느새 다른 사람들에게 동기부여가 되고 있었다. 그때부터 나는 움츠리고 있던 자신의 내면아이를 끌어안을 수 있도록 돕는 역할을 하기로 마음먹었다.

이렇듯 용기는 자신을 이해하는 것에서부터 시작된다. 한 사람의 용기 있는 태도가 다른 사람들의 마음에 전달되면 그 마음을 움직이는 원동력이 된다. 그 원동력은 또 다른 사람들을 이끌어 내는 힘을 갖게 된다. 그 힘은 주변의 많은 사람들에게 영향을 끼쳐 그들의 의식마저도 바꿀 수 있는 놀라운 힘으로 작용하고 있다. 그것이 곧 의식의 변화를 말하는 것이다.

우리의 자아는 그렇게 부분적으로 나뉘어 있다. 그것들이 모여서 하나로 통합될 때 완성되는 것이다. 때로는 외면하고 싶은 모습도 하나의 통합으로 완성되기 위해서는 없어서는 안 될 것들이다. 하나라도 쓸모없는 것이 없다는 말이다. 인생을 살아가면서 겪는 무수한 경험들 역시 무엇 하나 버릴 것이 없다. 좋은 경험들만 가지고는 삶을 단단하게 할 수 없다. 삶이 그저 평탄하기만 하다면 어려움에 대처하는 방법을 배우지 못할 것이며, 실패에 대응하는 방법도 얻지 못할 것이다. 하나님이 지으신 모든 만물 중에는 쓸모없는 것이 하나도 없으며 버려질 것도 하나 없다. 그것들을 어떻게 사용하느냐가 인생의 질을 달리할 수 있을 뿐이다.

우리의 삶이 하나의 완전체를 이루는 것이 어찌 그리 쉬운 일이겠는가. 그것은 한순간에 일어날 수 있는 일이 절대 아니다. 자신을 이해하고 관대해지는 것부터 시작해야 한다. 모든 부분을 용서하고 수용하는 일이므로 하나씩 천천히 시행해야 한다. 이미 학습되어 몸과 일체가 되어 버린 것들을 떼어 내는 작업은 결코 쉽지 않은 일이다. 오래전의 기억하고 싶지 않은 과거의 모습과, 현재의 고통과, 불확실한 미래까지 수용하고 받아들이는 과정이 필요하다. 그것들은 시간을 지연시킬 수도 있다. 하나의 완전체를 완성하기까지 두려움이라는 적과 정면 대결을 거쳐야만 하는 순간들도 있다.

그러나 포기하지 말자. 그 과정들을 모두 거치고 나면 통합된 자신의 내면세계를 만나게 된다. 당신은 세상에 무서울 것이 없는 강인한 인격체로 성장한 자신을 보고 감탄할 것이다. 훨씬 더 당당하고 자신감 넘치는 사람으로 변해 있을 것이다. 현실을 바라보는 눈은 물론 세상을 바라보는 시각도 달라져 있을 것이다. 삶 가운데에 즐거움이 즐비하게 늘어서 있음을 볼 것이며, 내 존재가 얼마나 아름다운지도 바라보게 될 것이다.

삶이 평탄치만은 않은 것은 흔들림 속에서도 균형을 잡는 방법을 알게 해주는 감사한 기회다. 지독히도 가난하고 험난한 삶 속에서도 가난을 극복하기 위한 방법을 배울 수 있다. 또 더욱 안전하게 나아가기 위한 기술들을 익힐 수가 있다. 눈앞에 닥친 실체만을 보지 말자. 그 안에 담긴 진리를 발견하지 못하고 쓰레기통에 구겨 버리는 어리석음을 범하지 말아야 할 것이다. 그리고 내게 더욱 관대해져야 한다. 내 존재를 인식하고 존중하고 관대해지다 보면 다른 사람들의 인격이나 그들의 삶의 가치도 자연히 존중하게 된다. 모든 생명은 귀하고 완전하므로 모든 이에게 똑같이 부여한 생명을 하나님께서는 절대 편애하지 않으신다는 사실을 기억하기 바란다.

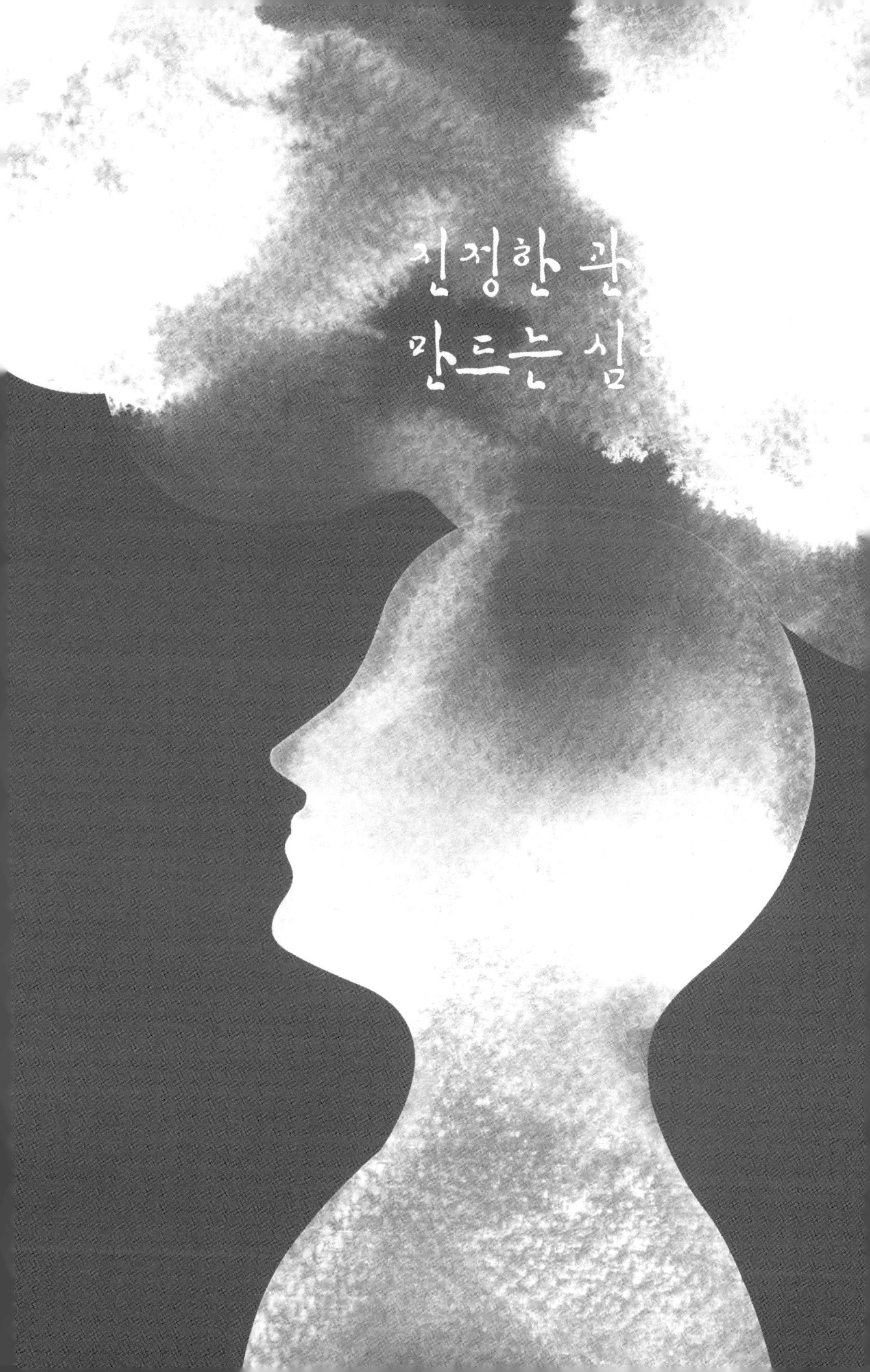

진정한 관

만드는 심

01

분노를 유발하는 자를 경계하라

'아들러'는 말했다.

"분노 등의 감정을 조절하는 것은 부질없는 노력이다. 감정은 배설물이다. 배설물을 조절한들 무엇이 바뀌랴."

분노는 부정적인 정서에서 나온다. 그렇다면 부정적인 정서는 어디서 비롯되는 것일까? 분노가 치밀 때를 생각해 보자. 분노를 유발하는 원인은 생각을 따라가다 보면 발견할 수 있을 것이다. 우리나라 사람들 중 대다수가 울화병의 원인으로 신체적인 고통을 호소하는 일들이 꽤 많이 있다. 억압된 가정문화 속에서 예전에는 주부들에게 흔히 나타나는 병이었지만 요즘은 남녀노소를 막론하고 모든 연령층에서 발생하는 심각한 사회 질환 중의 하나가 되었다. 억압된 분노는 우울장애로 변질되어 자신은 물론 주변 사람들에게도 부정적인 영향을 준다. 우울증을 동반한 분노는 험한 말과 행동으로 가족들과 가까운 사람들을 괴롭히게 되는데, 이는 두 가지 형태로 나타날 수 있다.

첫째는 공격형 분노다. 심하면 욕설이나 폭력으로 사람들에게 위해를 가하거나 위협적인 태도를 취하기도 한다. 그 결과 대인관계는 물론 가족관계마저 위태로워지고 결국에는 파탄에 이르기까지 상황을 몰고 가게 된다. 해결되지 않은 분노는 좋지 않은 상황의 결과를 다른 사람들의 책임으로 돌린다.

둘째는 수동형 분노다. 오랜 기간 동안 침묵함으로써 주변 사람들을 긴장시킨다. 알코올 남용이나 약물 복용, 또는 은둔생활이나 무절제한 생활 등을 하기도 하며, 자기를 파괴하는 형태로 사람들에게 화를 표현하기도 한다. 그렇게 꼬리에 꼬리를 물면서 꼬일 대로 꼬인 분노는 풀리지 않는 매듭이 되어 평생의 삶을 따라다니다가 결국은 극단적인 결말을 낳기도 하는 것이다.

우리는 흔히 '화'가 치민다는 말을 쓴다. 혹은 '분노'가 치밀어 오른다고도 한다. 치밀어 오른다는 것은 내면 속에 차곡차곡 쌓여 있는 것을 자극했을 때 역류한다는 표현이 될 수도 있겠다. 우리가 그토록 분노하는 이유는 무엇일까? 가령 회사 안에서 엘리베이터를 탔는데 옆에 서 있는 여성이 이유 없이 피식 웃는다. 당신은 그 순간 어떤 생각이 들 것 같은가? 아마 같은 상황에 처해 있다 하더라도 각자가 반응하는 정서는 다를 것이다. 사람에 따라 설렘, 호기심, 기쁨, 위축, 분노 등의 감정이 올라올 것이고, 그 감정은 각 사람의 인지 측면에 따라 다르게 나타난다. 그래서 '아들러'는 분노를 배설물로 치부했고

인지를 바꾸지 않는 이상 조절 불가능한 것이라고 결론지은 것이 아닐까 싶다.

'화'에서 멀리 떨어져라

10여 년 전, 나는 화를 낸다고 해서 상황이 바뀌지 않는다는 것을 알았다. 왜냐하면 '화'라는 것은 내 감정이 불러낸 하나의 도구일 뿐이기 때문이다. 내 틀에 맞지 않는다고 그것이 잘못되었다는 것은 내 무너진 자존감을 세우기 위한 이기적인 발상이다. 즉, 내 욕심이 채워지지 않기에 화가 나는 것이다. 상대가 나 때문에 화가 난 것도 그의 욕심을 채워야 하는 도구로서 내가 적합하지 않기 때문인 것이다. 내가 잘못한 것이 아니다. 그의 욕심이 화를 부른 것일 뿐이다. 생각만 바꿔도 우리는 '화'라는 것으로부터 나를 보호할 수 있다. 성격은 바꾸기가 쉽지 않다. 그러나 생각을 바꾸는 것은 그리 어려운 일이 아니다.

인제대학교 스트레스센터에서 성인 남녀 7,000명을 대상으로 분노란 무엇인가를 조사한 적이 있다. 그 연구에 의하면 분노란 스트레스 증상 중의 하나라는 것이다. 외국인의 경우는 스트레스에 반응하는 정서로 우울과 불안 등의 증상을 호소했다. 그에 반해 우리나라 사람들은 분노와 바로 결합하는 분노지향형 반응을 보이고 있는 것으로 나타났다. 최근 우리나라에서 사회범죄율이 급격히 늘고 있는 것은 누구나 아는 사실이다. 이것은 분노조절장애로 인한 사회적 병리 현상이 점점 극대화되고 있다는 증거다. 그러나 안타깝게도 우리는 그것을 개인적인 문제로만 치부하고 서로에게 책임을 물으며 회피하고 있다. 병원에서 치료를 받는 국내 분노조절장애 환자는 2009년 3,720명, 2012년 4,937명, 2015년 5,390명, 2016년 5,920명으로 해마다 눈에 띄게 증가하는 것으로 보고되고 있다.

《뇌를 알면 행복이 보인다》의 저자이자 정신건강상담 전문가인 손매남 박사는 "사람이 분노하면 직접적으로 뇌에 영향을 미친다"라고 말했다. 사람이 분노하게 되면 노르아드레날린이라는 신경활성화 물질이 과잉 분비되어 충동적인 행동을 하게 된다고 한다. 충동적인 행동을 절제할 수 있게 만드는 세로토닌이라는 물질이 있는데, 이것이 강화되면 신속하게 부정적인 감정을 가라앉힐 수 있다고 손 박사는 말하고 있다.

상담을 진행하다 보면 화병이나 분노가 조절이 안 된다는 내담자들을 많이 볼 수 있다. 20대 중반의 한 여성은 다른 사람들이 힐끔 쳐다보기라도 하면 기분이 나빠진다고 한다. 또 다른 40대 남성은 술만 먹으면 화가 난다고 한다. 이런 사람들의 공통점 중 하나는 자존감의 결여다. 자신을 바라보는 상대의 시선이나 자신의 말을 가로막는 상대의 행동을 '나를 무시한다'고 해석하고 있었다. 자신은 형편없이 못난 사람이며 존중받을 가치가 없다는 부정적인 신념이 이들의 삶을 갉아먹고 있었던 것이다. 대인관계는 물론 가족 내에서도 화합하지 못해 불행한 삶을 이어 가고 있었다. 그럴수록 더욱 자신에 대한 가치가 떨어져 사람들과 마주치는 것조차 두렵다고 말하고 있다.

분노라는 감정은 쏟아 내면 쏟아 낼수록 점차 강화된다. 항상 처음이 중요하듯이 분노의 표출도 처음이 시발점이 된다. 한 번 통쾌함을 맛보면 두 번, 세 번은 점차 쉬워진다. 분노했을 때 긴장하는 사람들을 보면서 쾌감을 느낀다. 그러다 보니 청소년들이 분노를 이용한 탈선을 일삼게 되기도 한다. 분노했을 때 돌아오는 반응들을 교묘하게 이용하는 것이다. 이런 청소년들이나 성인들은 분노할 만한 상황을 일부러 만들어 내기도 한다. 그들을 우리는 분노 유발자라고 말한다. 분노를 적절히 조절하지 못하고 충동적으로 표현하는 사람들이라면 정신건강 측면을 꼭 진단해 볼 필요가 있다. 방치하면 더 큰, 증폭적인 상태로 발전할 수 있다. 주변은 물론 자신에게 씻을 수 없는 결과를 불러올 수 있으므로 가족들과 주변의 관심이 필요할 것이다.

분노라는 정서적인 감정이 쉽게 요동하는 원인 중 가장 크게 작용하는 것은 역시나 자존감의 상처다. 어린 시절 학대를 경험했거나 목격했을 때 이는 뇌에 영향을 미치면서 뇌의 변형을 초래한다. 부정적인 생각이 올라와 자신의 치명적인 상처를 건드리면 아주 사소한 말이나 행동에도 예민하게 반응하게 된다. 그것이 진정되지 않으면 예기치 않게 분노발작을 일으킬 수도 있다. 자신의 내면 상태를 수시로 점검하는 일을 소홀히 해서는 안 되겠다.

분노 유발자의 정체

여러 가지 상황 속에서 스트레스를 피해 갈 수 있는 방법은 없는 것일까? 세상은 혼자 살아갈 수 없으니 인간관계에서 오는 스트레스 또한 이만저만이 아니다. 피할 수 없으니 우리가 할 수 있는 일은 대처할 능력을 키우는 것뿐이다. 대처하는 능력은 내 안에 있다. 내 안의 긍정적인 정서들을 총동원해서라도 스트레스 상황을 끌어안아 버리자.

일단 분노를 확대하지 말자. 분노할 만한 상황이었다 하더라도 그 상황을 재해석해 보는 것도 좋은 방법일 것이다. 예기치 않은 상황이 오해를 불러일으켰을지도 모르는 일이다. 상대가 말하거나 행동한 것들의 의도를 애써 찾아내려고 하지 말아야 한다. 그것을 애써 찾아내려 할 때 그 중심에 나를 끼워 넣는 것은 불화를 자초하는 일이 된다. 거칠고 격한 감정은 우리의 이성을 마비시키고 혼란을 야기한다. 어쩌면 아무런 이유 없이 오해의 소지를 제공했다는 이유만으로 한 사람이 억울한 일을 당할 수도 있는 것이다. 분노한 상태에서는 남을 판단하거나 이해하는 일이 쉽지 않다.

그러나 아주 단순하게 생각해 보자. 화가 난 상황을 가만히 보면 대부분 확인되지 않은 자신의 판단에서 시작된다는 것을 알 수 있다. 정확히 알지 못하고 화가 난 상황이라면 분노하기 전에 아무렇지 않은 상황으로 되돌릴 수 있다.

또한 합리적인 방법을 찾아내는 것도 중요하지만 무엇보다 자신의 내면을 긍정적인 사고로 채우는 것이 더 중요하다. 세상 어느 누구도 당신을 해할 사람은 없으며, 그런 권리는 누구에게도 주어지지 않았다. 지금까지 부정적인 사고들로 채워져 있었다면 속는 셈 치고 생각을 확 바꿔 보는 것은 어떨까? 나를 진정으로 아끼고 사랑하는 법을 배워야 한다. 내 경험이 어떠했든 그것은 내 잘못이 아니다. 그 경험 속에 있었던 상대의 부정적인 사고가 나를 공격한 것일 뿐이다. 내가 못나서, 사랑받을 자격이 없어서 그런 것이 아니라는 말이다. 과거는 과거일 뿐이다. 힘든 것은 나 자신일 뿐이니 나를 더 사랑해 주는 쪽을 선택하자. 자신의 화를 자초하고 조절하지 못함으로써 발생하는 잘못된 선택은 또 다른 피해자를 낳게 할 뿐이다.

자신의 문제점을 노출하는 것도 하나의 방법이다. 의외로 사람들은 자신을 있는 그대로 노출할 때 더 친근감을 느끼기도 한다. 세상에 중요하지 않은 사람은 없다. 귀하지 않은 사람도 없다. 모든 사람이 사랑받을 권리가 있고 상처받지 않을 권리가 있다. 내 분노를 유발하는 요인들을 제거하는 일, 그것이 당신만이 할 수 있는 일임을 기억하자. 화가 난다고? 그것은 당신의 선택일 뿐이다.

02

당신보다 소중한 사람은 없다

우리가 평소에 하는 말을 가만히 들어 보자. 아무렇지 않게 스쳐 지나가는 말일지라도 말하는 사람의 개인적인 정서에 의한 생각이나 판단이 그대로 담겨 있음을 알 수 있다. 말이란 것은 주어진 정보에 의해 내 생각과 느낌, 또는 의견을 표현하는 것이다. 내가 가진 지식과 정보 그리고 정서에 따른 감성적 표현 등이 반영되는 것이기 때문에 이것을 따로따로 분리한다는 것은 있을 수 없는 일이다.

사실 나는 말을 별로 좋아하지 않는다. 강사라는 직업을 가지고 있으면서도 나는 그것을 말이라고 생각해 본 적이 한 번도 없다. 동기부여를 할 때나 피드백을 줄 때는 누구 못지않게 많은 이야기를 전한다. 내가 알고 있는 것들을 필요로 하는 사람들에게 지식과 정보를 나눠 주는 일에는 참으로 열정적이다. 긴 시간을 쉬지 않고 서서 이야기를 해도 지치거나 전혀 피곤하지 않다. 아마도 그 일이 내게 아주 적합하기에 가능한 것인지도 모르겠다. 그러나 답도 없는 일방적인 말들을 주고받는 것에는 매번 에너지가 빠져나가는 듯한 느낌을 받는다. 짧은 시간이라도 힘들고 지친다. 그런 나를 내가 먼저 이해했는지 평소에는 말수가 나도 모르게 아주 적어진다.

대부분 교인들은 교회에서 목사님의 설교 말씀을 열심히 경청한다. 그런데 그 시간에 큰 은혜를 받고 깨달음을 얻은 듯 고백을 하던 사람이 채 10분도 지나기 전에 식사를 기다리며 투덜거리기 시작한다. 사랑하라는 예수님의 가르침은 어디에서도 찾아볼 수 없다. 식탁 한 칸의 자리를 임대라도 한 듯이 네 자리, 내 자리를 정해 놓고 서로에게 불편함을 조성한다. '예수님을 닮은 삶'에 대한 말씀은 예배당을 나오는 즉시 그대로 성경책 속으로 구겨 넣어 버리고 나다운 삶으로 바로 갈아타 버린다. 우리는 그런 현상을 두고, 머리로는 이해가 되었지만 가슴으로 내려오기 전에 입 밖으로 내보낸다고 말한다. 즉, 의식에서 무의식으로 전환되지 않았다는 말이다.

요즘은 사회에서 수많은 자기개발 프로그램들이 성행하고 있다. 나 역시도 그런 프로그램을 몇 개씩 운영하고 있다. 그런 과정에 끊임없이 참석해 지도를 받고 피드백을 얻는 사람들의 의식은 확실히 변화되고 있다. 이전보다 훨씬 나은 자존감 회복과 자기개발 분야에서 월등히 발전해 가는 모습들을 현장에서 직접 느낄 수 있다. 이런 교육들을 통해 우리는 좀 더 성숙한 나로 발전할 수 있다. 내 생각과 의지만을 고집하던 삶에서 벗어나 세상을 좀 더 넓고 밝게 바라보는 트인 시야를 가질 수 있는 것이다.

'씨'는 무엇이든 커지고 자라는 속성이 있다

'말 속에 씨가 있다'는 표현은 아주 오래전부터 흔히 접하던 말이다. 사실 씨가 있음을 드러내는 것은 말하는 사람이 자신의 불쾌한 감정을 표현하는 것이다. '난 기분이 나빠', '난 너 때문에 상처받았어', '네가 내게 어떻게 그럴 수 있어?' 등의 감정적인 요인을 간접적으로 표현하는 것이다. 그 자체로 상대를 공격한다기보다는 자신의 아픈 상처를 상대가 알아봐 주길 기대하는 것이다. 그러므로 말 자체에 너무 예민할 필요는 없다. 그냥 있는 그대로 바라봐 주고 긍정적으로 해석할 수 있다면 소화하기 힘든 씨는 도려내고 그 자리에 사랑과 관심을 채워 주면 된다. 상대의 씨로 인해 불쾌하다거나 화가 난다면, 잠시 멈춰 보자. 그것이 내 감정을 상하게 하도록 내버려 둘 만큼 가치 있는 일인지 스스로에게 물어봐야 한다.

'기시미 이치로'의 《미움받을 용기》에서는 '이것은 누구의 과제인가?'라는 관점에서 자신의 과제와 타인의 과제를 분리할 필요가 있다고 말하고 있다.

집안에 우환이 있는 가운데 형제들이 모인 자리에서 형이 한마디 했다.

"가족이면 뭐하냐. 형제들 다 필요 없다."

동기간 앞에서 한다는 소리가 형제들 다 필요 없다니, 듣는 사람들은 뭔가 느낌이 안 좋다. 어떤 사람은 한 귀로 듣고 한 귀로 흘려버린다. 어떤 사람은 '저런 말을 하는 의도가 뭐지?' 하고 생각한다. 또 어떤 사람은 '나 들으라고 하는 소린가?' 하고 계속 마음에 걸린다. 당신이 형제 중 누군가에게 이런 소리를 들었다면 어떤 생각이 들겠는가?

사실 말을 한 사람은 동생들에게 과도한 기대 심리를 가지고 있었다. 자신의 어려움을 주변 사람들이 함께 해결해 주기를 바란 것이다. 그러나 각자의 삶이 분주한 가운데 형의 일을 내 일처럼 해결해 준다는 것은 불가능했다. 자기가 할 수 있는 한도 내에서만 도움을 주었고 그것이면 충분하다고 생각했다. 그러나 형은 달랐다.

'내가 어려운 처지에 놓여 있으니 동생들은 마땅히 나를 도와야 한다. 내가 이렇게 힘든데 동생들은 당연히 나와 함께 짐을 나눠 져야 한다. 내가 형인데 동생들은 그럴 만한 책임과 의무가 있다.'

이런 비합리적인 신념을 가지고 있었다. 그런데 기대와는 달리 동생들은 본인들의 생활을 더 중요하게 여겼다. 형은 동생들의 행동이 자신의 기대에 못 미치자 화가 났다. 동생들이 나쁜 사람이고 나는 불쌍한 사람이라는 결론을 내림으로써 자기를 합리화한 것이다. 형은 이런 상황에서 자신은 형편없이 못났으며 사랑받을 가치도, 존중받을 가치도 없는 존재라고 본인을 평가 절하했다. 자신의 무능함으로 인해 동생들마저 형을 외면하고 혼자서는 아무것도 해결하지 못하는 자신은 아무 쓸모없는 무가치한 존재라고 인식해 버렸다.

그런 가운데 동생들이 모인 자리에서 자신의 상처를 표현하고자 "형제들 다 필요 없더라"라는 말을 했던 것이다. 여기서 형이란 사람은 낮은 자존감으로 인해 자신은 물론 주위의 가까운 사람들의 삶까지 조종하려고 하고 있다.

세상일이 내가 기대한 대로 흘러가지 않는다는 것은 모두가 알고 있을 것이다. 그것이 일이 되었든 사람이 되었든 말이다. 그러나 그 모든 책임을 다른 사람에게 돌리거나 아니면 자신에게 돌리는 사람들이 있다. 위 사례에서 형은 동생들이 자신을 위해 희생하지 않는 이유를 자신 탓으로 돌렸다. 자신은 그런 사랑이나 관심, 도움을 받을 만한 가치가 없는 사람이라고 최종 결론을 지은 것이다.

고의적으로 상처를 주고자 하는 것이 아니라면 대부분의 사람들은 상처를 받거나 주는 일이 없도록 조심하며 살고 있다. 그러나 의도치 않게 상처를 줄 수도 있다. 전혀 그럴 마음은 없었는데 상대가 상처를 받았다면 나는 반대로 상처를 준 사람이 되는 것이다. 그 사실을 알게 되면 입장이 참 난처해진다. 이유를 물어보는 것도 그렇고, 연유도 모른 채 미안하다고 하는 것도 그렇고, 참으로 난감하기 이를 데 없다. 이럴 때는 그냥 조용히 시간을 두고 기회를 기다리는 것이 좋을 것이다.

지난해 겨울, 송년회로 한창 분주할 때였다. 내가 주최한 작은 모임에 초대한 지인들 중 한 사람이 나로 인해 기분이 상했다는 것을 한 달이나 지난 후에 알게 되었다. 연유인즉, 다른 사람들과 인사하고 대화를 나누는 중에 미처 그 사람에게 다가가 인사하지 않았다는 것이다. 나는 그 사실을 전혀 몰랐고 생각조차 못했다. 그 자리에서 자신을 홀대했다고 생각한 그 사람은 이미 감정이 상해 버리고 말았다. 나 같아도 기분이 몹시 상했을 만한 일이었다.

그 후 한 달이 지나고 새해 인사도 할 겸 그 사람과 점심식사 자리를 마련하게 되었다. 식사 중에도 수많은 생각이 지나갔다. 뭐라고 말을 꺼내야 할지, 어떻게 미안하다고 해야 할지 고민하던 중에, 순간적으로 그냥 모른 척 평소와 똑같이 그를 존중하는 것이 최선이라고 결론지었다. 그런데 그 사람이 먼저 그날의 상황을 이야기했다. 내가 자신을 한 번도 돌아보지 않아 기분이 나쁘더라는 얘기도 하면서, 자신도 어쩔 수 없는 나약한 사람이라며 웃음을 보였다. 먼저 이야기해 줘서 고맙다는 말을 전하고 서로 미안하다는 말을 하면서 분위기는 자연스레 훈훈해졌다.

이렇듯 사람들은 서로 다른 부분에서 상처를 받는다. 그래서 어떤 사람에게는 별것 아닌 일들이 어떤 사람에게는 치명적인 상처가 되는 것이다. 말 한마디가 우리에게는 힘이 되고 위로가 되어 준다. 반대로 칼날이 되고 위협이 되기도 한다. 말을 담는 그릇은 우리의 가슴이다. 자신을 향한 사랑으로 가득 채운 가슴은 따뜻하고 긍정적인 말들을 만들어 낸다. 그러나 아무리 좋은 말도 듣는 사람의 의도에 따라 다르게 해석될 수 있다.

이 세상에 가장 소중한 단 한 사람

칭찬을 비웃음으로 받아들이는 한 청년이 있었다. 그는 누군가가 자신의 외모를 칭찬한다거나 하는 일에 대해 높이 평가하면 그것이 칭찬으로 느껴지지 않는다고 한다. 도리어 화가 나고 짜증이 나서 일이 손에 잡히질 않는다. 하던 일을 멈추고 머리를 헝클어 버리며 칭찬을 한 그 사람을 원망하게 된다는 것이다. 자신이 화가 난 이유는 그 사람 때문이라고 하면서 자신을 비웃었다고 생각한다.

그는 보통의 평균 신장에도 훨씬 못 미치는 키가 아주 작은 청년이었다. 남다른 외모에 청소년 시절부터 동년배들에게 따돌림을 당하고 비웃음을 샀다. 무슨 일을 하든 아이들이 몰려와 핀잔을 주고 정성껏 만들어 놓은 작품을 집어 던지는 등 온갖 모욕을 당하면서 화를 참고 살아왔다. 머리끝부터 발끝까지 그는 놀림의 대상이 되었다. 선생님들도 그의 곤욕을 보고도 도움을 주기는커녕 못 본 척 그냥 지나쳤다. 그러다 보니 어른에 대한 신뢰감마저 사라졌다. 길을 걷다가도 누군가 힐끗 쳐다보거나 웃으면 자신을 비웃는다는 생각이 먼저 들어서 신경이 날카로워지곤 한다. 선한 의도로 누군가 다가와서 칭찬을 해도 그것을 마음에 없는 거짓말로 받아들였다.

청년은 성인이 된 후에도 그 악몽에서 벗어나지 못해서 지금도 여전히 다른 사람들의 호의를 있는 그대로 받아들이지 못하고 대인관계에도 악영향을 미치고 있다. 칭찬을 한 당사자는 오히려 이런 사람을 보면 이해하지 못해 화를 낼 것이다. 그 사람 입장에서 보면 아무 이유 없이 벼락을 맞은 듯한 기분이 들 것이다. 그러나 우리 주변에 이토록 마음에 병을 안고 사는 사람들이 많다는 것을 알게 된다면, 그들의 힘겨운 삶을 어느 정도는 이해하게 될 것이다. 유별난 사람, 괴팍한 사람, 아무것도 아닌 일에 상처를 잘 받는 사람, 그런 사람들에게 무작정 맞춰 줘야 한다는 뜻은 아니다. 그저 그 사람들을 이해하고 나 또한 그들과 같은 아픔과 상처를 보듬고 살아가고 있음을 인정해 주길 바라는 것이다.

어쩌면 당신도 피해자였을지도 혹은 가해자였을지도 모르겠다. 그러나 지금 당신이 진정 자신을 이해하고 사랑한다면 똑같이 다른 사람을 이해하고 사랑할 수 있다. 이 청년은 여전히 나와의 지속적인 만남을 통해 무너진 자존감을 조금씩 회복해 가고 있는 중이다.

03

이제는
뻔뻔하게 뻔뻔해지자

실수하면 어떤가. 사람이니까 실수도 하는 것이다. 누군가 실수한 것을 짚고 넘어가려는 사람은 상대를 난처하게 함으로써 자기 위신을 세워 보려는 소신 없는 사람이다. 남의 실수를 확대해서 자신은 완벽한 사람, 철저한 사람이라는 것을 부각시키고 싶어 한다. 그런 사람은 자신이 완벽하지 않으면 다른 사람이 자신을 신뢰하지 않을 것이라고 생각한다. 완벽함을 드러내고 철저하게 일을 진행함으로써 자신의 할 일을 다 했다는 위안을 얻는다. 세상에 완벽은 없다. 누구나 실수를 하고 오류를 범할 수 있다. 그것들을 지적하는 사람도 그 사실을 모를 리 없다.

그러나 완벽하지 않으면 세상에서 뒤처지고 남들보다 인정받지 못할 것이라는 불안이 이들의 마음을 가만두지 않는다. 이들은 완벽하지 않으면 자신이 마치 쓸모없는 사람이 된 것 같다. 그런 불안은 사회에서 누락될지도 모른다는 생각으로 발전한다. 그것이 실수한 사람들에게 투사되어 더욱 용서하지 못하고 실수를 들춰내려 하는 것이다. 남의 실수를 용납하지 못하고 자신의 실수에 대해서는 더욱 엄격한 사람도 있다. 이런 사람들은 어린 시절에 실수를 저지르거나 실패했을 때 강한 부정적인 상황을 경험했을 확률이 높다. 엄격한 부모나 선생님에게 실수를 이유로 호된 꾸지람을 들었는지도 모른다. 혹은 강한 체벌을 받음으로써 실수하면 안 된다는 신념이 자신도 모르게 뿌리를 내릴 수도 있다.

우리의 신념은 관계 속에서 강하게 형성된다. 부모나 선생님, 다른 가족들이나 친구, 애인 등 아주 가까운 사람들과의 관계는 무엇보다 중요하다. 자존감이 높은 사람들은 자신의 존재 자체만으로 사랑과 존중을 받아본 경험이 있을 것이다. 외모나 환경, 재력과 능력, 그런 것들과는 상관없이 조건 없는 사랑을 충분히 받아 본 사람은 자존감에 긍정적인 영향을 얻게 된다. 자신의 경험이 밑바탕이 되어 서로 존중하고 존중받기에 합당한 사람, 서로 사랑하고 사랑받을 자격이 있는 사람임을 인정하게 된다. 또 누구나 실수할 수도 실패할 수도 있는 '사람'이라는 합리적 신념이 자리 잡게 되는 것이다.

지인 중에 카센터를 운영하면서 크게 성공한 사람이 있었다. 그는 자기 신념이 철저한 사람이었다. 사업 수완 또한 철저했다. 업무 관리는 물론 직원 관리, 인맥 관리 등 어느 한 면에서도 조금의 소홀함도 없이 완벽하게 처리했으며, 그에 따른 이미지 관리 또한 빈틈없었다. 그에게는 수십 년을 한결같이 자신을 존중해 주고 믿어 주었던 고향 후배가 있었다. 고향 후배임에도 불구하고 그는 아주 깍듯이 선배를 섬겨 왔다. 후배는 한 치의 허술함도 없이 그의 사업을 성공으로 이끌고 나아가는 데도 많은 도움을 주었다. 그런 지경이니 그 후배의 일이나 말이라면 무엇이든 주저함이 있을 리 없었다. 곤란한 상황에서는 서로 도움을 주고받기도 했으니 말이다. 그렇게 20여 년이 흐르고 카센터 운영자는 그 후배의 도움으로 사업이 크게 번창했다. 규모가 확장되어 몇 군데 분점까지 낼 정도였다. 모든 것이 잘 풀렸고 경제적으로도 미래를 보장할 만한 큰 재력을 갖추었다.

그러던 어느 날 그 후배가 인테리어 사업을 제안해 왔다. 생각보다 큰 사업이었기에 망설였지만 그는 투자금의 일부를 건네주는 것으로 후배의 제안을 받아들였다. 사업 초기인지라 자금의 부족으로 일이 잘 진행되지 않자 더 큰 금액을 투자해야만 했다. 그 후에도 여러 차례 후배는 합리적인 방안을 내세우며 투자 비용을 요구했다. 결국 투자한 돈에 이익을 얻기 위해 그동안 쌓아 놓은 재산을 몽땅 쏟아붓게까지 되었다. 후배라는 사람은 사업이 순조롭지 않다는 핑계로 계속해서 자금이 필요하다고 했다. 더 이상 투자할 자금이 없어지자 수습하는 과정에서 후배는 점점 거리를 두기 시작하더니 급기야는 연락이 두절되고 말았다. 그제서야 그는 사기라는 것을 알게 되었다. 결과는 뻔하지 않은가. 이런 일을 두고 속담에 "열 길 물속은 알아도 한 길 사람의 속은 모른다"라고 하나 보다.

그 후배를 너무 믿었던 것이 결국 화를 부른 것이었다. 작정하고 덤비는 사람에게 당해 낼 자가 없다는 말이 있다. 그 후배는 이미 수십 년 전부터 작정을 했던 것이다. 수십 년간 믿음을 쌓아 오면서 사업 수완이 좋은 선배의 뒤를 봐줌으로써 재력을 쌓게 하고선 한입에 집어삼킨 것이다. 그 지인은 자신의 완벽하고 빈틈없는 사고를 신뢰했었다. 그랬던 만큼 그런 자신이 다른 사람의 손에 놀아났다는 것을 받아들이지 못했다. 그리고 그 모든 일을 자기 탓으로 돌렸다. 철저하고 완벽함을 강조했던 자신이 수치스러워 견디질 못했다. 그 믿었던 사람에게 그동안 농락당한 자신을 용서하지 못했던 것이다. 결국 병을 얻어 6개월 만에 세상을 뜨고 말았다.

평소 그는 직원들에게도 완벽함을 강조했다. 실수를 용납하지 않았고 고객 관리에 빈틈이 없었으며 최소한의 게으름과 나태함조차 허용하지 않았다. 그렇게 하지 않으면 사람들의 신뢰와 인정 그리고 사랑을 받을 수 없다는 것이 그의 신념이었기 때문이다.

자신을 신뢰하는 것은 중요하다. 그러나 누구나 실수하고 실패할 수도 있다는 것을 인정해야 한다. 자신을 신뢰하지만 실수하면 안 된다는 말은 성립되지 않는다.

우물 안 개구리에게 세상을 보여 주자

완벽해야 한다는 신념은 실패에 대한 두려움을 그만큼 크게 만든다. 완벽이라는 결과를 얻기 위해 도전해야 하는 과제는 너무 가혹해질 수밖에 없다. 자신의 삶을 완벽이라는 철벽 안에 가둬 놓는 것이다. 조금 느슨하다 해도 삶에 대한 기쁨과 즐거움은 우리가 누려야 할 특권임을 무시해서는 안 된다. 믿었던 사람에게 당한 배신은 정말 감당하기 힘든 자기와의 싸움이 될 것이다. 그러나 그로 인해 자신을 파괴하는 일은 있어서는 안 되겠다.

때로는 실수나 실패가 두려워 아무것도 하지 않는 사람들이 있다. 이 또한 완벽을 추구하는 성향을 가진 사람들이 많은데, 이들은 아무리 그럴듯한 유혹을 해도 꿈쩍 않는 사람들이다. 모든 것을 부정적인 것으로 채운다. 잘못되면 어쩌나, 실패하면 어쩌나, 모든 것이 물거품이 되면 어쩌나. 그래서 아무것도 하지 않으려 한다. 안전제일을 지향하는 것이다. 심지어는 다른 사람들의 권면이나 경험에도 의혹을 품는다. '나한테 저런 말을 하는 의도가 뭐지?' 하고 말이다.

이 넓은 세상에서 어떻게 우물 안 개구리로만 살려 하는가? 때로는 발을 헛디딜 수도 있고 때로는 길을 잘못 들 수도 있다. 원숭이도 나무에서 떨어질 수 있고, 말도 달리다가 넘어질 수 있다. 길도 잃어 봐야 새로운 길을 찾을 수 있고, 넘어져 봐야 다치지 않는 법을 터득할 수 있지 않겠는가. 우리는 자신에게 좀 더 관대해져야 한다.

'혜민 스님'은 이렇게 말했다.

"스스로를 아끼고 사랑해 주세요. 조금 부족해도, 조금 실수해도 괜찮아요."

요즘 사회에서는 완벽한 사람을 좋아한다. 완벽한 외모, 완벽한 스펙, 완벽한 인재 등 온통 완벽을 추구하는 것뿐이다. 그러다 보니 너나 할 것 없이 어떻게 하면 좀 더 완벽해 보일지 고민한다. 그러나 모든 사람의 삶이 어찌 완벽할 수 있겠는가. 그것은 헛된 바람이자 망상일 뿐이다. 자신의 내면의 상태를 바라보자. 겉으로 보이는 것만을 추구하느라 정작 자신의 마음이 찢긴 것을 살피지 않은 것은 아닌가? 스스로를 괴롭히느라 정작 평온하고 행복해야 할 자신에게 가혹하리만치 불행을 안겨 주지는 않았는가? 내가 행복하지 않은데 그것이 완벽한 삶일 리 없다. 완벽을 추구한다면 그것으로 인해 내가 행복해야 한다. 내가 행복하지 않다면 완벽해지려 들지 말라. 그것은 내 삶이 아니다.

나를 위한 소박한 사치

가족들을 위해, 다른 사람들을 대접하기 위해 과감하게 투자하느라 정작 자신을 위해서는 한 푼도 쓰지 못하는 사람들이 많다. 그들은 자신에게 들어가는 비용을 아끼고 절감해 오직 다른 사람들을 관리하느라 여념이 없다. 그것이 곧 자신을 위한 일이라고 말하지만 결국 자신은 그마저도 누릴 자격이 없다는 자기평가 절하인 것이다. 가족들을 위해 최선을 다해 왔지만 결국 자신에게는 아무것도 남는 게 없다는 사실을 뒤늦게 깨달은 사람들이 변화하는 모습을 볼 때가 있다. 그들의 변화는 그야말로 파격적이다. 예전과는 너무나 다르게 변화한 모습을 보고 주변 사람들은 놀라움을 금치 못한다.

어느 것이 진짜 그들의 모습일까? 아마도 그동안 억눌러 온 이면의 모습이 드러나는 것은 아닐까? 그들을 이상하게 여기지 말아야 한다. 분명히 심중에 큰 변화가 있다는 증거다. 여자들이 머리 모양을 바꾸는 것과 마찬가지다. 무엇인가의 억눌림에서 벗어나고픈 내면의 욕망이 외부로 돌출되어 나오는 것이다. 주변에 그런 사람들이 있다면 관심을 보여 줄 필요가 있다. 갑작스러운 변화에는 심한 감정의 물결이 요동치고 있을 것이다. 묻지도 따지지도 말고 그냥 있는 그대로 바라만 보자. 그들에게는 따뜻한 가슴을 지닌 친구가 절실하게 필요할 것이다.

지금까지 다른 사람들을 위해 완벽을 추구했다면 이제는 완벽하게 나 자신을 위해 살아보자. 나를 행복하게 만드는 데 필요한 것들을 적어 보자. 아마도 끊임없이 쏟아져 나올 것이다. 휴식부터 시작해서 여행, 쇼핑, 운동, 기쁨, 즐거움 등 내가 행복할 수 있기 위해 완벽하게 나를 배려하자는 것이다. 사람들은 완벽하기 위해 자신의 모든 것을 희생한다. 또는 자신을 완벽하게 하기 위해 가족들을 희생시키는 사람들도 있다.

그러나 그 무엇도 희생시키지 않으면서 행복해질 수 있는 것이 진정한 완벽이 아닐까 싶다. 새벽 일찍 일어나 내 건강을 위해 운동을 한다든가, 지적 충족을 위해 독서를 한다든가, 이미지 관리를 위해 쇼핑을 한다든가, 또는 내 감정을 완벽하게 지키기 위해 실수도 용납하는 것은 어떤가? 나의 완벽한 쉼을 위해 내게 모든 편의를 제공해 보자. 가족들의 행복을 위해 자유를 선물하는 것이 얼마나 즐거운 일인가. 모든 일을 밖에서만 찾으려 하고 모든 감정을 다른 곳으로 내보내고 있으니 정작 자신에게는 소홀할 수밖에 없을 것이다.

그렇다면 완벽한 나는 누구를 위한 나인가? 끊임없는 허상을 좇아

본들 완벽은 하늘에 떠 있는 무지개와 같다. 그것을 좇느라 그리도 긴 세월을 앞만 보고 달려왔는지도 모르겠다. 나는 나로 서 있을 때 완벽한 것이다. 사람은 이미 완벽한 존재로 태어났으니까 말이다. 누구에게나 있을 수 있는 단점들을 내가 가지고 있다고 한들 내가 잘못된 것은 아니다. 완벽함은 외부 환경을 통해 변질되기 마련인데 그것을 회복하는 일은 스스로를 아끼고 사랑하며 귀중히 여겨야 가능하기 때문이다.

살다 보면 크고 작은 많은 일들을 통해 깨지고 다칠 수 있다. 내가 아무리 완벽한들 누군가로 인해 흠집이 날 수도 있는 것이다. 그것이 내 영혼까지 집어삼키도록 허락해서는 안 된다.

04

요즘은
두꺼운 얼굴이 대세다

세상은 더불어 사는 세상이 맞다. 그러나 내가 있고 더불어 사는 사회가 있다. 어떤 압박에 의해 더불어 사는 것은 구속이지 자유가 아니다. 더불어 사는 것도 내가 원할 때 가능한 것이다. 다른 사람이 어떻게 생각하든 그 생각 때문에 내 진면목을 감추지 말아야 한다. 그들의 시선 역시 그들 중심에서 바라본 시선이다. 너무 신경 쓸 것 없다.

세일즈맨이나 영업 행위를 하는 사람들을 볼라치면 그들은 정말 뻔뻔할 정도로 얼굴이 두껍다는 생각이 든다. 싫다고 거부하는 정도는 아랑곳하지 않는다. 예전에는 욕설을 내뱉거나 인격을 모독하는 행위도 있었지만 다행히도 요즘은 그런 사람은 많지 않은 것 같다. 그들은 인내심의 바닥이 어디까지인지 어떻게 해서든 목적을 달성하기 위해 집요하게 사람들을 설득한다. 그런 것들이 가끔은 먹혀들어 그들이 원하는 목적을 달성해 내는 경우를 종종 볼 수 있다. 물론 철저한 교육을 받았을 것이다. 그러나 그것보다 그들은 아마도 현장에서 사람들을 직접 대함으로써 경험에 의해 단련된 정신으로 무장했을 것이다. 그렇다고 어찌 그 마음이 온전할 수 있을까. 그들은 얼굴이 두꺼운 것이 아니다. 상처로 범벅이 되어 딱지가 앉을 대로 앉아 형체를 알아볼 수 없을 뿐이다.

살고 싶은 대로 살아라

얼굴이 두껍다는 것은 누가 뭐라 해도 흔들리지 않는 내면을 말하는 것이다. 어떤 편견이나 비난에도 휘둘리지 않는 것을 말한다. 그들은 큰 실수를 하거나 거절을 하고도 아무렇지 않게 당당한 사람들이다. 자신을 소중히 여기므로 외부의 모든 것으로부터 받을 상처를 거절하는 똑똑한 사람, 나는 그런 사람이 참 좋다.

나는 언니 둘과 여동생이 있는 네 자매 중 셋째 딸이다. 옛말에 셋째 딸은 선도 안 보고 데려간다고 했건만, 나는 어렸을 때부터 그 말이 왜 그리 듣기 싫었는지 모르겠다. 아마도 셋째 딸이라는 이미지가 워낙 단아하고 조신하며 착하고 정이 많은 사람이라는 편견 때문인 것 같다. 겉으로 보기에 내게 그런 점이 없진 않다. 그러나 나는 '내 인생은 나의 것'이라고 이미 수십 년 전부터 부모님께 선언했던 사람이다. 부모님은 나로 인해 기뻤다가 슬펐다가 아팠다가 괴로웠다를 반복하며 살아오셨다.

내 마음대로 살아오면서 수도 없이 많은 실수와 실패 그리고 오류를 범했다. 그러나 모든 것은 내 선택이었기에 후회하거나 되돌리고 싶다는 생각은 안 한다. 어쨌든 수십 년의 세월을 살아오면서 견디며 해결해야 했던 많은 난관들을 참 잘 헤쳐 나온 내가 나는 무척이나 자랑스럽다.

요즘은 결혼의 전제 조건 중에 하나가 맞벌이다. 가정과 밖의 일을 병행한다는 것이 그리 만만치 않은 일임을 해본 사람은 다 알 것이다. 아이가 없을 때는 그다지 큰 문제가 아니지만 아이까지 양육하면서 맞벌이를 한다는 것은 정말 보통 일이 아니다.

최근에 종영한 주말 드라마 〈아버지가 이상해〉에서는 임신했다는 이유로 직장 내에서 점점 설 자리를 잃어 가는 기혼 여성의 현실을 담아냈다. 자신이 이루고 싶은 꿈을 임신이라는 이유로 포기하고 싶지 않았던 며느리는 다른 사원들에게 기회가 넘어가는 상황을 보고만 있을 수 없었다. 그녀는 상황을 되돌리기 위해 자기 몸을 돌보지 않고 더욱 일에 매진했다. 완벽하게 성공하기 위해 무리하게 과로를 했고 결국 유산이라는 안타까운 결과를 맞게 된다.

임신과 능력은 별개다. 결혼하고 임신한 사실로 유능한 인재에서 제외된다면 어느 누가 결혼 후 임신을 달가워할 수 있을까. 본인 스스로 감당할 만한 일이기에 결혼과 출산, 육아를 선택하는 것이다. 그런 것들을 인정해 주지 않는 편견이 아직도 우리 사회에는 존재한다. 그로 인해 결혼을 주저하거나 임신을 포기하는 등의 사회 문제가 대두하고 있는 것이다. 일과 가정, 육아 모두 잘하고 싶은 것이 지나친 욕심일까? 현대를 살아가는 여성들에게는 정말 혹독한 과제다. 그렇다고 어느 하나를 포기한다는 것도 쉽지 않은 일이다. 말이 선진국 대열이지 여전히 여성에 대한 사회적 인식과 얕은 배려를 보면 아직도 멀었다는 생각이 든다. 물론 직업을 갖기보다는 남편의 수입으로 아이들과 함께 오붓한 가정생활을 꿈꾸는 여성들도 있다. 그들은 그들대로의 삶이 있다. 가정과 육아의 노동은 값으로 환산할 수 없을 만큼 큰일이다. 그냥 나 살고 싶은 대로 살면 되는 것이다.

이혼해도 괜찮다

결혼생활이 행복하지 않다면 굳이 그 생활을 유지하려고 애쓰지 않아도 된다. 때로는 이혼을 한 후 새로운 인생을 경험하고 자기 삶을 찾았다는 사람들을 종종 볼 수 있다. 결혼은 행복을 전제로 하는 두 사람의 결합으로 시작된다. 처음에는 없으면 못 살 것처럼 서로를 필요로 했다. 그러던 남녀가 결혼 후 몇 년이 지나다 보면 열정이 시들해져 버린다.

어쩌면 지극히 당연한 일인지도 모르겠다. 각자의 성향이 하나씩 드러나면서 서로에게 맞춰 가던 생활도 점점 자기 위주로 바뀌어 간다. 어린 시절부터 학습되어 온 관습이나, 부모로부터 물려받은 성향, 사고방식 등의 차이는 점점 제자리를 찾아가게 된다. 모든 기준을 자신에게 맞추다 보니 나와 다른 상대의 모든 면이 눈에 거슬린다. 그 다른 점들을 이해하지 못하고 자기 기준에 강제로 끼워 맞추려다 보면 관계는 틀어지기 마련이다. 틀어진 관계는 좀처럼 바로잡을 수 없게 되고 결국에는 서로 고통을 주고받게 되는 것이다.

이런 고통을 짊어지고 결혼생활을 유지한다는 것은 불행한 일이다. 당신이 원하는 대로 살고 싶다면 이혼하는 것도 괜찮다. 건강한 가정생활을 유지하는 사람들은 서로를 이해하고 용납하는 것만이 가능하다는 것을 깨달은 사람들이다. 혹은 자식을 위해 자신의 삶을 포기하기도 하는데 이것은 건강한 삶이라 볼 수 없다. 그들은 결국 불행하게 인생을 살아가게 된다. 다행히 요즘은 이혼에 대한 편견이 예전 같지 않다. 그런데도 당사자들이 마치 인생의 한 부분에서 실패라도 한 것처럼 떳떳하지 못할 때가 있다. 다른 사람들의 시선이나 편견이 두려워 이혼을 망설이거나 이혼한 사실을 숨기기도 한다. 그러나 애써 결혼생활을 유지함으로써 불행을 자초하는 것은 현명한 선택이 아니다. 이혼을 선택할 수밖에 없었던 자신에게 당당해야 한다. 아직 어린 자녀들이 있을 경우 양육에 대한 문제는 서로 타협점을 찾아 슬기롭고 지혜롭게 해결하기 바란다.

2016년에 개봉한 〈조이〉라는 영화에서는 싱글맘으로서 전남편과 할머니, 이혼한 부모, 그리고 두 아이의 생계를 책임지는 여성 가장의 삶을 다루었다. 혼자 몸으로 혹독한 경쟁 사회에서 살아남아 여성 CEO로 성공하는 내용을 담아 많은 여성 관객들에게 큰 호응을 얻은 영화로, 실화를 바탕으로 구성한 논픽션이다. 이혼을 고려하거나 싱글맘으로서 커리어 우먼으로 성공하고픈 여성들에게 동기부여가 될 수 있는 영화라고 생각한다.

요즘은 이혼한 사람들을 주변에서도 흔히 볼 수 있다. 그들의 삶은 현재를 어떻게 살아가느냐에 따라 많은 차이를 보인다. 이혼한 사실을 수치스러워하며 자신의 처지를 비관하는 사람은 대부분 사회생활에서도 소극적인 경향이 많다. 그들은 의존 성향이 강해서 자신의 힘으로는 살아가기 힘들다는 사실을 주변 사람들에게 호소한다. 누군가 자신의 처지를 알아주고 도움을 주기를 기다린다. 그들은 자신은 도움이 필요한 불쌍한 사람임을 나타내는 연기도 서슴없이 한다. 그러면서 은연중에 사람들을 조종하고 있는 것이다.

또 다른 부류는 자신의 독창성을 발휘해 사회의 일원으로서 활발하게 활동하는 사람들이다. 이들은 자신의 삶을 비관하지 않으며 긍정적이고 낙천적이므로 처해진 환경에 적응 능력이 뛰어난 사람들이다. 이들은 자신의 위치에서 최선을 다한다. 의존적이지 않고 독립적으로 자기실현을 이루어 가는 바람직한 삶을 살아가는 사람들이다.

자기 자신이 어떤 사람인지 이해하는 것도 매우 중요하다. 원하는 삶을 살아가고 싶어도 스스로 독립적이지 못하다면 살아 나갈 수 없다. 자신감도 없고 자신을 신뢰하지도 않으면서 원하는 대로 살고 싶다는 말은 투정에 불과하다. 그런 사람들은 누군가에게 의존해서 주어진 현실에 안주하며 살아가는 것이 가장 잘 어울릴 것이다.

남들이 다 한다고 나도 할 수 있는 것은 아니다. 내가 잘할 수 있는 것을 남들이 다 잘하지 못하듯이 말이다. 서로에게 어울리는 삶이 있고 추구하는 삶이 완전히 반대인 경우도 있다. 독립적으로 살아가면서 주도적인 삶을 추구하는 사람이 있고, 상대에게 의존하면서 그들이 만들어 준 삶 속에서 편안하게 살아가고 싶은 사람이 있다. 물론 자존감의 영향으로 형성된 의존적인 삶이 내가 원치 않는 삶일 수도 있다. 그런 자신을 이해하고 부족한 부분들을 개선해 나가야 한다고 감히 말하고 싶다. 자기 발전을 도모하지 않는 이상 그것을 바꾸는 일은 그리 쉽지 않다. 그것은 험난한 자기와의 싸움이 될 것이다.

결국 모든 것은 선택이다. 우리 삶은 매 순간이 선택의 연속이다. 무엇을 먹을 것이며, 무엇을 입을 것이며, 누구를 만날 것인지 등등 이런 사소한 선택도 하루에 수십 번, 수백 번은 하고 산다. 자신이 감당할 수 있는 것 이상의 무엇인가에 도전해 보는 일, 한번 시작해 보지 않겠는가?

05

갈등관계는 누구 탓도 아니다

조직생활을 하면서 혹은 강사생활을 하면서 나는 무수히 다양한 사람들을 만나게 된다. 그러다 보면 원하지 않아도 어쩔 수 없이 관계를 지속적으로 이어갈 수밖에 없는 상황이 생긴다. 특별히 서로에게 도움이 안 되는 것까지는 좋은데, 별로 달갑지 않은 사람과의 만남을 피해 갈 수 없을 때는 불편한 느낌을 안고 갈 수밖에 없다. 그런 불편한 관계를 좋아할 사람은 아무도 없을 것이다. 그러나 불편한 관계를 개선하고자 하는 마음이 있다면 서로를 이해하기 위해 노력해야 할 것이다.

아주 오랫동안 친하게 지냈던 사람들도 한순간의 갈등으로 관계가 단절되는 경우를 종종 볼 수 있다. 그들은 갈등을 해결하지 않은 채 수년 혹은 수십 년을 등지고 살아간다. 그런 관계에서는 지난날이 앙금으로 남아 서로를 미워하며 불신하곤 한다. 중대한 일이 있어 얼굴을 봐야 할 상황에서도 서로 만남을 기피하거나 오래전 상처받은 흔적을 떠올리게 되는 것이다. 어차피 안 보면 그만인 사람들도 있겠지만 혈육으로 맺어진 가족들의 경우는 다르다. 아무리 원수 같은 앙숙 관계가 되었다 하더라도 혈연으로 이어진 관계의 단절은 더 많은 아픔과 괴로움이 따른다. 죄책감과 동시에 느껴지는 배신감과 서운함은 풀리지 않은 매듭이 되어 가슴 한편을 쓰리고 아프게 한다.

한 60세 남성의 이야기를 보자. 이 남성은 2년 전부터 지병을 얻어 투병생활을 하며 거의 회생 불가능한 지경까지 이르렀다. 그에게는 지극정성으로 자신을 돌보는 아내와 아직 결혼하지 않은 아들이 하나 있다. 죽음이 점점 가까워지고 있다는 것을 느끼면서 그동안 왕래가 없었던 아직 살아 계신 어머니와 형의 소식이 궁금했다. 사실은 궁금했다기보다 다시는 볼 수 없을지도 모른다는 생각에 보고 싶었던 것이다. 그는 그들이 자신의 투병 소식을 듣고 찾아와 주길 바랐다. 그러나 어머니와 형은 그의 바람과 달리 찾아오지 않았다. 그들은 10여 년 전만 해도 서로 왕래하며 잘 지내는 가족이었다. 각자의 삶을 살아가면서 이따금씩 만날 때면 서로의 안부를 묻고 행운을 빌어 주기도 했었다.

두 형제의 갈등이 빚어진 원인은 아주 사소한 일이었다고 한다. 10년 전 아버지가 돌아가신 후 장례를 치르는 과정에서 조의금으로 들어온 돈의 분배를 놓고 의견이 크게 달랐던 것이다. 남자는 수십 년 동안 사업을 하면서 인맥을 상당히 넓혀 왔고 장례식장을 찾아온 사람만 해도 헤아릴 수 없을 만큼 그 수가 상당했다. 그에 반해 형과 동생은 조문객이 손가락으로 셀 만큼 비교가 되는 상황이었다. 이런 상황에서 그는 자기 조문객들의 방명록과 조의금을 요구했던 것이다. 형은 그 요구를 거절했고 그 일로 인해 두 사람은 크게 다퉜으며 그 이후로 서로 등지고 남보다 못한 관계가 되어 버렸다.

관계가 개선되지 않은 채 긴 세월이 흘러갔다. 상처가 아물지 않은 상태에서 남자의 투병 소식을 들은 형의 입장은 어땠을까? 아무리 미운 동생이라도 마음은 편치 않았으리라. 그렇다고 소식을 듣고 바로 달려가는 것도 내키지 않았을 것이다.

형은 마음이 편치 않은 상태에서 많은 망설임의 시간을 보냈을 것이란 생각이 든다. 그 후 시간이 좀 더 지나고 형은 용기를 내 동생을 찾아왔다. 그래도 버릴 수 없는 것이 혈육인지라 형은 앞날의 삶이 희박한 동생의 얼굴을 봐야만 했던 것이다. 재회를 한 형과 동생은 서로 미안하단 말도, 보고 싶었단 말도 할 수 없었다. 고개만 떨군 채 하염없이 흐르는 눈물을 연실 닦아 내면서 어색한 형제의 만남은 그렇게 이루어졌다.

그러나 석연치 않은 마음은 여전히 남아 있었다. 그들은 안타깝게도 서로의 상처를 보려 하지 않았다. 아마도 차마 들춰내기가 두려웠던 것은 아니었을까? 서로 상처를 인정하고 싶지 않았을 것이며 들여다볼 자신도 없었을 것이다. 그러나 이렇게 미해결 과제를 안고서는 결코 관계가 회복될 수 없다. 겉으로는 해결된 듯 보여도 속은 사실 여전히 곪아 있는 것이다.

내가 옳다는 착각

사람들은 관계 속에서 일어나는 모든 일에서 내 책임은 없다고 생각하고 싶어 한다. 모든 책임을 상대방에게 전가해 자신의 정당함을 주장하려 한다. 그러나 정확히 보면 누구의 탓도 아니다. 서로의 입장에서 보면 모두 자신이 옳기 때문이다.

에니어그램을 활용한 가족상담을 진행할 때마다 많은 우여곡절이 따라붙는다. 가까운 가족일수록 서로를 너무 모르고 살아가고 있다는 것이 참 불편한 진실이다. 내가 가장 잘 알고 있다고 생각했던 배우자나 자녀들이 전혀 상상도 못했던 사람일 경우, 이들은 큰 충격을 받을 수밖에 없다. 그들은 한결같이 이런 말을 한다.

"그 사람은 그럴 사람이 아니에요."

"그 사람은 사교적이지 못해요."

그러나 알고 보면 그 사람은 처세술에 능하다. 그 사람은 무척이나 사교적이며 사람 간의 교제를 즐긴다. "내 아이는 여행에 흥미가 없어요"라고 말하지만 아이는 날마다 여행하는 꿈을 꾼다.

어릴 때는 부모의 뜻이라면 특별히 자기주장이 강한 아이가 아닌 한 무조건 따르게 되는 경우가 많다. 그러나 사춘기가 되면서부터 조금씩 가족들과 갈등을 빚게 된다. 아이가 성장하면서 자의식이 생기고 자아실현의 욕구가 형성되면서 부모와 다른 자신의 모습을 찾아가는 과정이 바로 청소년기다. 가족들과 충돌이 잦은 아이들은 그만큼 자아실현의 욕구가 강한 아이들임을 기억하기 바란다.

갈등은 서로 다름에서 빚어진다. 갈등이라는 말의 유래만 봐도 알 수 있다. 한자로 칡의 '갈'과 등나무의 '등' 자로서 칡덩굴과 등나무의 얽히고 꼬인 상태를 의미한다. 즉, 칡덩굴은 왼쪽으로 오르는 성향이 있고 등나무는 오른쪽으로 오르는 성향이 있다. 이 둘이 함께 있으면 서로를 휘감아 타고 오르면서 조여 온다는 말로, 서로에게 해를 입히게 된다는 뜻이다. 서로 다른 사람들이 자신의 주장을 굽히지 않고 내세움으로써 갈등을 유발하는 것과 같은 이치다.

우리의 삶은 안타깝게도 인간관계를 빼놓으면 아무런 의미가 없어진다. 아무리 사이가 좋아 보이는 사람들 역시도 그 속은 전혀 알 수가 없다. 수많은 관계 속에 살아가는 우리가 할 수 있는 것은 오직 내게 충실하는 것이고 내 책임을 다하는 것뿐이다. 내게 충실하되 다른 사람들의 삶 또한 인정해야 한다. 그들의 삶의 모습이 나와 전혀 다르다 해도 내가 왈가왈부할 문제가 아닌 것이다.

사람은 변하지 않는다. 색깔이 바래는 것이다.

프랑스 파리의 센강변에 있는 예술의 다리Pont des arts는 이곳을 찾는 연인들에게 인기가 많은 장소였다. 철조망으로 되어 있던 다리 난간에 사랑의 자물쇠를 걸고 지금의 사랑이 영원하길 바라는 연인들의 맹세로 가득한 곳이다. 그러나 세월이 지나면서 수많은 사랑의 자물쇠들의 무게는 곳곳에 흉한 상처를 남기면서 심하게 훼손되기 시작했고 결국은 철거되고 말았다.

개인상담을 하기 위해 지인의 소개로 내게 전화했던 한 여성의 이야기다. 그녀는 결혼한 지 이제 5년 차로 네 살 된 딸아이가 있었다. 결혼을 하고 출산을 한 지 3년쯤 되던 해부터 드러난 남편의 이중적인 모습이 이제는 혐오스럽기까지 하다며 하소연을 했다. 그의 남편은 지인들과 주변 사람들에게 성실하고 자상하며 배려심 많기로 소문이 자자했다. 남편으로서, 가장으로서, 아빠로서 손색이 없는, 모두에게 본이 되는 그런 사람이었다. 물론 결혼 후 2년 동안은 아무 문제도 없었다. 그녀가 원하는 것은 무엇이든 들어주었고 생일과 기념일도 잊지 않았다. 때마다 선물과 꽃을 한 아름 안겨 주는 사랑이 넘치고 매력적인 남편이었다.

그런데 2년이 지나면서 남편은 조금씩 달라지기 시작했다. 식탁에 오르는 반찬부터 시작해서 그녀가 즐겨 입는 옷이며 장신구까지 하나하나 트집을 잡기 시작한 것이다. 그녀는 처음에는 남편의 사랑이 식은 건 아닌가, 혹시 다른 여자가 생겼나 의심이 들기도 했으나 그런 일은 전혀 없었다고 한다. 그녀는 너무 많이 달라진 남편의 모습에 적응이 되질 않았다.

그러나 여전히 다른 사람들 앞에서는 예전과 다름없는 모범적인 사람처럼 보였다. 그녀는 그런 모습이 역겨워서 보고 있기가 지옥 같다고 말했다. 자신에게 충실하고 자신만을 위해 주고 자신에게 친절했던 남편의 모습, 지금은 그런 남편은 어디에도 없다. 겉과 속이 너무 다른 이중인격자의 남편만이 남아 있었다.

그녀의 남편은 완벽을 추구하는 사람이었다. 내적 상태뿐만 아니라 외적 모습이나 사회적인 면에서도 그랬다. 살다 보니 남편의 눈에는 아내의 순수하고 소박하게만 보이던 예전의 모습들이 이제는 초라하고 경박하게 다가왔다. 서툰 솜씨로 한 상 가득 차려 놓은 식탁을 보면 고맙고 사랑스럽게만 느껴졌는데 여전히 변함없는 상차림이 이제는 여간 거슬리고 지겨운 게 아니었다. 이런 문제들로 서로 말다툼이 이어졌고 해결되지 않으면서 지속적인 갈등 상황으로 이어지고 만 것이다.

내 이웃을 내 몸과 같이

우리는 내 만족을 위해, 아니면 나의 행복을 위해 다른 사람들이 희생해 주길 기대한다. 예를 들어 '내가 싫어하는 행동을 해서 기분이 상하는 것이 너무 싫다. 그러니 다른 사람이 내 기분을 상하게 한다면 그건 그 사람 잘못이다'라거나 '나는 내 말에 반대하는 사람이 싫다. 그러니 내 말에 반대하지 말아야 한다'라는 식으로 앞의 일을 전제로 뒤의 말이 신념이 된다면 그것은 자기만을 위한 비합리적인 신념이다. 결국 다른 사람들의 뜻과 생각이 어떻든 상관없다는 말이 되고, 무조건 나를 위해 희생하기를 원한다는 것이다.

서로 더불어 살아가는 사회에서 갈등은 피할 수 없는 일이다. 그런데 우리는 타인을 위해 양보하고 배려하며 자기는 늘 손해를 보고 살아간다고 생각한다. 그러나 천만의 말씀이다. 어느 누구도 아무 이유 없이 타인을 위해 희생하지 않는다. 희생처럼 보이는 일도 결국은 자신을 위한 일이다. 갈등은 어느 한 사람의 잘못으로 빚어지는 것이 아니다. 갈등은 팽팽한 상등관계로 일어난다. 자, 생각해 보자. 당신은 누군가와 적대관계에 있지 않은가? 그 갈등 상황이 누구 탓이라고 생각하는가? 내가 주장하던 것이 맞는 것처럼 상대 역시 그가 주장하는 것이 맞다. 내가 그 사람 때문에 기분이 나빠졌듯이 그 사람은 나 때문에 기분이 나빠졌다. 각자의 생각과 의견이 다를 뿐이고 그 다름을 서로 인정하지 못하는 데서 오는 마찰일 뿐이다. 그 마찰이 오직 상대의 탓이라고만 생각할 때 갈등관계는 지속될 수밖에 없다.

이 땅 위에 작은 일에 연연하지 않는 성숙한 사람들이 얼마나 될까? 사소한 일 하나도 그냥 넘어가지 못하는 우리는 그래서 삶이 더욱 피곤할 수밖에 없을 것이다. 세상에는 서로 다른 무수한 사람들이 있다. 무수한 사람만큼 다른 생각들이 있음을 인정하자. 내가 옳다고 여기듯이 상대도 옳다고 여김을 인정하자. 내가 상대에게 원하는 것이 있듯이 상대도 내게 원하는 것이 있음을 인정하자. 갈등관계는 누구 탓도 아니다. 우리가 서로를 너무 모르고 또한 서로를 인정하지 못하는 무지에서 비롯되는 것이다.

06

때로는 나쁜 사람이 되자

때로는 나쁜 사람이 될 줄도 알아야 한다

어느 날 내게 취직을 부탁했던 후배가 있었다. 후배가 갖추고 있는 자격 조건은 사실 추천하기에는 모자란 부분이 많았다. 시간을 두고 찾아보자고 말했지만 후배는 마음이 급했는지 그 후로 여러 차례 전화를 해왔다. 어느 날 강의를 하던 중간에 두어 차례 부재중 전화와 문자가 들어와 있었다. 문자 내용은 다음과 같았다.

"선배님, 번거롭게 해드려 죄송합니다. 곤란해하지 않으셔도 됩니다. 선배님께서 저로 인해 난처하신 걸 원치 않으니 더 이상 부담 갖지 않으시면 좋겠습니다."

문자를 확인한 후 왠지 마음이 편치 않았다. 조금 불쾌해지기까지 했다. 나름 사정이 급했는지 모르겠지만 분명 기다려 달라고 했건만

성급한 그의 행동이 안타까웠다. 후배는 내가 자신의 부탁이 부담스러워 전화를 피하는 것이라 생각한 듯했다. 내 일의 특성을 잘 알 만한 사람인데 한숨 돌리고 다시 생각하지 못하는 점이 실망스러웠다.

이런저런 생각을 하면서 뭐라 답을 하고 싶은 마음이 들지 않았다. 그래서 아무런 반응도 연락도 취하지 않았고 그렇게 몇 주가 지났다. 평소 그 후배는 애정요구와 인정욕구에 예민한 반응을 보이곤 했다. 나중에 알게 된 사실이지만 그는 내게서 연락이 없자 엄청난 불안과 혼란스러운 시간들을 보냈다고 한다.

상담을 하다 보면 어린 시절에 충분한 사랑을 받은 경험이 없거나 거부당한 경험이 많은 사람일수록 인정에 대한 욕구로 인해 심각한 정신적 문제를 호소하고 있었다. 그 부분을 건드릴 때면 극도로 흥분하거나 침울해지는 등 양극 간의 반응이 뚜렷이 나타난다. '누구도 날 원하지 않아, 사람들이 날 좋아하지 않을 거야.' 아니나 다를까 그 후배는 내게 무시당했다는 느낌을 받았다고 한다. 자신의 능력을 인정해 주지 않고 진가를 몰라주는 것 같아 서운했다고 고백했다. 그러나 그날 이후 이미 나는 나쁜 사람이 되기로 마음먹었다. 후배의 마음을 위로하기 위해 그의 부탁을 들어주는 일은 하지 않기로 했다. 그가 어떻게 생각하든 그것은 그의 몫이다.

'내' 탓이로소이다?

가톨릭 통상미사 고백의 기도 중에 "내 탓이오, 내 탓이오, 내 큰 탓이로소이다"라는 말이 있다. '탓'이라는 말의 뜻은 무엇인가? 명사로 '주로 부정적인 현상이 생겨난 까닭이나 원인'을 말한다. 물론 내 주변에 일어나는 일들의 잘못된 결과를 원망하지 말라는 좋은 뜻으로 생겨난 말일 것이다. 그러나 좋은 해석까지는 좋은데 왜 그 모든 일을 자기 탓으로 돌리라는 건지 모르겠다. 내게 일어나는 모든 일을 외부의 탓으로만 돌리는 것도 문제겠지만 그렇다고 자기 내부로 돌리는 것은 훨씬 위험한 일이다.

우리나라 사람들은 특히 그것을 내부로 돌리는 사람들 편에 선다. 솔직하고 양심적이어서 좋단다. 알고 보면 아무 잘못도 없는 사람이 모든 게 자기 탓인 것만 같아 내뱉은 말이 사실이 되어 도대체 진실이 뭔지 헷갈리게 한다. 그렇게 자신을 위하지 않는 사람들은 자신의 이면에 무엇이 숨어 있는지 통찰해 보아야 할 것이다. 도대체 어떤 실체가 존재하기에 자신을 그토록 홀대하게 만드는 것일까? 자신의 잘못이 아닌 것을 스스로 추궁하며 자책으로 몰아야 하는지 모르겠다. 그렇게 사람들은 모든 일의 끝에서 혹시 내게 무슨 문제가 있었을까를 생각하곤 한다.

예를 들어, 인근 주택가 공사 현장에서 인부들의 부주의로 위에서 합판이 무너져 내리는 사고가 발생했다. 우연히 같은 시간에 지나가던 행인이 합판에 맞아 사고를 당했다. 이를 두고 사람들은 재수가 없었다고 말한다. 그 말은 결국 내가 재수가 없어서 그 시간에 그리로 지나갔고 그런 사고를 당했다는 말이니, 즉 내 탓이라는 말이 된다. 사고를 수습하고도 마음속에 찌꺼기들은 남아 있다. 내가 5분만 일찍 혹은 늦게 지나갔다면 사고를 면할 수 있었을 텐데, 내가 가방을 두고 나오지만 않았어도, 내가 편의점에 들르지만 않았어도 등등 온갖 생각들로 사고를 당한 원인이 마치 자기 탓인 양 스스로를 괴롭힌다.

벌써 수년이 흐른 일이지만 나도 비슷한 경험이 있다. 지인과의 약속을 지키기 위해 서둘러 택시를 탄 적이 있었다. 도로 정체가 심해서 기사분께 빠른 지름길로 가자고 부탁했다. 좁은 골목길을 지나는데 기사분이 조금 과속한다 싶었다. 나는 시간이 촉박한 관계로 아무 말 없이 그를 믿고 있었다. 그때 마주 오던 오토바이와 접촉 사고가 났다. 큰 사고는 아니었지만 기사분도, 나도, 오토바이 주인도 모두 놀랐다. 사람이 다치진 않았기에 기사분이 사고를 수습하는 동안 나는 다른 택시로 갈아탈 수밖에 없었다. 그런데 운전기사가 내게 미안한 것이 맞긴 한데 내 마음이 참으로 불편했다. 내가 지름길로 가자고 하지만 않았어도 별일 없었을 것이라는 생각이 들었다. 속도 좀 늦춰 달라고 말만 했어도 괜찮지 않았을까 하는 생각도 들었다. 사실 지름길로 가자고 했지 속도를 위반하라는 말은 하지 않았으므로 내 잘못은 아니었다. 그럼에도 불구하고 사고가 없었을 일을 만들어 낸 원인이 마치 나인 것 같아 불편했던 기억이 난다.

이렇게 결과가 좋지 않은 모든 일을 내 탓으로 돌리며 괴로워하고 있는 경우가 많이 있다. 부모 교육에서 자존감에 관련된 내용을 다룰 때마다 느끼는 것인데, 교육을 마치면 어김없이 따라오는 것이 부모들의 죄책감이다. 아이의 자존감이 향상되지 못하는 것이 '내 탓'일지 모른다는 불안감에 이들은 상담까지 요청해 온다. 물론 책임이 전혀 없는 것은 아니다. 그러나 전적으로 자기 탓은 아니라는 것을 말하고 싶다. 맞벌이 부부인 경우 특히 엄마들이 느끼는 죄책감은 아빠들에 비해 훨씬 크다. 어느 날 갑자기 아이의 몸이 아프거나 사고를 당해도 엄마들은 그 모든 책임이 자신의 탓인 양 자책하며 어쩔 줄 몰라 한다. 마치 아이를 보호할 사람은 엄마밖에 없는 듯 모든 사람이 그쪽으로 화살을 겨냥한다. 그것이 정말 엄마 탓이라고 생각하는가?

엄마는 아빠와 마찬가지로 생계를 위해 직장에서 열심히 일을 하고 있었다. 왜 그 모든 책임을 아이 엄마에게 돌리려 하는지 모르겠다. 그렇게 하면 그 마음이 자신에게 위로가 될까? 아이를 돌보는 일은 엄마뿐 아니라 모든 가족이 함께 해야 하는 일이다. 아이에게 영향력을 심어 주는 사람들은 주변의 모든 사람이 해당되는 것이다. 혼자만 그 책임을 지려 하지 않아도 된다. 그것은 당신 탓이 아니다.

수십 명이 되었든 수백 명이 되었든 청중 앞에서 강의를 하다 보면 그들의 움직임들이 한눈에 들어온다. 가끔씩 하품을 하거나 핸드폰을 만지는 사람들이 눈에 보이는데 지금은 그런 일들은 대수롭지 않게 여겨진다. 몇 시간씩 원하지도 않는 강의를 의무적으로 들어야 한다는 것만으로도 보통 일이 아니다. 그러니 그들의 마음을 어찌 헤아리지 못할까. 그러나 강사 활동을 시작한 지 얼마 되지 않아서는 그런 일들을 보면 신경이 많이 쓰였다. '이 시간이 지루한 건가'부터 시작해서 재미가 없나, 내용이 유치한가 등 많은 생각에 오히려 매끄럽지 못하게 진행을 했던 기억이 난다.

지금은 그 모든 행위를 그 사람 당사자의 상황으로 이해하지만 신입 강사들이라면 누구나 종종 겪는 일일 것이다. 내가 부족해서, 내가 무능해서라고 자책하는 것은 사기만 빼앗길 뿐이다. 자책할 그 시간에 차라리 자기개발을 위해 더 힘쓰는 편이 훨씬 이롭다.

방패는 언제든 필요하다

우리는 작은 일에도 쉽게 상처받고 또 누군가에게 상처를 주고 있다는 죄책감으로부터 자유롭지 못하다. 모든 일을 나와 연관시켜 고리에 고리를 엮으면 한도 끝도 없다. 그 사슬을 끊어 버려야만 한다. 나와는 전혀 상관없는데도 왜 모든 일을 나와 연관시켜 비극적인 결말을 보려고 하는지 모르겠다. 이런 일들은 아무리 악랄한 사람일지라도 순간적으로 오가게 되는 감정 중 하나다. 사람들은 '내 탓이다, 아니다'를 오가며 자기와의 힘겨운 싸움을 벌인다. 결국은 내 탓이 아니라고 위안을 얻으려 하지만 내면에서는 이미 내 탓으로 낙인을 찍어 놓았기 때문에 그 일을 잊지 못한다. 그것이 얼마나 위험한 생각인지 모른 채 폭탄을 가슴에 장착해 놓는다. 폭탄은 꺼내 놓으면 외부에서 터지지만 꺼내 놓지 않으면 내부에서 터질 수 있다. 내부로 흘러든 부정적인 정서는 자신을 파괴하는 데 일등공신이다.

다시 한번 말하지만 내가 직접 가한 일이 아니라면 내 탓이라고 단정 지어서는 안 된다. 우울증 환자에게서 흔히 볼 수 있는 증상이 모든 불운한 상황을 자기 탓으로 과해석하는 것이라고 한다. 사실은 이렇게 모든 현상을 내부 귀인으로 돌리기 때문에 우울증 빈도가 높아지는 것인데 이것은 자기 책망만을 더 높일 뿐이다.

보다 건강한 사람들은 일어난 일들의 원인을 외부로 돌린다. 어떤 사람을 대상으로 지목하는 것이 아니고 일이 생겨난 원인, 즉 그 외부적인 요인으로 초점을 돌리기 때문에 정신건강에 영향을 미치지 않는 것이다. 자꾸 자기 탓으로 끌어들이지 말아야 한다. 왜 그 모든 원인을 자신에게 끌어들여 어둡고 깊은 수렁으로 자신을 밀어 넣으려 한단 말인가? 나는 운전기사에게 지름길로 가달라고 했을 뿐이지 빨리 가달라는 말은 하지 않았다. 그 좁은 길목에서 과속을 한 것은 운전기사였으며 그 길은 안전하지 않았다. 공사장에서 합판을 떨어뜨린 것은 인부들의 실수였으며 안전 장비가 너무 허술했던 것이지 지나가던 행인의 잘못이 아니다. 시간과는 상관없이 당신 아닌 또 다른 누군가가 다쳤을 수도 있는 일이다. 아이의 자존감이 낮은 것은 아이를 대하는 주변 사람 모두의 잘못이지 엄마의 잘못이 아니다. 이것은 합리화하려는 변명이 아니다. 사실을 말하는 것이다.

인생을 살다 보면 그 오랜 세월 동안 삶 속에서 일어났던 모든 것에 대한 자기 설득이 필요하다. 가난도 질병도, 가족의 별거나 불화도 모두가 어찌 내 탓이라고 할 수 있을까. 후회와 죄책감으로 남은 인생을 허비할 것이 아니라 자기 설득과 이해로 자신이 살아온 삶을 다독여 주는 것이 필요하다. 열심히 살아온 자신에게 그토록 가혹한 오명을 주는 일은 하지 말아야 한다. 그렇다고 남의 불행을 무조건 외면하라는 말이 아니다. 나로 인해 불행한 일이 생겼다는 말도 안 되는 자책감을 갖지 말라는 것이다. 내가 내 편이 되어 주어야지 누가 내 편이 되어 주겠는가?

07

적의의 실체를 알아차리자

모든 관계를 이어 가는 데 정해진 공식은 따로 없지만 삶을 더욱 윤택하게 만들고 건강한 생활의 활력을 얻으려면 관계마다 나름대로의 공식은 주어지기 마련이다. 어찌 보면 관계를 맺기 위해 사람이 존재하는 듯 그렇게 우리는 태어나서 죽음을 맞기까지 관계의 틀에서 벗어날 수 없다.

관계의 특징은 다양하지만 서로에게 유익한 관계가 있는가 하면 서로를 불행으로 몰고 가는 관계도 있다. 문제는 이렇게 불행한 관계를 지속해야만 하는 경우 서로에 대한 적대감과 불신감은 갈수록 커진다는 것이다. 이런 관계는 가족 안에서도 비일비재하게 일어나고 있다. 형제관계에서도 서로의 삶을 비교하며 자신이 더 많이 희생했다고 여기는 마음이 발단이 되는 경우가 있다. 그런 일들을 이해함으로써 바로 해결하지 않는다면 오랜 세월을 거치며 그것이 쌓이고 쌓여 막힌 하수구처럼 오물 덩어리로 변해 버린다. 해결된 듯 보였지만 내면에서 여전히 해소되지 않았음을 미리 알았더라면 이미 굳은 마음으로 고통받는 일은 없었을 것이다. 그러나 사람들은 자신의 삶의 태도를 정확히 들여다보지 못하므로 내 안에서 무슨 일이 일어나고 있는지를 통찰해 내는 능력이 없다. 그렇게 비뚤어진 시선으로 인해 형제를 바라보고 동료를 바라보는 것이 불편해지는 것이다.

우리의 마음을 불편하게 만드는 징후들은 여러 형태로 나타나는데 그중에서 대표적인 것이 '분노'다. '분노'는 어떤 특정한 대상으로 인해 생겨나게 된다. 한번 생겨난 분노는 화를 가지고 있으므로 결코 사라지거나 꺼지지 않는 성질이 있다. 내면 가장 깊숙한 곳에서 끓어오르기 때문에 평소에는 자신은 물론 다른 사람들도 전혀 느끼지 못한다. 자신까지 속여 가며 타오르는 분노는 가끔 그 근원의 뿌리가 건드려질 때마다 발끈하는 정도로 시작되는데, 보는 사람들은 전혀 문제점으로 의식하지 않을 정도다. 분노의 불길이 커질 대로 커졌을 때는 이미 그 속이 새까맣게 타버린 상태다. 그때서야 비로소 그 문제를 알게 되지만 그때는 이미 끌 수 없는 상황이 되어 버려 전문가의 도움이 필요할 수밖에 없다. 이렇듯 분노는 사람의 성격뿐 아니라 영혼까지 갉아먹어 한 사람을 파괴하는 악한 정서다. 그것을 선택하는 것은 자신이지만 자신의 내면 상태를 알아차림으로써 스스로 그 상태를 거부할 수도 있는 것이다.

'적의'는 분노까지는 아니지만 주로 특정한 사람에게 열등감과 시기심을 원인으로 느끼는 정서다. 적의는 다른 사람들도 쉽게 알아차릴 수 있다. 여러 사람이 모인 자리에서도 적대감을 느끼는 두 사람은 서로의 평범한 일상이나 습관을 부정하는 형태로 상대를 비난한다. 곁에 있던 사람들이 알아차림으로써 무엇인가 불편한 분위기를 감지하는 것이다. 적의는 적나라하게 표현하는 방법이 아닌 불쾌함을 조성하는 방법으로 표현되곤 한다. 어떤 사람들은 대놓고 모든 책임을 그 사람에게 돌리기도 한다. 그 사람의 화를 돋우며 그런 상황에 쾌감을 느끼기도 한다.

당신 주변에도 당신이 하는 말이나 행동에 반복적으로 반박하거나 항상 부정적인 해석을 하는 사람이 있을지 모른다. 당신이 하는 일마다 의심을 하거나 깎아내리려는 의도를 보인다면 당신에 대해 적의를 갖고 있는 사람일 가능성이 높다. 그 사람은 당신에 대한 열등감과 시기심을 그렇게 적대감으로 표현하는 것이다. 만약 이런 사람이 가까운 곳에 있다면 심각한 상황으로 발전하기 전에 신속한 해결책이 필요할 것이다.

적대감에는 부모 형제도 없다

인간은 관계 속에서 겪는 갈등으로 인해 엄청난 스트레스를 받고 살아간다. 피할 수 없는 관계라면 더더욱 그렇다. 이러지도 저러지도 못하는 그런 관계가 삶의 일부분을 차지하고 있다. 참 풀기 어려운 숙제와도 같다.

영화 중에 〈사도〉라는 사극 작품이 2015년에 추석을 앞두고 개봉되어 가족들과 함께 관람하게 되었다. 가족 간의 갈등, 특히 아버지와 아들 간의 갈등을 적나라하게 표현한 영화였다. 이미 내용은 모르는 사람이 없겠지만 영조와 사도세자의 갈등은 사실 영조의 출생과 경종의 죽음에 대한 콤플렉스에서 시작된 것으로 보인다. 소론을 우대했던 사도세자가 노론을 우대했던 아버지 영조와 처음부터 뜻을 달리하고 그에게 반대 의견을 표했으니 두 사람 사이에 적대감이 형성된 것이다.

아무리 지혜롭고 자애로운 사람도 자신을 반대하는 의견이 달가울 리는 없을 것이다. 일상생활에서도 내 의견에 시시콜콜 반대하거나 의문을 제기하는 사람이 예뻐 보일 리 없다. 모든 관계가 나와 뜻이 맞지 않는다는 이유로 삐걱거리기 시작한다. 그것은 부모 자식 간이든 형제간이든 직장 동료나 친구 간이든 누구도 벗어날 수 없다. 그러나 어떻게 모든 사람이 나와 같은 마음을 품고 나와 같은 뜻을 품을 수 있을까? 대부분의 관계는 주도권을 두고 팽팽히 대결하는 상황이 되면 더욱 나빠질 수밖에 없다. 성격이 비슷한 사람끼리 더 화합할 수 없는 것도 그 때문이다.

우리가 괜찮은 사람이라고 여기는 이들은 대부분 나와 비슷하거나 뜻이 맞는 사람이다. 아무리 유능하고 멋지고 뛰어난 사람일지라도 나와 뜻이 안 맞거나 생각이 다르면 적으로 간주한다. 그리고 괜찮다고 여기는 사람은 덜 유능해도, 덜 진실해도 모든 것이 용서된다. 인품도 훌륭하게 포장하고 능력도 과대평가함으로써 우세한 반열에 놓아둔다. 그리고 그 사람과 함께함으로써 즐거워하고 기뻐하며 자신들의 삶을 나름대로 즐기며 살아간다. 《돈키호테》를 쓴 16세기 스페인 작가 '미구엘 데 세르반테스'가 남긴 "친구를 보면 그 사람을 알 수 있다"라는 말이 이런 이유를 근거로 한 말임을 알 수 있다.

당신이 현재 만나고 있거나 주변에 있는 사람들을 둘러보자. 그들은 당신이 이상적으로 생각하는 생활을 하는 사람이거나 자신과 유사한 점이 많은 사람임을 알 수 있을 것이다.

원만치 않은 관계를 끝낼 수만 있다면 좋으련만 그 또한 쉽지 않음을 실감할 것이다. 관계를 끝내도 아무 상관없는 사람이라면 좋겠지만 그럴 수 없는 사람, 가족이나 인척, 또는 어렵게 자리 잡은 직장의 상사나 동료를 생각해 보자. 이들은 어쩔 수 없이 매일 마주쳐야 하고 또 매일 미워하는 마음을 품어야 한다. 원하지 않아도 자동으로 작동되는 시스템처럼 부정적인 감정은 그렇게 내 안에서 나를 혹독하게 훈련시킨다.

그렇다면 이런 상황을 어떻게 해야 할까? 대체로 많이 생각하고 해결하려 하는 방법은 그들과 한 공간에 오래 머물지 않는 것이다. 또 하나는 피할 수 없으니 즐기는 것이다. 미운 감정은 어찌할 수 없다. 아무리 애를 써도 해결될 일이 아니기 때문이다. 그냥 미운 감정 그대로를 느껴 보는 것도 괜찮다. 그러다 보면 자연스레 그 사람에 대한 관심도가 떨어지게 된다.

그리고 좋은 관계인 사람을 만나는 시간을 통해 내 안에 있는 부정적인 잔재들을 말끔히 소멸시켜야 한다. 긍정적인 대화들을 나눔으로써 진정 가치 있는 삶을 살아가는 데 서로 유익할 수 있는 그런 사람들을 만나는 것이 좋다. 관계를 단절하기까지는 많은 고민과 갈등도 있을 것이다. 그러나 그것이 현명한 선택이라면 과감하게 끊어 버리는 것이 좋다. 상대를 마주하면서 단번에 끊는 것은 서로에게 더 큰 앙금만을 남길 뿐이니 지혜로운 방법을 연구하기 바란다. 예를 들어 서서히 거리를 둔다거나 마주칠 만한 상황을 거부하는 것부터 시작하는 것도 괜찮을 것이다.

누군가와의 관계가 지속되는 동안 꼭 좋은 일만 있지 않은 것은 당연지사다. 기쁘고 행복한 일도 있겠지만 후회하는 일 또한 있을 수 있다. 후회는 대부분이 관계의 결말 부분에서 일어난다. 관계를 지속하는 과정에서 서로가 최선을 다한 부분들이 많았을 것이다. 그러나 나중에는 후회와 자책으로 침울한 마음에 빠지기가 쉽다. 곧 상실감과 연결되는 것이다. 최선을 다했지만 단절을 선택한 자신의 문제를 되짚어 보면서 극심한 마음의 고통을 경험하게 된다. 그러나 자책하지 말아야 한다. 그것은 누구의 잘못도 아니고 단지 문제일 뿐이었다. 당신은 그 문제의 해답을 찾았을 뿐이다.

마음의 소리에 귀 기울이라

TV조선의 〈광화문의 아침〉이라는 프로그램에서 '엄마와 딸'이라는 특집이 방송된 적이 있었다. 이호선 교수는 엄마와 딸 사이에서도 정서적 착취관계가 발생한다고 말했다. 정서적 착취란 무엇인가? 예를 들어, 엄마가 아이에게 "엄마는 네게 절대적인 존재야. 엄마가 없으면 넌 살 수가 없어. 그러니 엄마 말을 잘 들어야 해"라고 했을 때 아이는 '엄마는 이 세상에서 절대적인 존재이고 엄마 말을 안 들으면 살아갈 가치가 없어진다'고 각인한다.

이호선 교수는 어려서 이런 정서적 착취를 당하고 자랐다면 이것이 개선되지 않는 한 성인이 된 후에도 삶에 그 영향이 계속된다고 했다. 그런 사람들은 나이가 마흔 살, 쉰 살이 되어도 여전히 노모의 말에 순종하며 그 삶을 온전히 다 희생시키는데, 만약에 이런 상황이 지속된다면 심각한 결과를 초래할 수 있다는 것이다. 정서적 착취관계는 그 지속성이 상당하다. 과거에 엄마에게 정서적 착취를 당한 경험이 있는 사람이라면 자신이 당했던 것처럼 자신의 딸에게도 똑같이 행동할 수 있다는 것이다. 이런 현상은 정신건강상 매우 위험할 수 있다. 이호선 교수는 이런 상태를 예방하기 위해서는 전문가의 투입이나 서로 간의 긴밀한 대화를 시도해야 한다고 설명했다.

이런 상황에서 엄마의 말을 듣지 않았던 딸이라면 어땠을까? 그 관계는 도저히 해결할 수 없는 심각한 상태일 수밖에 없다. 자신의 말을 듣지 않고 반대되는 성향을 가진 딸이라면 서로의 관계는 단 하루도 편안한 날이 없었을 것이다. 서로 다름의 문제를 이해하지 못하는 한 어떤 관계도 편할 수 없다. 엄마와 딸이라는 이유로 단절할 수도 없다. 불행한 나날들을 보내야 할 것이며 서로에게 주는 상처는 날이 갈수록 악화되고 심지어는 상처를 도려내는 아픔을 겪어야 할지도 모른다.

이와 같은 일들을 겪은 사람들은 평생을 자기 자신의 정체성을 모르고 살아가는 경우가 다반사다. 이들은 자신이 어떤 사람인지도 모른 채 부모에게 속한 부속품처럼 자기를 잃어버리고 살아간다. 삶의 여정에서 진정한 행복이나 기쁨 등을 경험해 볼 기회조차 없다. 어쩔 수 없는 관계에서 착취된 자신의 삶을 어쩌지 못하고 끌려다님으로써 분노라는 감정이 뿌리를 내리는 것도 느끼지 못한다. 결국 그것이 끓어올라 언제 폭발할지 모르는 상태가 될 때까지 힘겨워하며 착한 딸이 되려고 노력하는 것이다. 그 폭발의 대상은 자신에게 분노라는 감정을 제공한 인물과 같은 성별에 비슷한 나이와 외모인 사람이 될 가능성이 높으며, 제3자로서 가족이나 낯선 모든 사람이 대상이 될 수도 있다.

앞에서 말한 바와 같이 인생을 살면서 좋은 관계만을 가질 수는 없다. 그러나 내가 나로 살아가길 주장하듯이 상대가 누구든 그 사람의 존엄성을 지켜 줘야 한다. 그 사람이 부모, 배우자, 혹은 내 아이라도 말이다. 상대의 삶에 속한 모든 것 또한 존중해 줘야 하는 것이 마땅한 것이다. 내 것만 옳고 내 것만 귀하다는 절대적인 생각은 옳지 않다.

08

나만큼 좋은 벗은 없다

유대인의 명언 중에 "결점이 없는 벗을 얻으려 한다면 평생 벗을 얻지 못할 것이다"라는 글귀가 있다. 이 말은, 즉 세상에 완벽한 사람은 없다는 말이다.

사람과 사람이 만나면 서로의 감정이 따로 존재한다. 그 감정 속으로 우리는 나의 일부분을 녹여 보내고 또 받아 흡수한다. 내 삶의 빈자리를 채우고 또 떠나보낸 그 감정이 시간이 지나면 아무렇지 않은 듯 흔적조차 없는 듯 보인다. 그러나 사실은 마음속 어딘가에는 그 사람의 기억이나 흔적이 남아 있을 수밖에 없다. 아주 오래전 일이지만 한때 흡수되었던 그 사람의 일부가 내 감정 어딘가에 남아 찌꺼기들로 계속 살아 있다는 사실이 당황스러울 수도 있겠다. 그러나 사람들은 그렇게 서로에게 좋은 것이든 나쁜 것이든 영향을 주고받다가 떠나보낸다 해도 그 알갱이는 남아 있게 된다.

잊고 싶은 사람도 있을 것이고 탐탁지 않은 사람도 있을 것이다. 또는 그리운 사람도 있을 것이고 다시 한번 보고 싶은 사람도 있을 것이다. 우리는 그 많은 사람들을 내 감정 안에 머물다 가도록 허락했고 또 떠나보내기도 했지만 그중에 나와 완전하게 딱 맞는 사람을 찾기는 그리 쉽지 않을 것이다. 사람들이 게으름을 합리화하는 구실 중에 하나가 자기 자신이 아니어도 세상은 잘 돌아간다는 생각이다. 물론 그럴 수 있다. 그러나 그것은 잘못된 생각이다. 설령 그런대로 잘 돌아가는 듯이 보일지 몰라도 내가 속한 사회는 내가 움직이지 않는 한 내게 아무런 영향을 미칠 수 없다. 나와는 전혀 상관없는 사회가 된다는 말이다. 당신은 그 말을 부인하고 싶은가? 자신의 편에 서 줄 사람은 오직 당신 한 사람밖에 없다.

우리는 자신이 세운 기준을 엄격히 정해 놓고 나와 관계된 모든 사람에게 그것에 맞추라고 요구하곤 한다. 한 치라도 어긋나면 당신이 세워 놓은 잣대에 선을 긋고 날카롭게 그들을 평가한다. 그렇게 해서 좋은 사람, 나쁜 사람, 또는 착한 사람이라는 혼자만의 오칭을 정해 놓는다.

그렇다면 당신은 그들에게 적합한 사람이라고 생각하는가? 아니면 그런 것 따위는 상관없다고 생각하는가? 이 또한 얼마나 이기적인 발상인가. 다른 사람들에게 요구하는 만큼 내가 그들의 요구에 응한다면 관계가 틀어지는 일 따위는 일어나지 않을 것이다.

사회는 물론 가정 안에서도 마찬가지다. 각 구성원들이 서로의 일부로서 건강한 영향을 끼쳐야 한다. 그 속에 나의 일부를 들여보낼 때 건강하지 않은 일부를 들여보낸다면 그 사람들의 감정 역시 병들 수밖에 없다. 건강한 일부를 보내야만 더욱 건강한 감정을 지닌 건강한 관계가 형성되는 것이다. 건강한 관계란 서로의 존엄성을 지켜 가며 감정에 자유를 허락하는 것이다. 그것이 구속되고 억압된다면 결코 건강한 관계로 살아갈 수 없다. 자신의 입장에서가 아닌 상대의 입장에서 말해 보라. 내가 아닌 상대가 원하는 방향을 지지하고 격려해 주는 태도 또한 필요하다.

서로의 입장을 헤아리고 존중하며 관심과 사랑을 나눌 때 비로소 건강하고 아름다운 사회와 가정을 이룰 수 있다. 제자리에 머물지 말고 한 발 앞서 나아가는 삶을 지향해야 서로의 발전을 도모할 수 있다. 이런 긍정적인 현상은 서로의 감정에 좋은 에너지를 더해 주고 감정 일부분의 흡수가 더욱 강력해져 없어서는 안 될 소중한 부분으로 남게 된다. 여기서 말하는 것은 어느 한 사람의 몫이 아닌 구성원 전체의 개인적인 몫이다. 어느 누구라 할 것 없이 서로가 서로에게 본이 되는 상황이라면 더할 나위 없이 좋은 현상이 될 것이다. 나부터 먼저 시작해 보자. 내가 속한 사회, 내가 속한 가정, 내가 속한 조직에서 내가 먼저 본이 되는 삶을 살아 보는 것이다. 내 존엄성을 지켜 가며, 내 길을 스스로 개척하고, 내게 주어진 삶의 부분마다 최선을 다하는 삶. 그 삶의 지휘자로서 모범을 보이는 것 중 가장 중요한 것은 스스로를 신뢰하는 힘일 것이다.

탈무드에 이런 말이 있다.

"비난의 소리에 미소로 답할 수 있는 사람은 리더가 될 자격이 있다."

가끔은 자신을 극진히 대접하라

사람은 일하기 위해 존재하는 건가 싶은 생각이 가끔 든다. 일주일 내내 아침부터 밤늦게까지 일만 하며 휴식이라곤 늦은 시간 잠자리에 들 때가 전부인 경우가 많다. 일은 당연히 중요하다. 생존이 목적이기도 하며, 자아개발을 위해서도 없어서는 안 될 큰 문제다. 그러나 일에 짓눌려 살아가는 삶은 그다지 행복해 보이지 않는다. 아무리 즐거운 마음으로 일을 한다 할지라도 적당한 휴식은 인간다움의 기본이 아닐까 하는 생각이다. 우리 삶에는 일 이외에도 누릴 수 있는 것들이 수두룩하다. 일만 하다가 좋은 세월 다 보내고 최후의 순간에 남은 것이라곤 앙상한 뼈대 몇 조각에 불과하다. 기왕이면 주어진 삶의 모든 즐거움을 골고루 누려 보는 것도 도전해 볼 만한 일이 아니겠는가? 탈무드에서도 "휴일은 인간에게 주어진 것이지, 인간이 휴일에 주어진 것이 아니다"라고 말하고 있다.

요즘은 직업을 하나도 모자라 두 개, 세 개씩 가지고 있는 사람들이 많다. 물론 원하는 삶을 이루기 위한 과정이고 지치지 않는 열정을 쏟아내기 위한 일일 것이다. 그렇지만 그것으로 인해 가정이 우울하거나 퇴색되어서는 안 될 것이다. 갈수록 늘어나는 일의 무게가 이제는 쉼을 위협한다. 적당한 쉼을 우리는 빼앗기지 말아야 하겠다. 태초에 가정이 세워진 것이 서로 사랑하고 돌보며 아름다운 세상을 누리는 것으로 시작되었는데 이제는 그런 삶은 어디에도 없는 듯하다. 하물며 어린아이들에게도 쉼은 허락되지 않고 있다. 어찌 보면 요즘 사람들은 어려서부터 시간을 쪼개는 방법부터 배우는 듯하다. 참으로 안타까운 일이 아닐 수 없다.

적당한 휴식은 꼭 필요한 것 중에서도 가장 중요한 것이다. 내 소중한 몸을 지키고 모든 세포 마디, 기관들에 동시에 쉼을 허락하는 것이다. 내게 힘을 주고 기를 주며 살아가는 데 필요한 원동력을 제공하는 소중한 것들을 혹사시켜서는 안 될 것이다. 내가 쉬어야 비로소 내 몸의 모든 기관도 휴식을 취할 수가 있다. 일주일에 하루가 되었든 열흘에 하루가 되었든 하루를 정해 놓은 후 그날은 아무것도 하지 말고 오로지 쉬는 법을 훈련해 보자. 쉬는 것에 익숙하지 않은 사람은 쉬는 법도 모른다. 그러므로 훈련이 되어야 쉬는 것도 가능해진다.

누구를 위한 성공인가

인간은 자기를 사랑하는 법은 모르면서 자기애는 강하다. 자기애를 충족시키기 위해 너무나 많은 사람들을 희생시킨다. 배우자에게 가정에 충실할 것을 강요하고, 개인적인 생활을 허용하지 않으려 한다. 자녀들의 성적을 높이기 위해 비싼 금액의 과외를 시키거나 학원을 보내고, 좋은 대학에 들어가서 사회적으로 성공한 삶을 살아야 한다고 강조한다. 아이들의 특성이나 기질을 전혀 고려하지 않고 말이다. 내가 원하는 학교, 내가 원하는 직업, 내가 원하는 성공, 이 모든 것이 정말 자녀를 위한 일이라고 생각한다면 다시 한번 가슴에 손을 얹고 마음을 들여다보기 바란다.

이 모든 것이 누구를 위한 일인지 가만히 생각해 볼 필요가 있을 것이다. 결국은 나를 위해 그들을 혹사시키는 것은 아닐까? 남편이 집에 일찍 들어오기를 바라는 마음도, 개인적인 생활을 무시하고 집에서 나와 함께 저녁 시간을 보내야만 내가 만족스럽기 때문은 아닌가? 자녀들의 성공이 내 꿈을 대신하고, 내 위상을 높여 주며, 부모로서 성공한 듯한 대리 만족을 느끼는 것은 아닌가 말이다. 그리고 결국은 자식이 이뤄 낸 훌륭한 결과가 마치 내 덕이라는 자부심 가득한 모습은 누구를 위해 존재하는가 하는 것도 생각해 볼 문제다. 해가 거듭될수록 청소년의 자살률은 줄고 있지만 성적 비관으로 자살하는 청소년들은 늘어나는 추세라고 한다. 성적을 비관하는 것은 정말 문제가 아닐 수 없다. 아이들의 가슴을 고통으로 후벼 파는 일들은 하루 빨리 사라져야 할 것이다.

자기애는 누구에게나 있다. 그러나 충족된 자기애를 누군가에게 보여 줘야만 한다면 그것은 진정한 자기애가 아니다. 하나의 수단이자 방법일 뿐이다. 결국 다른 사람들을 위해 자기의 소중한 모든 것을 다 이용하는 것밖에 되지 않는다. 적당한 자기애는 중요하다. 그러나 그것은 순전히 자기를 위한 것이어야 한다. 어린아이들을 보면 자기중심적이기는 하지만 자기의 충족된 모든 것을 남에게 보이려고 하는 마음은 없다. 순전히 자기만족인 것이다. 자기애를 칭찬이나 인정받기 위한 도구나 수단으로 변질시키지 말아야 하는 것이다.

진정한 자기애는 타인을 사랑함으로써 얻는 기쁨으로 인해 내가 행복해지는 것을 말한다. 사랑하는 다른 이들의 존재만으로도 기뻐함으로써 내가 행복한 것 말이다. 곧 그들의 기쁨과 행복을 바라보는 내 마음이 더욱 기쁘고 행복해지는 것이다. 그러기 위해서는 그들이 원하는 삶을 살아갈 수 있도록 지지하고 격려해 주어야 한다. 그것이 곧 나를 사랑하고, 다른 사람을 사랑하는 방법이다.

사랑이 밥 먹여 주냐고 말하는 사람들이 있다. 돈이 있어야 행복하고 성공을 해야만 행복하다고 정의하는 사람들이 있다. 유대인들 사이에 전해 내려오는《미드라쉬》에는 "알이 많이 달린 포도송이는 처진다. 빈약한 포도송이는 높은 데 매달려 있다. 훌륭한 사람일수록 낮은 데로 내려온다"라고 쓰여 있다. 탈무드에서는 "물은 높은 곳에서 낮은 곳으로 흐른다. 고여 있는 물은 썩지만, 높은 곳에서 낮은 곳으로 흐르는 물은 항상 맑고 아름답다"라고 가르치고 있다.

성공을 하든 못하든 자기 자리에서 최선을 다하는 삶이야말로 진정으로 아름다운 모습일 것이다. 성공을 한들 그 삶이 고통이라면 무슨 소용이 있겠는가. 그저 고개를 빳빳이 들고 아주 높은 곳에 남보란 듯이 걸려 있는 열매에는 아무도 가까이 다가가지 않는다. 오히려 배고픈 새들의 먹이가 될 뿐이다. 어떤 사람이든 나보다 훨씬 나은 점들을 가지고 있다. 내게 없는 인내심과 성실함, 유머와 재치 등 무한한 재주들을 저마다 가지고 있다. 내가 가진 것이 최고라는 착각은 버려야 한다. 사람들은 자기 분야에서 최고인 것을 세상 모든 사람 중에 최고인 듯 착각하고 살아간다. 의사는 각종 질병에 대해서만 박사다. 그 외의 분야에는 문외한인 것이다. 번데기 앞에서 주름 잡지 말라는 말도 있다. 의상 디자이너가 헤어 디자이너 앞에서 머리 운운

하는 것은 영역을 침범하는 것이다. 당신이 아무리 감각 있고 센스가 있다 하더라도 전문가를 따라가지 못함을 인정해야 한다.

자기 분야가 아닌 일에 얄팍한 지식과 상식만을 앞세워 나서는 것은 참으로 어리석은 짓이다. 겸손히 필요한 것들을 전문가에게 구하고 그들의 지시에 따를 줄 아는 것이 참된 지식인의 기본이다. 진정한 겸손은 아는 것을 숨기는 것이 아니라 모르는 것을 인정하는 것이다. 인간은 자신이 누군가에게 도움이 되고 있다는 사실에서 강한 호의를 지니게 된다. 당신이 아무리 잘나가는 변호사일지라도 스마트폰 사용법에 대해서는 아이들을 따라가지 못한다. 아이들에게 배워야 한다. 아이들은 자신이 변호사인 당신을 돕는다는 것만으로도 자신의 존재가치를 충분히 느끼게 된다. 그렇게 어느 누구든 나의 스승이 될 수 있다는 것을 인정해야 하며 그들에게 배워야 할 것들이 너무나 많음을 깨달아야 한다.

09

스트레스, 알고 보면 허상이다

살다 보면 때때로 내게는 아무 가치도 없는 일을 두고 상대의 감정적인 반응에 화가 날 때가 있다. 상대의 감정이 잔잔한 마음에 평화를 깨버리고 돌을 던지는 상황에서 눈살을 찌푸리는 것은 당연할 것이다. 하지만 앞뒤 정황도 모른 채 격하게 화를 내거나 하면 오히려 더 큰 충돌 상황으로 몰고 갈 수가 있다. 어느 날 갑자기 누군가가 아무런 영문도 모르는 내게 감정적인 위협을 가한다면 얼마나 당황스러울까? 소심한 사람들은 갑작스러운 상황에 어쩔 줄 몰라 하고, 자기가 무슨 큰 잘못이라도 한 줄 알고 위축되어 마치 죄인이라도 된 것 같은 마음이 생길 것이다. 그 위협에 즉각적으로 대응한다면 감정의 기복이 더욱 커지고 상태만 악화될 뿐이다.

내게 유익하지 않은 모든 잡음을 차단하라

내가 전혀 느끼지 못했거나 아무 가치도 두지 않았던 일이라면 굳이 그 상황에 집중할 필요가 없다. 인간의 뇌에는 전두엽과 편도체가 있다. 전두엽은 이성적 판단과 조절을 담당하는 기관이고 편도체는 감정을 담당하는 기관이다. 사람은 어떤 상황에서 갑자기 감정이 발동해 대립하게 되면 극도로 흥분하는 양상을 보인다. 이런 현상이 바로 편도체의 과잉 활성화로 균형이 깨져 의식을 점령하게 되는 것이다. 이 같은 상황을 예방하기 위해 우리는 그 상황을 뛰어넘는 훈련이 되어야 한다. 간단히, 그 상황을 만들어 놓은 일들을 무시하는 것이다. 다른 사람에게 중요한 일일지는 몰라도 나와는 아무 상관없고 내게 그리 큰 문제가 아닌 일이라면 무시하라. 그렇게 하면 편도체의 과잉 활성화를 이성과 판단을 관장하는 전두엽에게 나눠 주게 되면서 다시 마음의 평정이 찾아오게 된다.

일부 임상학자들이 스트레스나 감정의 기복이 심한 사람들을 대상으로 그들의 체액을 조사했는데, 실제로 신경전달물질인 노르에피네프린 수치가 일반인에 비해 훨씬 높게 나타난다는 점을 발견했다. 민감한 사람들은 신경이 날카롭고 부정적인 생각이 지나치게 심해지면 자기방어적인 현상이 나타나게 된다. 이런 감정이 다른 사람들에게로 그 원인을 돌림으로써 상대의 감정을 위협하기까지 하는 것이다.

우리 몸은 내 눈길이 미처 닿지 않는 곳이라도, 내 손길이 한 번도 미치지 않는 곳이라도, 그 어디라도 내 마음과 감정과 느낌에 아주 예민하게 반응한다는 사실을 모두 알고 있을 것이다. 특히 내 생각과 감정에 즉각적으로 반응하는 뇌는 더욱 그렇다. 그런 내 소중한 몸의 건강을 위해 항상 마음의 평정심을 유지해야 할 필요가 있다. 냉정하고 인정머리 없는 사람이라는 평가를 내리는 것은 그 사람들의 불편한 마음에서 나오는 말이다. 그런 것에 신경 쓸 필요는 없다. 그런 잡음들을 차단하고 온전히 내가 원하는 쪽으로 집중해야 한다. 주의를 조절하는 습관도 능력이다. 그런 상황들에 신경을 집중하지 말고 차단함으로써 반복적으로 훈련이 되어야 한다. 그러다 보면 감정을 조절하는 능력은 향상될 수 있고 내 마음의 수많은 잡음 또한 물리칠 수 있게 된다.

그러나 자기 자신의 감정을 마음대로 통제하고 조절한다는 것이 어찌 그리 쉬운 일이겠는가. 먼저 내가 나로부터 자유로워지고 타인의 일들을 심각하게 바라보지 않아야 한다. 만일 모든 상황을 나와 연결시키고 편도체의 과잉 활성을 그냥 두고만 본다면, 그 감정들이 쌓이고 쌓여 결국에는 스트레스의 결정체인 '화병'을 만들어 내기도 한다.

예전에는 이 화병이 중년 여성들의 전유물쯤으로 여겨졌다. 그러나 현대에는 나이를 불문하고 누구에게나 발생할 수 있는 정신적인 문제가 되었다. 최근 5년 사이에 전체의 53%나 증가했다고 밝혀진 것을 보면 청소년기의 학업에 의한 스트레스, 청년들의 미래에 대한 불안감 역시 더욱 커졌음이 증명된 것 같다. 화병의 증상은 다양하다. 우울증을 기본으로 호흡곤란, 통증으로 인한 신체적 발현, 명치의 이물감과 불쾌감 등 신체적인 문제를 비롯해 신경 전체에 악영향을 미치는 암적인 존재다. 그것들로부터 나를 보호하는 방법은 바로 내게 유익하지 않은 잡음들을 퇴치하는 것이다.

세상의 잡음 퇴치법

잡음 퇴치법 중 전문가들이 가장 많이 추천하는 것이 명상이다. 그러나 명상 또한 모든 사람에게 효과가 있는 것은 아니다. 스트레스의 강도와 건강 상태 등에 따라 집중력의 차이 또한 크고 선호하는 바가 모두 다르다. 명상이 완화 효과는 있지만 모든 사람에게 적용되는 바는 아니라고 전문가들은 말했다.

임상심리학자 '미치 애블릿'에 따르면 만성 불안증이 있는 사람은 스트레스를 기반으로 한 생각들이 머리에 가득 차 있어 집중을 요하는 명상을 실천하기 힘들다고 한다. 미국의 언론 매체 〈허프포스트〉에서 제시한 머리를 식히는 데 도움이 되는 몇 가지 실용적인 방법을 보면 다음과 같다.

· **예술 공예** 몸의 움직임을 최소화하는 명상도 스트레스를 완화하는 효과가 있지만, 손을 끊임없이 움직이는 공예 역시 완화 효과가 있다. 자신의 에너지를 생산적인 활동에 쏟아붓고, 아름다운 결과물을 창출해 내는 과정에서 스트레스가 해소된다. 창조적인 활동에 집중하면 불안감 역시 줄어든다.

· **요가 동작** 요가는 '활동적인 명상'이다. 몸을 격렬하게 쓰는 운동들과 비교하

면 상대적으로 정적이지만 가만히 앉아 있는 명상보다는 적극적인 움직임이 필요하다. 요가를 할 때 의식적으로 호흡과 몸동작에 집중하면 걱정거리로부터 멀어질 수 있다. 집중력과 기억력 강화, 뇌의 기능을 개선하는 효과도 있다.

- **산책** 산책은 매우 간단하고 단순한 방법 같지만 실내가 아닌 '바깥'을 걷는다는 점에 중요한 의미가 있다. 특히 우거진 녹지가 조성된 환경이라면 더욱 좋다. 걸을 때는 호흡, 지형지물, 걸음걸이 등을 의식하며 걸어야 복잡한 생각으로부터 좀 더 자유로워진다.
- **콧노래와 휘파람** 노래를 못해도 상관없다. 자신의 기분을 좋게 만드는 노래 혹은 멜로디를 흥얼거리거나 휘파람을 부는 것만으로도 기분이 한결 가벼워진다. 과호흡이 있는 사람은 호흡을 안정시키는 효과도 볼 수 있다.
- **일기 쓰기** 불안감 때문에 잠을 제대로 못 자는 사람에게 특히 효과가 있는 방법이다. 잠자리에 누우면 온갖 잡생각과 걱정거리가 떠오르는 사람들이 있다. 이런 사람들은 불면증과 같은 수면장애에 시달린다. 이럴 때는 자신의 마음을 불안하게 만드는 요인들을 일기로 쭉 풀어내는 것만으로도 마음의 짐을 덜어내는 효과가 나타난다.
- **요리하기** 요리는 그림 그리기나 공작처럼 다양한 색채와 질감을 즐길 수 있는 활동이다. 더불어 맛과 냄새까지 다채로워 머릿속의 복잡했던 생각들을 공중으로 분해시키는 데 도움이 된다. 다양한 감각기관이 자극을 받기 때문에 걱정거리에 집중되어 있던 관심을 다른 곳으로 돌리는 효과가 일어난다.

이외에도 《생활 속의 명상》이라는 책에서 여러 가지 명상법을 소개했는데, 그 가운데 '고 박완서 씨의 명상법 중 말 명상법인 결심언'을 다음과 같이 설명하고 있다. '결심언'이란 자기가 어떻게 되고 싶은가를 다짐하는 말이다. 스트레스를 거부하고 온전히 내게 집중하기 위해 이런 말 명상으로 결심언을 적용해 보는 것도 좋을 것이다. 예를 들어 이렇게 한번 해보라.

'나는 소중한 사람이다. 나는 좋은 것만 나에게 줄 것이다. 나는 내가 원하지 않는 것은 거부할 권리가 있다. 나의 행복을 위해 오로지 나의 기쁨에 집중한다. 내가 소중하듯이 다른 사람도 소중함을 인정한다. 내가 행복할 권리가 있듯이 다른 모든 사람도 행복할 권리가 있다.'

이런 말들을 내면 깊숙이 투입시켜 온몸이 기억하도록 한다면 내 삶은 더욱 풍요롭고 행복해지기 위해 내 스스로 감동이 되는 상황을 경험하게 될 것이다.

나는 무심코 던졌을 뿐인데

사람은 자신의 감정을 누군가 공감해 줄 때 비로소 편안해진다. 물론 서로 다른 생각이나 다른 시각을 가지고 있을지라도 공감을 해줄 때만큼은 진심이어야 한다. 그 힘은 놀랍게도 부정적인 정서를 긍정적인 정서로 이동시키는 능력이 있다. 나를 존중하듯이 타인을 존중한다면 내 감정만큼 소중한 것이 그들의 감정임을 인정하는 것이다. 그러나 타인의 감정에 말려드는 빈틈을 둬서는 안 되며, 나를 위협하는 상황이라면 더더욱 외면해야 할 것이다. 스트레스는 내가 원하지 않으면 거부할 수 있다. 나와 상관없는 일들을 나와 결부하지 말아야 한다.

반대로 다른 사람도 똑같은 존재이므로 존중해야 한다. 내 감정 상태에 따라 다른 사람의 마음을 위협하는 것은 비겁한 행위다. 내가 나와 상관없는 다른 사람의 감정을 무시하듯이 다른 사람도 그들과 상관없는 내 감정을 무시할 수 있다는 것을 명심하자. 부정적 감정에 대해 살짝 피하는 요령을 익혀야 한다. 상황을 조금 떨어져서 바라보는 것이다. 그 거리를 통해 상대의 감정을 들여다보고 그 감정을 들여다보는 나 자신을 이해할 수 있다.

똑같은 상황에서도 그 상황에 처하는 사람들마다 반응이 제각기 다양하게 나타날 수 있다. 누군가에게는 하찮은 일로 감정을 어지럽힐 가치가 없다고 여기는 사람이 있는가 하면, 누군가에게는 절망적이고 후회스러운 일로서 자신을 괴롭히는 사람이 있다. 주로 스트레스를 다스릴 줄 아는 능력이 있는 사람들이 전자에 속한다. 서로 다른 생각의 차이로서 이런 것들로 인해 아무 생각 없이 무심코 툭 던진 말들이, 누군가에게는 씻을 수 없는 깊은 상처가 되어 그 사람의 내부 깊숙이 염증을 일으키게 되는 것이다. 결국 받는 사람만 손해다.

스트레스는 사양해야 한다. 어느 누가 내게 스트레스를 주는가? 사실 스트레스는 내가 선택하는 것일 뿐이다. 그로 인해 내게 해를 입히는 것은 좋은 일이 아니다. 당신은 스스로에게 좋은 것만을 선물하고 싶지 않은가? 좋은 기분으로 행복한 웃음을 지을 수 있도록 내가 원하는 것들을 선물하자. 내 감정에 위협이 되거나 해로운 것들은 무시해 버려야 한다.

'나는 되고 다른 사람은 안 된다'는 것은 말도 안 되는 발상이다. 대부분의 사람들이 어떤 특정 부분에서 자신은 합리화하고 다른 사람은 절대 용서하지 못하는 경우가 있다. 자신을 합리화하듯이 다른 사람의 감정도 존중할 줄 알아야만 정당한 합리화가 이루어지는 것이다.

10

의도된 삶이 사람 잡는다

어디에서든 누구와 있든 나의 가치를 다른 사람들이 알아주길 바라는 마음은 누구나 같을 것이다. 그 마음에는 꼬리표가 붙지 않는다. 대기업의 총수가 되었든, 조그마한 상점의 판매원이 되었든 사람들은 자신의 존재를 누군가 알아봐 주고 인정해 주는 것을 통해 존재가치를 느끼고 활력을 얻게 된다.

청소년기를 경험하면 성인에 이르고, 중년을 거쳐 노년까지 가는 과정 속에서 우리는 수많은 만남을 이어 간다. 다양한 만남 중에 특히 연인과의 만남은 모든 사람이 관심을 가지고 주목할 만한 일이다. 마치 연인이 어떤 사람이냐에 따라 한 사람의 가치가 올랐다 내렸다 하는 듯하니 이를 어떻게 해석해야 할지 모르겠다. 여기서 다루고자 하는 내용은 개인의 가치다. 한 사람의 가치, 그것은 개인의 존엄성을 말한다. 그 가치를 인정받고 싶은 마음은 누구에게나 있으며 그것에 작은 상처만 생겨도 우리는 못 견디게 아파한다. 누구나 지키고 싶은 마음이며, 존재의 이유이기도 하기 때문이다.

성인이 되어 결혼을 하고 자녀를 낳고 살아가다 보면 나는 참 괜찮은 사람이라는 자기신념에 의심을 품게 된다. 내가 아직도 괜찮은 사람일까? 내가 아직도 사랑받을 가치가 있는 사람일까? 이것은 남녀 모두 해당된다는 것을 반드시 이해하기 바란다. 바람을 피우는 사람들이 얼마나 될지 생각해 본 적이 있는가? 지나가는 일회성 바람을 말하는 것이 아니다. 지속적인 관계를 유지하는 바람 아닌 바람을 말하는 것이다. 여러분이 생각하는 것 이상의 훨씬 많은 남녀가 이런 관계를 맺고 있다는 사실을 알고 있는가?

그렇다고 바람을 피우는 상대가 뛰어나게 아름답거나 매력적인 것도 아니다. 키가 크거나 매너가 좋은 것만도 아니다. 당신이 그들보다 못하거나 부족한 것은 전혀 없다. 이유는 간단하다. 그들은 진심이든 아니든 서로의 말에 공감해 주고 호감을 보여 주었으며, 특별하고 괜찮은 사람으로 인정해 주고 있기 때문이다. 거기에서 얻는 자기의 가치에 대한 신념과 활력은 다시 삶의 원동력이 되어 젊음을 되찾은 듯한 자신감을 회복시켜 주기도 한다.

다시 말하지만 이것은 남녀 모두에게 해당된다. 여성들은 자신을 외면하고 소홀한 남편의 빈자리를 자신의 탓으로 돌린다. 더 이상 아름답지 않은 듯한 자신의 모습을 탓하고, 이를 되찾기 위해 필사적으로 노력한다. 그런 와중에 만난 사람, 비어 있던 가슴 한편에 들어온 다른 사람에게 여인으로서 인정받고 사랑받는 경험은 거부하기 힘든 유혹이다. 자신이 아직도 아름다운 존재임을 확신하고 더욱더 자신을 가꾸는 일에 관심을 갖게 되므로 젊을 적 자신의 모습을 되찾은 듯한 행복을 맛보기 때문이다. 이것은 말한 그대로 개인적 이유라 할 수 있다. 중년으로 접어들면서 경제적으로도 숨통이 조금씩 트이는 사람들이 있다. 이런 사람들은 그 시기에 즈음해 심리적 느슨함이 생길 수 있다. 작은 꽃송이 하나에도 감탄하는 사람, 배우자의 차가운 시선과 비교되는 따뜻한 미소를 보이는 사람, 그 사람을 통해 자신이 사랑받을 자격이 있음을 느끼게 된다.

또 하나의 이유는 의학의 발달로 건강관리가 잘되고 있어 그만큼 신체적으로도 자신감이 생긴 것이다. 배우자의 감정은 이미 퇴색되어 버렸기에 그것을 이유로 외도를 합리화한다.

그렇게 우리는 다른 사람들을 통해 내 존재가 특별해지기를 기대하고 있다. 왜 우리는 나의 가치를 외부에서만 찾으려고 하는 것일까? 내가 나의 가치를 높게 평가하지 않는다면 그것은 자신을 믿지 못하는 것과 상통한다. 내가 나의 가치를 평가 절하하면서 다른 사람에게 나의 가치를 인정해 달라는 것은 사기가 아닌가? 스스로 자신이 가치 있는 존재임을 증명하는 것은 오로지 자기 자신에게 달려 있다. 하나님은 모든 사람에게 생명을 주심과 동시에 가치를 함께 주셨다. 그것을 누구의 평가에 의존하려 하는가? 누구에게도 기대하지 말라. 나를 가장 잘 아는 사람은 나뿐이며 내게 가장 높은 점수를 줄 사람도 나뿐이다.

미국의 영성가 '마리안 윌리엄스'는 말했다.

"사랑은 본질적이면서 실존적 존재다. 우리의 궁극적 실체이자 우리가 세상에 존재하는 이유다."

다음은 '게리 주커브'의 《영혼의 의자》에 나오는 한 구절이다.

"모든 행위와 생각, 감정은 의도에 의해 생겨난다. 그리고 그 의도는 원인이 되어 결과와 함께 하나로 존재하게 된다. 우리가 원인을 일으키는 데 관여하는 한 그 결과의 영향으로부터 벗어날 수 없다. 이렇듯 매우 깊고 오묘한 원리로 우리는 자신의 모든 행위와 생각, 감정에 책임을 지게 된다. 바꿔 말하면, 우리는 자신이 품은 의도에 대해 책임을 다하게 되는 것이다. 그러므로 우리의 경험을 특징짓는 많은 의도에 대해 인지하고, 어떤 의도가 어떤 결과를 낳는지에 대해 정리하고 분류한 다음, 우리가 이루고자 소망하는 결과에 맞춰 의도를 선택하는 것이 현명하다."

선한 의도에 집중하라

의도라는 것은 알고 보면 무서운 투지 같은 것이다. 어떤 일을 하는지는 중요하지 않다. 그 일을 하게 만드는 것은 의도이기 때문이다. 즉, 의도는 생각과 행동마저도 조종하는 강력한 힘인 것이다.

당신이 현재 처해 있는 모든 상황은 당신이 선택한 것이므로 당신에게 책임이 있다는 말에 동의하는가? 처음 의도와는 다르게 결과는 각양각색으로 나타날 수 있다. 그러나 우리는 선한 의도를 고집해야만 한다. 의도는 굳으면 굳을수록 고착화되는 성질이 있다. 우리가 익숙한 것에서 안정을 찾는 이유도 익숙한 그것이 고착화되었기 때문이다. 그러므로 우리는 선한 것에서 의도를 찾아야 하며, 긍정적인 모든 감정에 의도를 두어야 한다. 선한 의도를 가지고 시작한 일이 잘못된 결과를 낳았을 때를 가정해 보자. 사실은 당신도 인정하고 싶지 않은 부정적인 상황과 잘못될지도 모른다는 생각이 강하게 작용했을 가능성이 높다. 어떤 남자가 아름다운 여인과의 로맨스를 꿈꾼다. 꿈에 그리던 여인과 흡사한 사람을 보면 그녀가 싱글이든, 이혼녀든 상관없이 호감을 갖게 된다. 우연을 가장한 필연처럼 합리화하며 그녀와의 거리를 점점 좁혀 가게 된다. 사실은 로맨스를 꿈꾸던 사람이 의도적으로 우연을 만들어 내는 것이다.

앞서 말한 남녀의 불륜도 사실은 잘못된 의도에서 비롯되는 것이다. 앞에 열거한 바람을 피우는 원인들은 사실은 핑계에 불과하다. 그들은 자신의 욕망을 채우기 위해 구실을 찾은 것뿐이다. 그 구실이 사실처럼 되어 모두를 속이고 로맨스는 자기 자신도 알아채지 못하는 의도로 고착화되어 버린다. 그래서 한 번 바람피운 사람은 두 번 세 번 연거푸 바람을 피우게 되는 것이다.

어찌 되었든 지금 당신의 삶 앞에 놓인 상황은 당신이 만들어 놓은 결과물이다. 나는 아니라고 생각할 수도 있다. 그러나 자세히 들여다보면 지금의 결과를 만들어 놓은 원인이 당신 안에 있다는 것을 알 수 있을 것이다. 인정하기 싫겠지만 말이다. 우리는 삶의 모든 것을 선택한다. 경험한 모든 것도 내 선택이었으며, 생각했던 모든 것이 언젠가 삶의 부분 부분에서 나타나게 되어 있다.

쉽게 선택하는 것도, 어렵게 결정하는 것도 모두 우리의 생각 저 밑바닥에서 올라온다. 그러므로 생각에도 자물쇠를 채워야 할 필요가 있다. 어떤 생각을 선택하느냐가 내 삶을 좌우하게 되니 좋은 생각으로 긍정적인 결과를 기대하며 선택에 신중을 기해야 할 것이다. 이왕이면 성공을 선택하자. 직업적인 한 측면만을 말하는 것이 아니다. 삶의 모든 부분에서 성공을 선택하자는 말이다. 자신이 원하는 일은 물론 살고 싶은 집, 타고 싶은 차, 갖고 싶은 반려동물 등 좋아하는 것들로 내 삶을 채워 보자. 하나님은 우리 삶에 좋은 것들을 가득 채워 주셨다. 내가 믿음으로써 의도적으로 그것들에 손을 뻗치면 무엇이든 원하는 대로 가질 수 있다.

인생의 보물은 바로 나

살다 보면 말로 다 할 수 없는 큰 실패와 좌절을 경험하는 사람들이 있다. 그럴수록 현실을 직시하고 그 감정에서 빨리 빠져나와야 한다. 이제부터라도 실패할지 모른다는 불안감을 버리고 오로지 성공에만 집중해 보자. 실패한 후의 충격을 두려워하지 말고 성공했을 때의 기쁨과 환희만 떠올리자. 의도와는 다른 상황으로 곤란한 지경에 처했더라도, 믿었던 누군가에게 크나큰 상처를 받았더라도 그 사실에 감정을 다 쏟느라 탈진되면 안 된다. 탈진된 채 아까운 시간만 허비한다면 인생의 소중한 부분들을 크게 손해 보는 사태가 벌어지고 만다.

지금 불행한 상태라면 그 상황에서 먼저 떨어져야 한다. 조금 떨어져서 바라보면, 깨진 관계의 훼손된 부분이 보일 것이고 그 원인 또한 알게 될 것이다. 흥하던 사업이 잘못되었다면 구멍 난 부분들이 보일 것이고 부실했던 원인 또한 찾게 될 것이다. 당신이 처해 있는 상황을 당신만큼 잘 아는 사람은 없다. 다른 사람들이 먼저 알았다면 틀림없이 당신에게 큰 문제가 있는 것이다. 내가 나를 모르는 것과 같은 이치다. 내가 나의 아픈 속을 느끼고 알 수 있듯이 내가 처한 상황의 문제점들을 내가 먼저 발견하고 알아차릴 수 있도록 깨어 있어야 한다. 삶에서 태만함은 보물이 잔뜩 들어 있는 창고 문을 열어 두는 것과 같다. 내 보물들을 지키기 위해 의도적으로 깨어 있어야 한다.

보물은 바로 나다. 삶은 나를 위해 존재한다. '조엘 오스틴'은《긍정의 힘》에서 이렇게 말했다.

"고개를 높이 들고 하나님이 주실 새로운 복에 시선을 고정하라. 인생 구석에 쪼그리고 앉아 치즈와 비스킷을 먹는 신세에서 어서 빨리 벗어나라."

사람들은 삶의 모든 선택에서 다른 사람들의 의견을 중시한다. 물론 완전히 배재해서는 안 되겠지만 자신의 선택에 자유를 주지 않는 것은 옳지 않다. 많은 사람들이 자신의 생각이나 의견을 무시한 채 다른 사람에게 자신을 맞추는 것을 볼 수 있다. 이제는 당신 이면에서 자신을 조종하는 존재로부터 벗어나야 한다. 스스로에게 자유를 허락하고 살고 싶은 대로 살아야 한다. 하고 싶은 일을 하고, 먹고 싶은 것을 먹고, 살고 싶은 집에서 듣고 싶은 음악을 들으며 세상의 모든 기쁨을 자신에게 주어야 한다.

비교적 행복하다고 생각하며 살아왔는데 가슴 한구석이 공허하고 텅 빈 듯한 느낌이 들 때가 있다. 온전한 충만함이 없기 때문이다. 당신은 삶에서 스스로의 가치를 얼마나 발휘하며 살아왔는지 생각해 본 적이 없을 것이다. 어쩔 수 없는 상황들에서 선택한 방법이라고 비겁하게 발뺌하거나, 아니면 그런 적 없다고 착각하고 있거나, 또는 실제로 잘 살아왔다고 생각할 것이다.

아무튼 지난 일은 지난 일일 뿐이다. 이제는 새로운 길의 출발선에 서야 한다. 내면을 바라보자. 거기서부터 새로움은 시작된다. 당신을 방해하는 많은 공허한 속삭임들을 거부하고 오로지 당신 스스로의 생각에만 집중하자. 나는 누구이며, 나는 어떤 사람이며, 내가 원하는 삶은 무엇인지, 그것을 통해 이루고픈 꿈은 무엇인지 말이다. 그 길에서 얻을 좋은 사람들과 좋은 경험들과 좋은 지혜들, 그리고 원하던 성공과 성공한 삶을 누리는 행복한 나를 떠올려 보자. 당장 눈앞에 아무것도 보이지 않는다 하더라도 의도된 결과를 위한 기회들은 반드시 찾게 되어 있다. 그것이 부디 자신의 삶을 윤택하고 행복하게 이끌어 줄 자랑스러운 의도이길 바란다.

'미셸 오바마'가 이런 말을 했다.

"강한 사람은 자신의 힘을 만끽할 목적으로 상대에게 상처 주지 않는다. 진정으로 강한 사람은 다른 이를 같이 높여 준다. 서로를 화합하게 한다."

다른 사람들을 상처 입게 하지 않으면서 내 의도대로 길을 펼쳐 나가는 사람이 되었으면 좋겠다.

11

성취 이전에 가치를 점검하라

삶이 마냥 행복할 수만 있다면 얼마나 좋을까. 그러나 삶이 그리 쉽게 거저 행복을 선사하지는 않는다는 것을 우리는 알고 있다.

행복하게 살아가느냐, 불행하게 살아가느냐 하는 문제는 인간의 삶의 가장 중요한 관건인데 그 모든 것은 내가 어떻게 살아가느냐에 따라 결과에 많은 차이가 생긴다. 삶에 대한 열망이 대단한 사람들이 있는데, 그 열망이라는 것이 단순히 살아가는 데에만 있지는 않다. 그들은 자신의 존재가치를 인식하고 이 땅 위에서 그 가치를 발휘하며 살아가고 싶어 한다. 열망은 사람에 따라 다소 차이가 있는데, 크게 외적으로 타오르는 열망과 내적으로 다져지는 열망으로 나눌 수 있다. 외적 열망이 높은 사람들은 어릴 적부터 엄한 부모 밑에서 자랐거나 지속적으로 자신의 요구가 박탈당하는 경험을 하며 자라난 사람들인 경우다. 이들은 내면적 욕구가 충족되지 않은 채 형성된 성격으로 인해 타인의 기호에 가치를 매기는 것에 모든 비중을 두는 경우가 많다. 무엇보다 자존감이 낮아 자신을 신뢰하는 마음이 부족해 타인의 가치 기준에 자신을 맞추려는 경향이 많이 보인다. 그와 반대로 내적 열망이 높은 사람들은 자율성이 이미 보장된 삶을 살아가는 이들이 많다. 이런 사람들은 어릴 적부터 부모가 대체로 관대하고 자율성을 존중하는 환경 속에서 살아왔기 때문에 정신적으로도 행복을 느끼며 살아가는 경우가 많다.

이처럼 형성되어 버린 성격이 성인이 된 후에도 지속적인 영향을 미치는데, 어떤 열망을 추구하며 사느냐에 따라 행복의 가치가 달라질 수 있다. 그리고 어느 한쪽에 치중하는 것은 건강하지 못하며, 외적 열망과 내적 열망이 모두 골고루 균형을 유지하는 것이 무엇보다 중요하다. 열망은 동기가 되어 삶의 가치를 크게 좌우한다. 사람들은 자기가 갖고 있는 능력과 재량을 발휘해 큰 성과를 올리고 그 성취한 자신의 모습에 스스로 반하게 된다. 그런 과정을 통해 자기 존재감을 느끼고 행복하기를 바라며, 스스로 만족감과 뿌듯함을 느끼고 싶어 한다.

동기심리학자들은 많은 연구를 통해 인간에게 자기 능력을 확장하려는 욕구, 자율성 욕구, 관계의 욕구라는 기본적 욕구가 존재한다고 밝힌 바 있다. 인간은 자기 능력을 확장·개발하고 사용함으로써 존재감을 느끼고 성취욕구를 실현해 자신이 원하는 삶을 살아가고 싶어 한다. 이는 사회생활을 하는 데 아주 기본적인 욕구이기도 하다.

자율성의 욕구는 자기 생각과 판단을 다른 이들의 기본에 두지 않고 자기 나름대로의 신의를 가지며 뜻을 굽히지 않고 나아가는 것을 말한다. 최근 젊은 사람들을 만나 보면 결혼 문제를 두고도 '이 사람과 결혼을 해도 될지'를 묻곤 한다. 인생에서 가장 중요한 선택마저도 혼자 결정하는 데 많은 어려움이 있다는 것을 알 수 있다. 상대가 누구든 상관없이 그런 일들을 선택하는 데 그만큼 자기결정능력이 저하되고 있는 것이다. 그러나 사람들은 누구나 자기 의지대로 살고 싶어 하며, 스스로 결정하고 판단하며 살아가는 것을 소망하고 있다.

관계의 욕구는 이 세상을 살아가는 우리에게는 없어서는 안 되는 필요 불가결한 것이다. 누구나 그렇듯 이 세상에서 혼자 살아가는 사람은 없으며 살 수 있는 사람도 없다. 필요에 의해, 또는 필요한 사람이 되기 위해 살아간다고 해도 과언이 아니다. 자연스러운 현상이기는 하나 밑바탕에는 이미 기본적인 욕구를 가지고 있는 것이다.

이런 기본적인 바탕에 깔려 있는 것들을 '내재적 욕구' 또는 내재적 열망이라고 하는데, 이런 것들을 채우지 못함으로써 조화되지 못하는 현상을 동반하게 된다. 외재적 욕구와 내재적 욕구가 균형감을 이루는 건강한 삶을 살아가는 사람들은 대체로 만족한다. 열정적이며 긍정적이고 주관적인 자아상을 가지고 있으며, 자신의 삶이 그렇듯 다른 사람과의 관계에서도 활력 있고 열정적으로 나아갈 수 있도록 동기를 부여한다.

삶과 타협하지 말라

우리는 모든 건강한 행위를 통해 자신에 대한 가치를 확립해 나가게 된다. '클로드 스틸'에 의해 제시된 자기가치 확인 이론에 따르면, 사람들은 삶의 모든 영역에 대해 자신을 호의적으로 보려고 하는 것은 아니며, 다만 자신에 대해 전체적으로 긍정적인 지각을 가지려고 노력한다고 한다. 이런 사실을 볼 때 사람들은 자신이 갖춘 능력뿐 아니라 전체적인 면에서, 즉 참다운 인간적인 면에서도 인정받고 싶은 욕망이 자리하고 있다는 것을 알 수 있다.

그렇다면 자신의 외적 욕구와 내적 욕구로 나타나는 열망이 얼마나 상호작용을 하는지 점검해 보는 것도 바람직한 일이라 하겠다. 자신의 강점과 장점을 모두 살려 활기찬 외적 삶을 운영해 나가면서 내적 삶의 형태가 얼마나 조화롭게 연결되어 있는지를 들여다보자. 분명 살아가는 데 큰 힘이 될 것이다. 그리고 자기만족의 정도에 따라 삶의 질은 확연하게 차이가 나면서 더욱 안정적인 삶으로 유도하게 될 것이다.

사람들은 다른 신경교감 현상에 비해 자신의 감정이나 감각을 알아차리는 데에는 약간 무딘 경향이 있다. 이런 것들이 외적 현상으로 보이는 것보다 내면에서 먼저 일어나는 현상들임에도 불구하고 본인 스스로 전혀 느끼지 못하는 경우가 많다. 어느 날 갑자기 훅 하고 눈앞으로 튀어나온 탁구공을 피하느냐 아님 반사적으로 자신도 모르게 공을 받아치느냐 하는 것은 자기도 몰랐던 자신의 기질이나 능력, 성향 등에 반응하는 것이라고 볼 수 있다. 외적인 현상으로 표현되어 나오기까지 엄청난 시간들이 소요되기도 하는데, 그것은 수년 혹은 수십 년 동안 내재되어 있던 것이다.

많은 사람들이 자신이 해낸 일에 대해 만족하고 큰 성과를 이루었음에도 무엇인가 늘 부족하다는 느낌을 받을 때가 있다. 그것은 지금 이뤄 낸 업적이 내 뜻이 아닌 다른 누군가의 조종에 의한 것으로, 자기 삶을 박탈당한 느낌이 들 때다. 아니, 어쩌면 그런 느낌조차 없을지도 모르겠다. 무엇인가 흡족하지 않고 뒤끝이 공허한 것은 가슴 깊은 곳 한쪽에 가둬 놓은 자신의 열망이 반응을 보이기 때문이라는 사실을 사람들은 잘 알지 못한다. 아무리 거대한 성과를 이루고 모두가 크게 기뻐하며 만족하는 일이라도, 진정으로 자신이 꿈꾸고 갈망하던 일과는 다르기에 자신의 내면은 기뻐하지 못하는 것이다.

그 유명한 소설 《개미》를 쓴 작가 '베르나르 베르베르'는 "실패한 인생은 자기 자신이 아닌 다른 사람들만을 만족시키다가 끝나는 삶이다"라고 말했다.

독일 나치의 아우슈비츠 수용소에서 살아남은 유대인 '빅터 플랭클'의 31종의 저서 중 가장 널리 알려진 책으로, 미국 전역의 학교에서 필독서가 된 《죽음의 수용소》는 살아가면서 '반복적인 힘겨운 상황 속에서도 자신이 어떤 사람이 되느냐 하는 것은, 즉 고결한 사람이 되느냐, 인간의 존엄성을 잃고 짐승같이 되느냐 하는 것은 그 개인의 선택에 달려 있다'는 사실을 강조했다. 사람들은 모든 삶에서 타협하는 데 너무나 익숙해져 있다. 자신의 가치를 스스로 인정하지 않고 타인의 관점에서 해답을 찾고자 한다. 내적 열망 같은 건 너무나 쉽게 굴복시켜 버리고 애써 세상과 타협하는 데에서 안정감을 찾기도 한다. 플랭클은 자신의 경험을 로고테라피logotherapy라는 독특한 정신치료의 한 방법으로 발전시켰는데, 이 로고테라피 이론을 통해 다음과 같이 말하고 있다.

"내면의 본질에 삶의 가치를 두고 자신에게 한 발짝 타협할 수 있는 공간을 마련해 두어라. 그대를 절벽 끝으로 내모는 것은 상황이 아니라 바로 당신 스스로다."

인간은 어떤 환경이나 여건 속에서도 당당하게 자신의 태도를 결정할 수 있는 존재가 되어야 한다고 플랭클은 말하고 있다.

당신이 머무는 사이

누구나 성공하고 싶지 않은 사람은 없을 것이다. 당신은 충분한 소질이 있으며 능력을 가지고 있다는 것을 인식하기 바란다. 단지 그것을 스스로 발견하지 못하고 있으며 애써 발견하고 싶은 마음조차 없다. 자신이 얼마나 가치 있고 훌륭한 존재임을 전혀 모르고 있으며 이 땅 위에 태어난 이유조차 망각하고 살아간다. 그저 평범하게 잘 먹고 잘 살면 그만이지 하고 살아가는 것이 나쁘다는 것은 아니다. 그 안에서도 충분히 자신의 존재가치를 찾고 지향해 나가야 할 목표점과 함께 실행하는 삶을 살아가고 있으니 말이다. 중요한 것은 매 순간마다 결정해야 할 부분에서 지휘권을 누가 가지고 있느냐다. 하나님은 최종 결정권을 내게 주셨다. 다른 사람들을 통해서는 약간의 지식과 지혜와 정보만을 도움받을 뿐이다.

무슨 일이든 결심했다면 성공과 성취를 꿈꾸기 전에 자신이 하려고 하는 일에 의미를 부여하는 것이 중요하다. 이 일을 왜 하고 싶은지, 이 일을 통해 무엇을 얻고 싶은지, 충분한 가치가 있는지, 이 일을 선택한 동기가 무엇인지 등을 생각하라.

무엇인가 새로운 일에 도전한다는 것은 모험이다. 그 모험을 두려워하지 말아야 한다. 부정적인 결과를 생각하지 말고 긍정적인 결과만을 떠올리자. 때로는 실패할 수도 있다. 그럴 때는 실패를 통해 더 많은 것을 배울 수 있음에 감사할 줄 알아야 한다.

뇌과학에 따르면 간절한 소망을 지속적으로 뇌에 각인하면 그와 유사한 반응이 우리 삶에 나타난다고 한다. 가능한 한 긍정적인 생각, 긍정적인 언어, 긍정적인 행동을 하기 바란다. 세상의 그 누구보다도 자신을 신뢰함이 마땅하다. 자신을 신뢰하지 않는 한 그 무엇도 이룰 수 없다. 설령 이뤄 낸다 해도 그것은 내 것이 아니기 때문에 지속될 수가 없다. 당신은 뛰어난 능력을 가지고 있음을 지각해야 한다. 지금까지 발휘하지 못한 내 안에 묻어 둔 것들을 끄집어내서 갈고닦는 일에 열심을 기울이자.

성공한 사람들의 공통점은 끊임없이 자신을 개발하고 있다는 것이다. 그런 사람들을 가만히 앉아서 현재의 업무에만 치중하고 있는 사람들이 따라갈 수 있다고 보는가? 어림도 없는 소리다. 현재의 자신의 능력만을 믿어서는 안 된다. 세상은 발전하고 진화하고 있다. 그 흐름에 따라 살아가는 우리도 함께 발전하고 진화해야 한다. 예전에 석박사였으면 뭐 하는가. 자신의 자존감이 바닥인 것도 그들은 모르고 있다. 자기 분야의 학문에만 박사일 뿐 그들은 다른 분야에서는 문외한이다. 사회의 한 분야에서 성공하고 명성을 날릴지는 모르지만 그것은 지극히 작은 한 부분일 뿐이다.

지성과 인성을 키우는 일에 힘쓰라. 성공과 더불어 갖춘 인성, 그것이 진정으로 아름다운 성공일 것이다. 뻔뻔해 보일 정도의 당당함, 눈치 보지 않는 자신감, 자기만의 독창성들이 성공을 뒷받침해 주는 훌륭한 무기가 되어 줄 것이다.

사회생
득이 되는 심

01

인정보다는 처신

주관적인 자아상, 객관적인 자아상

한 중소기업의 임원으로 있는 사람이 면담을 청해 왔다. 자신이 속해 있는 부서의 직원들이 자신을 평가한 결과, 그동안 자신이 생각한 모습과 너무 다른 평판에 충격이 컸다고 한다. 그는 자신이 매우 친절한 사람이라고 스스로 생각하고 있었다. 실제로 그는 직원들이 힘들어하는 일을 옆에서 도왔고, 늦은 시간까지 업무 처리를 하는 날이면 야식을 제공하는 등 직원들을 가족처럼 챙기며 격려하기도 했다. 그러나 직원들이 바라보는 시선은 달랐다. 그는 매우 빈틈이 없고 완벽하게 일을 처리하는 사람으로 조금의 실수도 용납하지 않는 까칠한 사람이라는 것이었다.

또 다른 여성의 경우는 커리어 우먼으로서 완벽을 추구하는 성취

지향적인 성향을 가지고 있었다. 그녀는 뛰어난 처세술을 발휘하며 융통성도 있어 어디서든 잘 융화할 줄 아는 모범적인 여성이었다. 항상 당당하고 자신감 넘쳐 보이는 외모에다가 사람들에게도 친절해서 많은 이들의 선망의 대상이 되는 그런 여성이었다. 그러나 일반 사람들이 그녀를 바라보는 시선은 그리 곱지 않았다. 거만하고 도도하며 자기 자랑을 일삼는 겉과 속이 다른 사람이라는 편견을 가지고 평가했다.

그도 그럴 것이 사연의 주인공들은 자신의 주장을 서슴없이 내뱉는 당찬 사람들이었다. 그런 면에 익숙지 않은 사람들은 당연히 그들을 이해할 리 없을 것이고, 자신과는 다른 모습이 편치 않았을 것이다. 당당하게 자신의 의견을 말하고 강점을 드러내는 것이 다른 사람들에게는 자기 자랑이나 일삼는 행위로 보였을지도 모른다. 빈틈없이 완벽하게 일처리를 하는 것이 직원들에게는 부담이 되었을 것이고, 자신들을 돕는 행위 역시 불편함을 조성하는 못마땅한 일이었을 것이다.

나는 그 두 사람에게 남들의 평가에 민감하지 말라고 당부하고 싶다. 사람을 이해하고 다름을 인정하는 것도 학습 능력이다. 사람을 제대로 파악할 줄 아는 능력이 없는 그런 사람들의 눈치를 보느라 자신의 성향을 억누를 필요는 없다. 앞서 수도 없이 말해 왔듯이 사람들은 저마다의 특성을 가지고 있다. 그 다름을 인정하는 것이야말로 모든 사람이 반드시 알아야 할 과제이며 그것을 판단하거나 비판하는 일은 없어야 한다. 다른 사람들의 평가가 어떻든 너무 깊이 상처받지 않기 바란다. 그것은 그들의 문제이지 당신의 문제가 아니다.

그들의 입맛에 맞추기 위해 자신의 성향을 내려놓는 일은 없길 바란다. 당신 탓이 아니다. 그들이 옳은 것도 아니므로 예민하게 반응할 필요가 없다. 자신의 의지대로 나아가야 한다. 정답은 없다. 나답게 사는 것이 최선이다.

사공이 많으면 배가 산으로 간다는 속담이 있다. 그 말은, 즉 여러 사람의 의견이 분분하므로 결국은 배가 갈 길을 잃어 산으로 간다는 뜻이다. 모두들 자기가 아는 것이 전부라고 생각한다. 그러므로 자신의 생각이나 경험만을 믿고 나아가는 것은 지극히 위험한 일이다. 그러나 결정은 내가 한다. 배의 선장은 내가 되어야 한다. 사공들의 말을 일일이 귀담아 들을 필요 없다. 그들에게 들을 수 있는 것은 다양한 정보와 근거 자료뿐이다. 그것들을 참고로 선택해 자신의 배를 운행하는 것, 그것이 당신의 할 일이다. 한 가지 명심할 것은, 당신도 자신과 다른 그들을 이해하고 존중해야 한다는 것이다.

무늬만 간판

우리의 모든 행동과 습관, 생활 양식 등은 저절로 이루어진 것이 아니다. '프로이트'는 원인 없는 결과는 없으며 대부분의 경우 그 원인은 무의식적인 것이라고 주장했다. 우리는 무의식 속에 들어 있던 초자아가 일어나 행동을 촉발하는 원인은 알아채지 못한다. 그것은 무의식이 작용해 자신도 모르게 나타나는 현상이므로 자신이 자주적으로 행동하는 양상과 습성을 파악해 자신의 내면을 살펴보는 작업이 필요할 것이다.

자신을 바로 아는 사람이 다른 사람의 특성도 쉽게 파악할 수 있다. 서로 다른 측면에서 왈가왈부했던 어리석은 입담과는 다르게 그들을 이해하고 존중하는 방식으로 변화하는 자신을 발견할 수 있게 된다. 사람들은 개체마다 독특성을 인정받고 그것들을 주장할 수 있는 특권이 주어져 있다. 누구도 그것을 막을 수 없고 막아서도 안 된다. 그것은 그 사람의 세계이며 그 사람 나름대로 살아가는 방식이 된다. 누군가와 의견이 다르고, 선택하는 폭이 다르고, 생각에 큰 차이를 보일 수 있다. 그렇더라도 그것을 부정하지 말고 '그럴 수도 있겠구나'라는 생각으로 전환하기 바란다.

사회적 지위가 높아지거나 성공의 반열에 오르면 자연스럽게 그 앞에서 자신을 주장하는 사람들이 없어지게 된다. 이미 성공한 당신에게 당당히 자신의 의견을 주장할 만한 근거가 사라지기 때문이다. 그래서 스타들의 뒷모습이 처량하고 화려한 무대 뒤가 공허한 까닭이다. 이때부터는 자기 성찰이 더욱 필요하다. 자기 성찰 없이 자신의 정체성을 전혀 모른 채 성공을 한 사람은 더 높이 오르면 오를수록 여러 가지 문제점들과 부딪칠 수밖에 없다. 그들은 성공한 자신의 내면을 살펴볼 겨를이 없다. 오로지 자신의 능력만 믿고 마치 선택받은 사람인 양 자만에 빠지기도 하는데, 이는 극도로 위험한 결과를 초래한다.

자신감과 자만심은 엄연히 다르다. 자신감은 어느 위치에 있든 간에 자신을 믿으므로 당당한 것이지만 자만심은 능력이 부족함에도 자신의 지위만을 믿고 남들을 내려다보는 것을 의미한다. 자신감이 넘치는 사람 곁으로는 많은 사람들이 몰리지만 자만심이 넘치는 사람의 곁에는 한 사람도 남지 않게 된다. 결국은 불편한 자리에서 내려오는 길을 몰라 불안한 현실을 탈피하기 위해 나락으로 뛰어내리는 선택을 하기도 한다. 그 유명한 대학을 나온 엘리트들이 막상 사회로 나와서는 적응하지 못하고 실업자나 심지어 노숙자가 되는 경우도 그런 예다.

한 기업에 우수한 성적으로 입사한 청년이 있었다. 그는 막상 사회에 나와 보니 학교 성적은 아무짝에도 쓸모가 없음을 알게 되고 큰 충격을 받았다. 그동안 무엇을 위해 그리 많은 시간들을 공부하느라 힘써 왔는지 혼란스러웠다. 공부에만 전념하느라 친구도 멀리한 터라 친한 말동무 하나 없었다. 지금까지 헛된 것으로만 여겨 왔던 인간관계가 사회에서는 이렇게 큰 힘으로 작용할 줄 전혀 몰랐던 것이다. 그는 일류대를 나온 것 하나만으로도 인정받고 대접받기를 소망했다. 그는 훌륭한 인격체보다 우수한 성적을 갖추고 수석으로 입사한 사실이 중요했다. 그것만으로도 자신이 특별한 존재라는 착각을 했고 다른 사람들과 차별화된 대우를 받고 싶었다.

그런 소망이 실현되지 않자 그는 회사에 대한 흥미가 사라졌다. 결국은 자신을 홀대하는 회사는 별 볼 일 없다며 어렵사리 입사한 회사를 떠나 버렸다. 그런 일들이 여러 차례 반복되다 보니 어느새 나이는 들고, 서른이 훌쩍 넘은 나이에도 뚜렷한 직장 하나 없이 방황하고 있는 터였다. 그렇게 연거푸 회사생활에 적응하지 못하고 실패하는 과정에서 자신이 지금껏 선택하고 믿어 왔던 것들이 자신을 속였다는 것을 깨달았다. 그 청년은 이제 자신이 어찌해야 하는지를 알기 위해 상담을 요청해 왔던 것이다.

자칫 오만에 젖을 때가 있음을 나도 인정한다. 마치 나만한 사람은 어디에도 없을 것이라는 착각, 내가 속한 분야에서만큼은 내가 제일 잘나간다는 착각, 마치 자신이 없으면 소속된 조직이 큰 손실을 보게 될 것이라는 착각, 그것은 말 그대로 착각이다. 자리가 사람을 변화시킨다고 하듯이 우리는 내가 현재 어떤 자리에 올라와 있느냐에 따라 대우가 다름을 느끼고 살아간다. 그러나 그것은 떨어지는 잎새와 다를 바 없다. 내가 그 자리에 있기에 가능한 대우가 그 자리에서 내려오기가 무섭게 달라지는 것이 세상이다. 그런 세상을 변화시키는 방법은 자리에 연연하는 것이 아니라 자신의 실체를 제대로 알고 당당하게 자신감을 키워 나가는 것뿐이다.

힘과 능력과 야망만 있다고 되는 시대는 지났다. 이제는 능력뿐 아니라 처신도 중요하다. 자신을 숨기고 감추는 것이 아니라 있는 그대로의 모습을 외부로 드러내는 진면모를 보여 주어야 한다. 자신을 신뢰하는 것이 다른 사람의 신임도 얻을 수 있는 비결이다.

인정도 시각 차이

신임을 얻으면 인정받고자 하는 마음은 자동적으로 따라오는 욕망이다. '나는 인정받아야만 한다'고? 왜? 인정받아야만 사랑받을 수 있을까? 인정받아야만 살아가는 데 의미가 있는 것일까? 다시 말하지만 인정에 너무 연연하지 않기 바란다. 그러나 대다수 사람들의 인정에 관한 욕구는 비교 자체가 불가할 만큼 강렬히 타오른다. 흔히들 대화를 나누는 중에 보면 '내가'라는 말을 많이 쓴다. 그것은 아마도 본인도 의식하지 못한 채 나오는 말일 것이다. '내가'를 강조한다는 것은 그만큼 내가 한 일들을 드러내기 위함이다. 그것이 비록 아주 사소한 일일지언정 내 영향력이 그만큼 크다는 것을 강조하고 싶은 것인데, 이 또한 인정받고 싶은 욕망에서 나온다.

미국의 심리학자이자 교육자인 '존 듀이'는 인간의 근원적인 욕구는 "인정받고 싶은 욕구"라고 했으며, 스테디셀러인《인간관계론》으로 유명한 '데일 카네기'도 같은 말을 했다. 그만큼 인정에 대한 욕구는 인간의 삶의 원칙이 되어 버렸다. 그러나 욕구가 크면 클수록 그것을 박탈당했을 때의 충격은 뭐라 말할 수 없이 클 수밖에 없다. 어떤 내담자 중의 한 사람은 인정받고 싶은 욕구가 박탈당한 후 자존감이 땅에 내동댕이쳐져서 다시는 일어서기 힘든 상태로 10여 년이란 시간을 허비했다고 말했다.

사회심리학자들은 사회적 인정 추구 욕구를 인간의 기본 욕구와 대등하다고 말한다. 사회에서 인정받고 싶다면 먼저 자신을 개발하고 가꾸는 일에 열심을 다하기 바란다. 아무것도 갖추지 않고서 인정받고자 한다면 사람들은 당신이 누구인지조차 모를 것이다. 자신의 강점을 더욱 개발해야 한다. 실제로 사회에서 인정받고 뛰어난 면모를 보이는 사람들은 자신을 개발하는 일에 많은 시간을 투자하고 있다.

거저 되는 일은 없다. 인정받고 싶다면 그에 합당한 삶을 살아야 한다. 무엇보다도 어떤 자리에서 두각을 나타내는 일보다는 자신의 존재가치에 의미를 부여하자. 아무것도 아닌 것은 없다. 어느 누구도 소중하지 않은 사람은 없다. 이 살기 좋은 세상을 어떻게 살아가느냐에 초점을 맞추고 나를 어떻게 관리하느냐, 그것이 중요하다. 인정받지 못한다고 내가 형편없는 것은 아니다. 그것은 바라보는 시각에 따라 조금 달리 보이는 것뿐이다.

02

세상을 지배하는 말의 권세

해마다 한 해의 반을 지나는 시점인 6월과 마지막인 12월은 기대와 설렘을 갖게 된다. 반 해, 그리고 한 해를 정리하며 회상하는 그때가 나는 참 좋다. 또 새로운 날들을 기대하며 새로이 도전할 일들을 계획하고 그려 보는 것 또한 가슴을 설레게 한다. 그동안 내 모든 일상을 기록한 다이어리를 정리하면서 지나간 일들을 돌아보는 것은 내게는 즐거움이자 긴장의 시간이다. 내가 얼마나 잘 살아왔는지 혹은 얼마나 헛된 시간들을 보내 왔는지를 점검하는 것은 내게는 아주 중요한 일이다. 해마다 느끼는 것이지만 지나온 날들에 대한 아쉬움이 하나씩은 남아 있는 것이 나는 좋다. 반성과 더불어 새로이 시작하리라는 계획이 목록 안에 하나 자리하는 것도 의미가 있다. 날마다 새로운 하루이지만 그 새로운 하루를 감사로 맞이하는 것이 내가 가진 습관 중 가장 좋은 것이 아닐까 싶다.

지나간 날들을 후회하며 아쉬워하는 것은 아주 잠깐이면 족하다. 죽은 것은 훌훌 털어 버리고 이제는 새로운 날들을 위해 새로운 옷을 갈아입어야 한다. 내 지난 과거가 어떻든 그것은 과거일 뿐이다. 내 지난 업적이 어떻든 그것 역시 과거일 뿐이다. 과거를 통해 위로를 받고 과거를 통해 자신을 드러낸들 무슨 소용이 있는가. 그것은 이미 실존하는 것이 아니다. 우리는 지금 여기만을 보아야 한다.

흔히들 이렇게 말한다.

"지금까지 뭘 하고 살았는지 모르겠어. 남들은 모두 정상적인 궤도를 밟으며 잘 살고 있는데 나만 실패한 것 같아."

이런 감정은 비단 우울증을 겪고 있는 사람들만의 이야기가 아니다. 부정적인 정서는 그 힘이 막강해서 주변을 온통 부정적으로 물들인다. 부정적인 정서는 부정적인 과정과 결말만을 보고 있기 때문에 그 삶은 온통 부정적일 수밖에 없다. 자신의 삶에 오물을 묻히는 행위다. 하루빨리 그 구렁텅이에서 빠져나오기 바란다. 심각한 경우에는 전문가의 도움을 받아서라도 부정적인 요인들을 말끔히 제거해야만 한다.

내 삶을 판단할 수 있는 건 오직 나뿐이다. 내가 잘 살고 있는 것인지 잘못 살고 있는 것인지, 내 삶의 문제점은 무엇이고 그것을 해결할 수 있는 방법은 무엇인지 판단해 보라. 비교적 과거에 연연하지 않고 미래를 불안해하지 않으며 정신적으로 만족하고 있다면 당신은 삶을 운행하는 데 성공한 셈이라고 볼 수 있다. 자신의 나이를 계산해서 그에 맞는 삶을 즐기며 나름 최선의 삶을 살아왔다면 스스로에게 아낌없이 칭찬을 해주기 바란다. 그 기본적인 것 자체도 다른 곳에 한눈파느라 제대로 누리지 못하고 사는 사람들이 더 많다. 다른 곳에 눈을 돌리는 것은 자신의 삶에 최선을 다한 후 여가를 이용해서 할 수 있는 일이다.

지금까지 당신은 어찌 되었건 잘 살아왔다. 이제는 날마다 주어지는 선물 같은 하루들을 어떻게 제대로 잘 살아가느냐가 중요하다.

생각하기 나름

온종일 하는 말들 중에서 가장 많이 하는 말이 무엇인지 생각해 본 적이 있는가? 아마 그것을 생각해 본 사람은 극히 드물 것이다. 그렇다면 지금부터 의식적으로 헤아려 보기 바란다. 말을 생각해서 하라는 것이 아니다. 당신이 하는 말이 주로 어떤 말인지를 헤아려 보는 것인데, 스스로 하는 것이 쉽지 않을 테니 집에서는 가족들에게, 회사에서는 동료들에게 또는 친구들에게 부탁해 보는 것도 좋을 것이다.

말의 힘이 얼마나 강한지 알 만한 사람들은 다 알 것이다. 우리가 오래전부터 자주 써오던 말들, 생각하고 내뱉었던 말들이 현실 속에서 그대로 이루어지는 것을 나도 여러 번 경험한 적이 있기에 언제부터인가 나는 그 사실을 믿게 되었다. 그런 경험을 한 후에는 말 한마디 한마디 선택하는 것도 조심스러웠고 더 긍정적인 말, 더 영향력 있는 말들을 하려고 노력하고 있다. 그럴수록 내 만족도는 더욱 높아지고 내 안에 그윽한 기쁨이 샘솟는 것을 느끼게 된다. 실패를 생각하거나 결과를 두려워하지 말아야 한다. 그 두려움은 내 안에서 생명을 불어넣어 말로 나오게 하므로 우리는 그 말에 따라 생각하고 행동하게 된다. 말을 신중하게 하고 조심해야 하는 이유가 바로 그것이다. 좋은 생각은 좋은 말을 만들고 나쁜 생각은 나쁜 말을 만들어 낸다. 그 말들은 부메랑이 되어 자신에게로 되돌아오는 원리가 작용한다.

그러나 안타깝게도 사람들이 사용하는 언어는 부정적인 것이 많다는 통계가 있다. 무엇인가에 도전을 할 때도 먼저 실패하면 어쩌나 하는 생각을 함으로써 실패라는 단어를 떠올린다. 그것은 도전하기를 더디게 하거나 포기하거나 실패를 하게끔 유도하고 실제로 실패를 경험하기도 한다. 그러나 사람들은 깨닫지 못하는 경우가 많다. 생각해 보라, 실패하게 된 요인을. 그중에는 당신의 머릿속에서 당신을 불안하게 만든 또 다른 요인이 있다는 것을 알 수 있을 것이다.

"경험이 없는데 성공할 수 있을까?"
"난 항상 운이 나빠."
"잘못되면 어쩌지?"
"만일 실패한다면 내가 감당할 수 있을까?"

사소한 일일지라도 우리는 모든 과정 가운데 이런 불필요한 걱정들을 함으로써 부정적인 말들을 생각 속에 심어 놓는다. 심어 놓은 말들은 무의식 속에 뿌리를 내리고 열매를 맺어 삶의 부정적인 요인들을 제공하는 것이다.

"죽고 사는 것이 혀의 힘에 달렸나니 혀를 쓰기 좋아하는 자는 혀의 열매를 먹으리라(잠언 18:21)"

따라서 좋은 생각에 긍정적인 말을 심어야 한다. 그 긍정의 말들이 풍성한 열매를 맺도록 날마다 우리의 말을 가꿔 나가야 하는 것이다.

말은 사람의 성품을 가장 잘 표현할 수 있는 수단이 된다. 그 사람의 인품이나 인격, 성품 등이 묻어나는 것이 말이다. 말 한마디에 천냥 빚도 갚는다는 속담이 있듯이 우리가 사용하는 언어가 얼마나 광대한 표면을 차지하고 있는지 알 수 있다.

몇 년 전, 〈말의 힘〉이라는 다큐 프로그램이 방영된 적이 있는데 그 후 여러 차례 TV 방송과 여러 매체를 통해서도 그 이야기를 다룬 적이 있어 많은 사람들이 그 현상을 보고 알게 되었을 것이다. 각각 다른 병에 똑같은 빵이나 밥을 넣어 두고 한쪽에는 사랑과 긍정의 말을, 다른 한쪽에는 비난과 부정의 말을 한 후 한 달 뒤에 어떻게 변화하고 있는지를 실험한 내용이었다. 결과야 뻔하지 않겠는가. 긍정의 말을 들은 쪽과 부정의 말을 들은 쪽의 변화가 확연히 대조적으로 나타났다.

우리는 이렇듯 무의식적으로 내뱉는 말들이 얼마나 큰 힘을 발휘하는지 알고 있다. 그럼에도 습성은 쉽게 고쳐지지 않는다. 그것은 의식의 변화가 일어나지 않았기 때문이다. 아무리 귀로 듣고 머리로 알면 뭐 하겠는가. 몸에 밴 습성은 그리 쉽게 달라지지 않는다. 입으로는 긍정의 말을 쓰면서 생각 속에는 여전히 부정의 씨앗이 자라고 있다. 그 씨앗을 자극하면 부정의 영양분은 배로 높아진다. 그 영향이 자신에게로 되돌아온다는 것을 명심하기 바란다. 누군가를 미워하고 저주하거나 음해하는 말은 상대가 받지 않는 이상 자신에게로 되돌아오게 되어 있다.

나의 삶을 성공으로 이끌고 사랑으로 채우기 위해서는 그에 합당한 일들이 일어나야 한다. 사랑으로 생각을 채우자. 믿음으로 생각을 채우자. 내 인생은 되는 일이 없다고 생각하는가? 그 생각이 열매를 맺기 전에 빨리 그 생각을 지워 버리자. 실패하면 어쩌지 하는 생각, 나를 좋아하지 않을 거라는 생각 등을 가능한 한 아주 멀리 던져 버려라. 내 삶에서 아무 도움도 안 되는 쓸데없는 것들을 왜 버리지 못하는가. 우리는 그런 생각들이 만들어 놓은 세상에서 두려움이라는 적을 앞에 놓고 무서워 벌벌 떨며 살아가고 있다. 두려움은 허상이라고 앞에서도 말했다. 생각을 바꾸면 말이 달라진다. 부정적인 말을 입에 담지 말고 긍정적인 말을 입에 담으라.

- 물병에 물이 3분의 1밖에 남지 않았네. ➡ 아직도 물이 3분의 1이나 남아 있어 다행이야.
- 신발을 사야 하는데 하필이면 매장 문이 닫힐 게 뭐람. ➡ 내일은 더 예쁜 신상품이 나올지도 몰라.
- 내 개발품이 탈락되다니, 난 안 되는 걸까? ➡ 채택된 개발품은 내 것과 어떤 차이가 있지?
- 저 사람은 매번 잘 풀리는 게 수상해. ➡ 저 사람이 잘되는 이유가 뭘까? 나도 배워 봐야지.

말 한마디로 천 냥 빚도 갚지만 말 한마디로 원수가 되기도 한다. 원수가 되는 비결은 '탓'하는 것이다. 네 탓이다, 네 잘못이다, 이처럼 큰 비수는 없다. 이것은 사람을 죽이는 말이다. 자존감이 낮은 사람은 이 말을 그대로 받아들여 자신의 내면아이에게 더 큰 상처를 안겨준다. 반대로 자존감이 높은 사람들은 이 말을 그대로 받아들이지 않는다. 조금의 상처는 느끼지만 자신을 옭아매는 어리석은 선택은 하지 않는다.

그러나 우리가 기억해야 할 것은 의외로 자존감이 약한 사람들이 많다는 것이다. 겉으로는 강인한 척하지만 그들의 마음은 너무나 연약하고 상처투성이다. 우리의 혀에는 엄청나게 강한 위력이 있다. 그 혀에 무엇을 싣느냐에 따라 그 힘의 용도는 달라질 것이다.

현실에 불평하지 말자. 불평은 불평스러운 현상만 끌어들인다. 자신의 삶을 위해 자신에게 이로운 생각으로 행복하기만 할 내일을 기도함으로써 서로에게 좋은 영향을 끼치는 우리의 말을 다스려야 할 것이다.

03

부지런함을 자랑하라

놀이 가운데 '미로찾기'가 있다. 미로찾기는 생각보다 쉽지 않다. 얼핏 보면 쉬울 듯해도 막상 시작하고 나면 나가는 길을 찾는 것은 물론 들어갔던 길도 되돌아 찾아 나오기가 어렵다. 어쩌면 우리의 생각과 감정이 이와 같다는 생각을 해본다. 알고 보면 별것 아닌 일에도 우리는 많은 감정을 소모하고, 많은 생각으로 인해 복잡한 상태를 만들어 내고 있다. 결론점에 도달하면 너무나 쉬운 일을 말이다.

그렇게 우리는 눈앞에 현실을 바라볼 때도 문제만을 보게 된다. 그 문제에만 집착하다 보니 복잡하게 얽히고설켜 결국은 아무것도 결정하지 못하는 상황이 되어 버린다. 그러나 각도를 조금만 달리해서 보면 아주 쉽게 풀 수 있는 문제들일 뿐이다. 바라보는 각도 역시 사람마다 다르기 때문에 여러 사람이 결정하는 일에서는 늘 의견의 일치를 보기가 쉽지 않다. 제대로 문제를 풀기 위해서는 문제를 아래에 두고 위에서 바라봐야 한다. 정확한 입구의 위치와 출구까지 가는 과정이 한눈에 들어온다. 누가 옳고 그른가를 따지는 것은 위에서 바라봤을 때 정답을 아는 사람만이 가능하다. 문제를 앞에 두고 해결하려는 입장에서 자신만의 생각을 고집하는 것은 어리석고 우스운 일일 뿐이다.

당신은 지금까지 살아오면서 어느 정도는 스스로에 대해 깊은 통찰을 경험해 보았거나, 아직은 관심조차 없을 수도 있다. 그러나 자신이 유독 즐거워하는 일이나 열심을 품는 일이 한두 가지쯤은 있을 것이다. 그 또한 각자의 특성에 따라 다르게 나타나지만 본인은 본인이 가장 잘 알기에 좋아하는 일과 즐기는 일의 구별도 쉬울 것이다. 자기를 나타내는 것을 자기 자랑이라고 말하지 말자. 그것은 자신감과 준비된 나를 나타내는 말이다. 요즘은 말하지 않으면 그 누구도 알아봐 주지 않는다. 자신이 가지고 있는 강점과 장점, 특성 등을 서슴없이 드러내는 것이 중요하다. 특히 자신이 속해 있는 회사나 조직, 그룹에서 자신의 강점을 살려 그 단체를 위해 할 수 있는 일들을 찾을 수도 있고 적합한 일을 맡을 수도 있다.

자기만의 능력이 있음에도 말하지 않고 갖고만 있다면 그것이야말로 교만이다. 그들은 뒤에서 관망하며 자신의 능력을 빗대서 비교할 것이고 판단할 것이며 비웃을 것이다. 그것이 바로 드러내지 않는 사람들의 속성이다. 물론 그 밑바탕에는 두려움이 존재할 가능성이 높다. 자신의 능력이 과소평가될지도 모른다는 두려움이 자신 있게 강점을 드러내지 못하도록 조작하는 것일 수 있다. 자신을 제대로 들여다보기 바란다. 그리고 자신감은 드러냄으로써 향상된다는 것을 기억하기 바란다.

재능을 숨겨서 어디에 쓰려 하는가

스페인의 철학자이자 소설가인 '발타사르 그라시안'은 말했다.

"자신을 내보이라. 그러면 재능이 드러날 것이다."

이제껏 살아오면서 스스로 자신을 이해하는 단계에 이르렀다면 이제는 그것을 더욱 빛나게 갈고닦는 일에 제대로 적용해야 할 것이다. 재능은 많지만 현재 몸담고 있는 회사 내에서 하고 있는 일을 통해 어떻게 자신의 기량을 발휘해야 할지를 몰라 이러지도 저러지도 못하는 시간을 보내고 있는 사람들이 많다. 자신의 적성에도 맞고 업무와 관련된 기회가 있다고 해도 선뜻 나서지 못하는 것은 자기 확신이 없기 때문이다. 누구보다 월등한 실력을 갖추고 있다 해도 그것을 제대로 발휘할 수 없다는 것은 다른 사람들의 평가가 두려운 때문이다. 혹시라도 잘못되면 어쩌나, 실수라도 하면 어쩌나, 내가 알고 있는 것이 잘못된 것이면 어쩌나 하는 생각 따위 말이다. 모든 일에 완벽한 사람은 없다. 자신의 재능을 숨기지 말라.

동유럽 지역 유대 사회의 속담 중에 "성공하는 일이나 실패하는 일은 습관 나름이다"라는 말이 있다. 부지런함도, 게으름도 습관이라는 뜻이다. 곧 성공한 사람들과 실패한 사람들은 결과를 초래할 만한 습관이 몸에 배어 있다는 말이다. 어쩌면 실패한 경험이 있는 사람들은 인정하고 싶지 않을지도 모르겠다. 물론 부지런한 습관이 몸에 배어 있다고 해서 전부 성공하는 것은 아닐 것이다. 요컨대 그것을 기본적인 전제로 했을 때 부지런하기 위해 따르는 고통도 감수해야 한다는 이야기다. 인내와 절제와 자기 신뢰는 물론, 확신을 가지고 두려움과도 맞서는 힘겨운 싸움이 있어야 한다. 자기 분야에서 근면과 성실을 기본으로 임해야 하는 것은 지극히도 당연한 일이다. 그러나 자신이 꿈꾸거나 간절히 원하던 일이 아닌 경우에는 일이 참 고달플 수밖에 없다.

미국의 심리학자 '윌리엄 제임스'는 "우리 삶이 일정한 형태를 띠는 한 그 삶은 습관 덩어리일 뿐이다"라고 말했다. 성공한 사람들의 부지런함도 습관이요, 천성이 성실한 사람의 강요된 근면함도 습관이라는 것이다. 그들은 강요당함에 이미 익숙해져 있다. 강요된 성실과 근면은 의욕을 저하시킨다. 할 일이 계속 주어지면 기계처럼 일을 하지만 일이 끊어지거나 없어지면 아무것도 생각하지 못하는 무능한 상태가 되어 버리는 것이다. 이와 반대로 스스로 뜻이 있어 행하는 근면은 자신의 꿈과 발전을 이룰 수 있도록 능동적으로 움직이게 한다. 일을 통해 자신의 꿈을 실현할 수 있는 기회를 찾고 열심을 다함으로써 자기 발전에 도움을 주게 된다. 스스로 근면한 사람은 시간 관리에도 철저하다. 일과 휴식을 엄격히 구분할 줄 알며, 일하는 만큼 휴식에도 철저하다. 이런 습관이 몸에 배어 있어 어떻게 시간을 쓸 것인지를 미리 계획하고 미래를 위해 자신의 삶을 지혜롭게 관리하는 법을 알고 있다.

포기하는 순간 드러나는 보물

'나폴레온 힐'이 쓴《놓치고 싶지 않은 나의 꿈 나의 인생》에 이런 이야기가 나온다.

19세기 말은 금광을 찾아 너도나도 미국 서부로 몰려가던 골드러시 시대였다. 더비와 그의 숙부도 광맥을 찾겠다는 열기에 편승해 서부로 떠나게 되었다. 더비의 숙부는 삽과 곡괭이를 가지고 서부를 돌아다녔다. 그들은 마침내 광맥을 찾아냈다. 그런데 금을 채굴하기 위해서는 기계와 장비가 필요했다. 그는 고향인 메릴랜드주 윌리엄즈 파크로 돌아갔다. 그리고 친척과 이웃에게서 돈을 빌려 장비를 구입했다. 착암기로 파내려가는 것만큼 그들의 꿈도 크게 부풀었다. 하지만 그들의 꿈은 허무하게 무너져 내렸다. 어느 날 갑자기 금광맥이 사라져 버린 것이다. 할 수 없이 그들은 비싼 장비를 몽땅 헐값으로 고물상에게 넘기고 고향으로 돌아갔다. 그런데 그 고물상이 혹시나 하는 생각에 광산을 다시 파보기로 했다. 그랬더니 더비와 숙부가 채굴을 포기한 지점으로부터 불과 1m 아래에서 다시 금맥이 보였다. 고물상은 이 광맥에서 당시 몇 백만 달러짜리 금광석을 파냈다.

무엇이든 성공을 한다는 것은 그리 쉬운 일이 아니다. 끊임없는 노력과 인내와 끈기만이 성공으로 이끌 수 있다. 포기하는 즉시 기회는 다른 사람에게로 넘어간다.

"성공은 실패의 투구를 벗은 시점을 불과 얼마 지나지 않았을 때

찾아온다"라는 말이 있다. 포기하고 싶을 때쯤 찾아오는 속삭임이 우리로 하여금 성공의 환희를 맛볼 수 없게끔 우리의 영혼을 쥐고 흔든다. 그만하면 되었으니 이제 포기하라고 말이다.

2016년 〈캡틴 아메리카: 시빌 워〉와 더불어 마블 스튜디오의 라인업에 들었던 하반기 최고의 기대작 중 한 편으로 〈닥터 스트레인지〉라는 영화가 있었다. 영화 속의 주인공 '스트레인지' 박사는 최고의 실력을 자랑하는 천재 외과의사로 크게 이름을 날리지만 불의의 교통사고로 양손의 신경이 손상되고 만다. 그는 치료를 위해 모든 의료기술을 동원해 자신의 모든 것을 걸었지만 결국 호전되지 않았다. 어느 날 절망에 빠져 있을 때, 자신도 포기했던 하반신 마비의 한 환자가 건강하게 회복된 것을 보고 그 회복의 원인이 무엇인지 비밀을 알고자 했다. 그 환자가 치료를 받은 곳은 네팔의 카마르타지였다. 스트레인지 박사는 끝까지 포기하지 않고 마지막 희망을 걸고 그곳을 찾아갔다. 그곳에서 '에인션트 원'을 만나고 몸의 병을 마음으로 치료할 수 있는 능력을 알게 된다. 고되고 열악한 여건 속에서 자만한 마음이 불쑥불쑥 올라왔지만 결국은 인내함으로 잃었던 양손의 신경을 회복하게 된다.

모든 기회는 눈 깜짝할 사이 사라진다

영화 속 스트레인지 박사가 만약 자신의 두 손을 잃고 절망 가운데서 문제만을 바라보았다면 어떻게 되었을까? 사람은 모든 일에서 크든 작든 자신이 처한 상황을 마주보게 된다. 성공을 위해 끊임없이 도전하다가 끝이 보이지 않는 고지 앞에서 힘을 잃고 낙심해 더 이상 나아갈 의지를 잃을 때가 있다. 이때가 모두가 말하는 고비인 것이다. 나이와는 상관없이 모든 시점마다 때가 있고 기회가 있다. 그러나 그 '때'와 '기회'들은 사막 한가운데서 만나는 오아시스처럼 잠깐 나타났다가 사라져 버린다. 그것들은 우리를 기다려 주지 않는다. 인생에서의 성공은 부지런히 그것을 잡는 자가 차지하는 것이다. 오아시스를 발견했다면 그곳에서 눈을 떼지 말고 부지런히 발걸음을 옮겨야 한다. 지체하다가는 순간적으로 사라져 버릴 수 있다. 자신이 가진 모든 장비(성실 · 근면 · 부지런함 · 인내 · 노력 등)를 이용해서 포기하지 않고 나아간다면 반드시 세상은 당신을 도울 것이다.

당신은 결코 평범하지 않다

자신이 평범하다는 착각에서 벗어나라. 지금 내가 어떤 일을 하든 지금 내 형편이 어떻든 이 땅 위에 살아가는 모든 사람은 누구라도 소중하다. 귀하지 않은 사람은 단 한 명도 없다. 직위와 명예와 권력은 사람들이 만들어 놓은 체계일 뿐 그들이나 당신이나 똑같이 소중한 존중받아야 할 인격체인 것은 분명하다. 그런 자신을 스스로 존중하고 사랑할 때 자신의 독특성 또한 살아나는 것이다. 그 독특성을 지니고만 있다는 것은 맡은 바 의무를 다하지 못하는 것과 같다.

신약성경 마태복음 25장을 보면 다음과 같은 내용이 나온다.

"또 어떤 사람이 타국에 갈 때 그 종들을 불러 자기 소유를 맡김과 같으니 각각 그 재능대로 한 사람에게는 금 다섯 달란트를, 한 사람에게는 두 달란트를, 한 사람에게는 한 달란트를 주고 떠났더니 다섯 달란트 받은 자는 바로 가서 그것으로 장사하여 또 다섯 달란트를 남기고 두 달란트 받은 자도 그같이 하여 또 두 달란트를 남겼으되 한 달란트 받은 자는 가서 땅을 파고 그 주인의 돈을 감추어 두었더니"

결과는 다섯 달란트와 두 달란트를 받은 종들은 바로 가서 장사하여 각각 두 배로 남겨 "착하고 충성된 종"이라 칭찬을 들었고, 한 달란트 받은 자는 그것을 땅에 묻었다가 그대로 주인에게로 가지고 나오매 "악하고 게으른 종"이라는 책망을 받게 된다. 이것이 성경 속 이야기에 지나지 않는 것일까? 우리의 삶도 이와 같은 일이 아무런 깨달음 없이 비일비재하게 일어나고 있다. 자신의 독창성을 스스로 발휘하지 않고 숨겨 둔 채 많은 사람들이 선호하는 일에만 집착하느라 정작 자신의 의무는 알지 못한다. 혹시라도 상하거나 다칠까 염려하느라 꺼내지도 못하고 자신의 독특한 창의력을 그렇게 방치해 버린다.

자신이 가지고 있는 것들이 얼마나 귀하고 소중한지를 안다면 그것들을 가지고 나와서 이 세상을 변화시키고 이 삶을 변화시키고 개인을 변화시키는 데 중요한 자원으로 활용해야 할 것이다. 그 무엇이든 쓸모없는 것은 없다. 내게 한계점이 어디까지 있다고 생각하는가? 그 한계는 과연 누가 정한 것인가? 부딪혀 볼 자신이 없어 두려움 때문에 쳐놓은 방패막이는 아닌지 돌아보기 바란다.

모든 역경을 극복하고 성공의 반열에 오른 사람들은 자신의 장점

뿐 아니라 부족한 모든 단점이나 결점들까지 끌어안고 간다. 현재 소속되어 있는 직장에서도 이들은 자신의 단점보다는 강점에 치중하고 있으며, 자신의 단점을 알기에 그것들을 딛고 앞으로 매진할 수 있는 새로운 것들을 모색한다. 그들은 단점 또한 버릴 것이 없음을 알고 있었다는 의미다. 그것은 온전한 자기 신뢰에서 나오는 힘이다. 세상에 정답은 없다. 다른 사람들이 선호하는 것 또한 정답은 아니다. 정해진 규칙이나 질서로 인해 내가 가진 독창성을 묻어 둬야 한다면 그것은 그들에게 내 삶이 강탈당하도록 내버려 두는 것밖에 되지 않는다.

04

일탈이 만든 살 만한 세상

법과 규칙은 어느 문화에서나 존재하고 있다. 그러나 무조건적인 복종은 강요일 뿐 인권을 박탈하는 규칙이나 다름이 없다. 무엇을 반드시 해야 하는 것은 아니다. 우리가 특별히 법에 저촉되는 행위를 하지 않는 이상 그 무엇도 우리의 자유를 억압할 수는 없는 것이다.

예전부터 청소년들의 일탈은 학업의 중단이나 비행과 연관이 되어 무조건 나쁘게만 인식했다. 물론 사회적으로 바람직한 행위는 아니지만 개인적으로 보았을 때는 좀 더 일찍 사회생활을 시작하고 남다른 기발한 아이디어를 활용해 창업을 하거나 엉뚱한 창의적인 사고로 성공하는 경우도 종종 볼 수 있다. 아이들은 매일 틀에 박힌 생활과 어른들이 만들어 놓은 프로그램을 따라 살아가느라 세상을 바라보는 폭이 좁다. 부정적으로 시간을 활용하는 일탈이 아니라면 어른들의 관심과 승인 아래 긍정적인 일탈을 경험해 보는 것도 괜찮을 것이라 생각한다.

일탈이란 무엇인가? 기존의 정해진 기본 틀에서 벗어나는 것을 말한다. 성공한 사람들 중에는 일탈을 통해 새로운 아이디어를 얻고 창의력을 발휘해 자기만의 독창적인 방법으로 새로움을 창안해 내기도 한다. 일탈이 결코 나쁜 것만은 아니라는 말이다. 지금 당신의 생활이 답답하고 삶이 풀리지 않는 것같이 느껴질 때, 어둡고 긴 터널 속에 갇힌 것 같은 기분일 때, 사랑하는 가족이나 연인을 잃었을 때, 주저하지 말고 일탈을 시도해 보자. 행위의 일탈도 있지만 생각의 일탈도 있다. 한 번도 안 가본 곳으로 떠나거나, 한 번도 안 해본 일을 해보거나, 지금까지와는 다른 행동, 지금까지와는 다른 태도, 지금까지와는 다른 생각도 괜찮다. 그런 것들을 통해 머리를 정리하고 신선한 자극을 받아 보는 것도 좋을 것이다.

긍정적 일탈로써 세계적으로 성공한 애플 사의 창업자 '스티브 잡스'는 회사가 원하는 조직의 화합과 자신이 원하는 혁신의 비전 사이에서 무엇을 우선시해야 할지 갈등을 겪었으나 결국에는 혁신의 비전을 선택했다. 그의 일탈 행동은 애플이 세계적으로 성공할 수 있도록 이끈 큰 힘이자 용기였던 것이다. 그 외에도 "Stay hungry, Stay foolish항상 갈망하고, 항상 무모하라"로 유명한 연설에서 자신이 성공을 할 수 있었던 이유는 자신이 미혼모에게서 태어난 사생아이고, 입양아이며, 대학교를 중퇴하고 자신이 세웠던 애플 사에서 쫓겨났기 때문이라고 했는데, 그런 모든 불운한 것 같았던 일들이 자신을 일으켜 세우는 원동력이 되었다고 말했다. 성공의 요인은 바로 이런 점이 아니었나 싶다. 부정을 긍정으로 바꿔 생각하는 것, 자신의 처지를 비관하고 과거의 환경을 운운하며 모든 것을 부정적인 요인으로만 받아들이는 일반 사람들과는 달랐다는 것을 확실히 알 수 있다.

일탈은 개인에게도 적용된다

일탈은 반항과는 다르다. 반항은 다른 사람이나 대상에 맞서 대들거나 저항하는 것이고, 일탈은 사회 구성원들이 정해 놓은 규범에서 어긋나거나 벗어나는 행위를 말한다. 즉, 일탈은 자유를 추구하는 행위가 된다. 현대 사회는 하루가 다르게 발전에 발전을 거듭하고 있다. 그 흐름에 맞춰 가다 보면 기존의 것을 업그레이드한 것만으로는 더 이상의 발전을 기대할 수 없다. 아무리 작은 소규모의 사업체라도, 보잘것없게 여겨지는 직업이라도 우리는 그 안에서 기존의 익숙한 것을 탈피해야 한다. 위험을 감수하고라도 새로움을 추구해 나가야 할 필요가 있다. 독창성을 발휘해 새로움을 창안하거나 소속된 기관에서 기질을 발휘해야 한다. 어떤 방법으로든 자기 기준에 따라 삶을 실어 나르는 것은 어느 면으로 보나 참 유익한 일이다. 자신의 성과의 가치에 따라 반드시 엄청난 보상이 따라오게 되어 있다.

그렇게 세상이 발전하고 변화하는 것은 기존의 것을 뒤로 물리고 새로운 것을 추구하는 일탈하는 사람들이 있기 때문이다. 관습에 얽매이는 한 변화는 일어나지 않는다. 새로운 세계를 만들어 가는 일에 우리 모두 일조해야 한다.

'헤브라이'라는 말이 있다. 맞은편에 선다는 뜻이다. 누군가 내 의견이나 선택에 반대하는 것을 두려워하지 말자. 어찌 모든 사람이 나와 같을 수 있겠는가. 모두가 나와 같은 생각을 하고 있다면 변화는 절대 있을 수 없다. 탈무드에서는 "만일 모든 사람이 한 방향으로만 가고 있다면 세계는 기울어지고 말 것이다"라고 가르친다. 다른 사람들이 정해 놓은 규칙에 따라 움직인다 하더라도 그것을 꼭 고집하거나 억지로 따를 필요는 없다. 누군가는 나서서 균형을 맞춰 갈 수 있도록 방향을 재설정해야만 한다. 그것을 할 수 있는 사람이 진정 용감한 사람이며 혁신가다.

사람들은 저마다 특성이 있다. 그 특성은 우리의 전체적인 이미지를 구성하고 우리의 성격을 나타내기도 한다. 사람들은 대개 자기의 습성에 의존하며 살아간다. 그러나 그 얽매인 습성을 과감히 버려야 할 것이다. 그 습성은 관습에 매여 살고 변화를 두려워한다는 증거로 나타난다. 자유롭지 못한 사람들의 특성은 이렇다.

· 무슨 물건이든 제자리에 있어야 한다.

· 의류나 신발, 가방, 액세서리 등이 정해져 있다.

· 모임이나 경조사 등에 가고 싶지 않아도 남의 눈을 의식해 참석한다.

· 주일에는 믿음과 상관없이 습관적으로 교회에 참석한다.

· 위계질서에 민감하다.

· 도덕과 윤리 등을 잘 지키며 강박 증세가 있다.

· 해본 것만 하고 가본 곳만 간다.

예전에 값진 것, 이제는 값없다

위의 특성을 가지고 있는 사람들은 대개 변화를 두려워하기 때문에 새로운 일을 시작한다는 것은 무척이나 어려운 일이다. 그렇다고 그러고 싶은 마음이 없는 것도 아니다. 다만, 두려움 때문에 시도조차 못 하는 것이다. 실패한 자신을 용서할 수 있는 마음의 여유가 없기 때문에 차라리 안전한 방법을 선택한다. 그래서 이들에게 혁신하는 사람은 동경의 대상이 되거나 혹은 무모한 인간이 되는 것이다. 인간은 선천적으로 게으르다. 그러므로 안전제일 지향에 빠져 무엇인가 새로움을 접하거나 기회가 주어지지 않으면 정해진 틀 속에서 살아가며 그 이상의 것들은 의심과 불안으로 거부부터 하려 한다.

'알버트 아인슈타인' 박사는 "사람은 항상 새로운 사실을 생각하지 않으면 로봇과 같이 되어 버린다"라고 말했으며 습성에 따라 움직이는 것에서 벗어나야 한다고 경고했다. 과학자 '토마스 만'은 "습성이란 사람이 잠자고 있는 것이나 다름없다. 어릴 적이나 청년기에 시간의 흐름이 길게 느껴지는 것은 언제나 새로운 사실과 만남으로써 자극을 심하게 받기 때문이다. 중년이 지나면서 1년이 빨리 지나가 버리는 것처럼 여겨지는 것은 너무나 많은 습성이 쌓여 버렸기 때문이다"라고 말한 바 있다.

대부분의 사람들은 현실에 안주하며 정해진 틀 속에서 벗어나는 것을 무척이나 싫어한다. 이른 아침 같은 시간에 눈을 뜨고 모닝커피를 마시거나 TV를 켜는 것으로 하루를 시작한다. 정해진 일정대로 하루 일과를 마치고 습관처럼 집으로 돌아와 휴식을 취한다. 새로운 사람과의 만남을 기피하고 새로운 곳으로 돌아가는 것을 꺼린다. 한 번도 해보지 않은 일을 두려워하며 모험이나 도전 등은 엄두조차 내지 못한다. 그러나 다행히도 일부 사람들이 정해진 틀 밖으로 일탈함으로써 혁신의 길을 가고 있으니 이 사회는 발전하고 있다.

무엇이든 정해진 것은 없다. 내 삶에서 나의 궤도는 내가 정하는 것이다. 내 삶이 어디로 가든 그것은 당신의 선택이다. 평범함을 고집하지 말자. 이왕이면 한 번도 가지 않은 길을 가봄으로써 새로운 세계를 엿볼 수 있기를 바란다. 당신이 가진 독창성으로 당신은 무엇이든 할 수 있으며 무한한 가능성을 지닌 존재라는 것을 믿기 바란다.

05

나를 통해 세상을 보자

지금까지 당신이 살아온 삶은 얼마나 되는가? 20년? 50년? 그동안 당신 삶에서 변화가 일어났던 일은 얼마나 될까? 사실 우리는 생각만큼 내 삶의 변화를 눈치채지 못하고 살아간다. 으레 당연하게 흘러가는 물처럼 그렇게 무심코 지나쳐 버리는 일들에 아무 의미를 부여하지 않는다면 변화가 있어도 그것을 알아채기 어려울 것이다. 사실 어렵다기보다는 두려운 것은 아닐까? 변화의 두려움, 그것은 곧 새로움에 대한 두려움이다.

평가의 기준은 나

우리는 나 자신을 스스로 어떻게 평가하는가? 그것은 또 다른 사람들에게 어떻게 평가되고 있는지와도 관련이 있다. 그러나 다른 사람에게 어떤 평가를 받는지의 문제 이전에 내가 나 자신을 어떻게 바라보는지가 중요하다. 다른 이들이 나를 존중해 주지 않는다든가, 나에 대한 관심이나 인정 등의 반응을 보이지 않으면 소외되는 느낌에 쉽게 위축되어 버린다. 그들에게 바라는 것이 사랑이든, 인정이든, 부러움이든 그것을 바라기 이전에 내가 나를 얼마나 사랑하는지, 나 스스로 나를 어떻게 바라보는지 돌아보기 바란다. 사실은 다른 사람들이 당신을 경시하는 것이 아니다. 당신이 스스로를 받아들이지 않고 있는 것이다. 당신 내면에는 이런 생각들이 자리하고 있을 것이다.

'사람들은 날 좋아하지 않아.'

'사람들은 날 인정하지 않아.'

'사람들은 날 무시하고 내겐 관심도 없어.'

당신이 스스로를 사랑하고 인정하지 않는 이상 다른 사람이 당신을 사랑하거나 인정하는 일은 절대로 없을 것이다. 당신의 삶 속에는 얻을 수 있는 좋은 것들이 무수히 많다. 그것을 아는가? 나에게 있는 모든 것을 한번 헤아려 보기 바란다. 건강이든, 따뜻한 마음이든, 사랑이든, 선함이든 분명 있을 것이다. 재능도 있을 것이며 물적, 인적 자원도 있을 것이다. 그 많은 것들을 인정함으로써 다른 사람들, 또는 세상과 함께 나눌 수도 있다. 당신이 가진 모든 것을 인정하지 않고 나누려 하지 않을 때 당신은 결핍 상태가 된다. 결핍된 마음으로는 세상으로부터 오는 모든 것도 결핍으로만 보인다. 마음으로 보이지 않으니 받아들일 수도 없는 것이다.

이제는 의식을 바꿀 필요가 있다. 내가 받고 싶은 모든 것을 실제

나의 삶 속에 적용시켜 보자. 칭찬, 감사, 인정 등 내가 원하는 것들을 다른 사람에게 먼저 베풂으로써 그 마음이 진심인 양 내 안에 받아들여야 한다. 세상의 풍요로움은 당신이 이미 다 가지고 있다고 말하면 의아해하겠지만 돌아보면 알게 된다. 성경 말씀의 누가복음 6장에 이런 구절이 있다.

"주라 그리하면 너희에게 줄 것이니 곧 후히 되어 누르고 흔들어 넘치도록 하여 너희에게 안겨 주리라"

우리는 자기 자신이 어떤 사람인지 알게 되는 것을 두려워한다. 자신도 몰랐던 흉악한 모습이 있는 건 아닌지, 다른 누군가에게 그 모습을 들키는 건 아닌지 두려운 마음에 피하려 한다. 그러나 어떤 사람들은 자신에 대해 더 많은 호기심을 품기도 한다. 이들은 자기가 모르던 자신의 모습에 흥미로워하며 새로운 모습을 기대한다. 실제로 사람들은 자기가 모르는 자신의 모습들이 너무나 많다. '가시나무새'라는 노래 가사 일부를 보자.

내 속에 내가 너무도 많아 당신의 쉴 곳 없네
내 속에 헛된 바람들로 당신의 편할 곳 없네
내 속에 내가 어쩔 수 없는 어둠 당신의 쉴 자릴 뺏고
내 속에 내가 이길 수 없는 슬픔 무성한 가시나무 숲 같네

가만히 보면 주는 데 인색한 사람이 받는 데 까다로운 것을 알 수 있다. 이들은 자기가 늘 부족하다고 생각한다. 가진 것은 자기 것이 아니다. 이유가 많다. 자기 것이 아닌 이유. 그래서 그들은 늘 결핍

상태에 놓여 있고 다른 사람들에게서 결핍을 채우려 한다.

그러나 결핍은 밑 빠진 독과 같아서 채워도 채워도 채워지지 않는 법이다. 그들은 채우지 못함을 자신의 탓이 아닌 남의 탓으로 돌린다. 당신은 어떤가? 자신이 가진 모든 것을 함께 나누는 삶을 살고 있는가? 긍정적인 말, 격려의 말, 환한 웃음 등도 우리가 나눠야 할 귀중한 것들이다.

감정에 충실하라

지금 내가 어떤 사람이라는 것을 이해한다면, 내게 당장 필요한 것이 무엇인지, 내가 어떤 사람이 되어야 하는지, 내 삶이 어떠해야 하는지 따위를 규정할 수 있을까? 자기를 이해한다는 것은 그것과는 다르다. 요즘은 각종 성격유형 검사나 심리 검사를 통해 '나는 누구인가'라는 탐험을 하기도 한다. 그런 것들도 많은 도움이 되고 있지만, 설령 거기서 자기가 어떤 사람인지 알았다 해도 자기를 이해하는 과정을 걷지 않으면 그것은 아무짝에도 쓸모없게 된다. 사람들의 머릿속에서 서서히 지워지고 다시 원래대로 학습화된 자신의 모습으로 돌아간다. 그것은 본연의 자기에게로 돌아가라는 의미가 아니다. 자신의 행동 특성이나 생각, 판단 등이 남과 다름을 이해하라는 것이다. 서로 다름을 진심으로 인정할 때 비로소 다른 사람과의 다름에서 오는 오해는 사라지고 이해와 사랑이 남게 되기 때문이다.

자기감정에 솔직하지 못한 사람이 대부분이다. 기분이 상해도 상한 자체가 흉이 될까 봐 괜찮다고 말한다. 감정 자체를 드러내는 것은 유치하거나 속 좁은 사람이라는 평가가 돌아올까 봐 미연에 방지하는 것이다. 그렇게 우리는 감정을 통제하는 것이 성숙하다는 오해 속에서 살아간다. 그러나 사람은 감정적인 존재다. 즉, 자연스러운 존재다. 기쁘거나, 슬프거나, 아프거나, 싫거나, 좋거나 그것들을 표현할 줄 알아야 한다. 통제하는 것에 너무 익숙해져서 어떤 사람들은 실제로 자신이 슬픈지 기쁜지조차도 판단할 수 없는 상태라고 한다. 그렇다면 감정이 먼저일까, 이성이 먼저일까? 오랫동안 우리는 이성보다 감정이 먼저라고 생각해 왔다. 실제로 이성적으로 판단하기에 앞서 감정이 치고 올라와 통제가 불가능한 경우도 있다. 또 반대로 너무 이성적이어서 감정이라고는 찾아볼 수 없는 사람도 있다.

김권수 교수가 쓴 《내 삶의 주인으로 산다는 것》에는 뇌에 종양이 생겨 감정을 담당하는 부분을 제거해야 했던 한 환자의 이야기가 실려 있다. 이 환자는 기억, 언어, 연산 등 이성적으로 판단하는 능력은 그대로 있었지만 감정만은 느낄 수 없었다. 감정을 완벽히 통제하고 이성적으로 완벽한 인간이 된 것이다. 그러나 그의 삶은 순탄하지 못했다. 이혼을 했고, 친구관계도 좋지 못했다. 직장도 그만둘 수밖에 없었다. 합리적인 의사결정을 잘하기는커녕 상식 수준의 판단도 못하더라는 이야기다. 이런 증상을 두고 '감정표현 불능증'이라고 부르기도 한다. 감정표현 불능증은 신체적 · 정신적 장애나 약물 중독, 외상 후 스트레스 등으로 나타나는 인지장애 및 정동장애로 자신의 감정을 표현하지 못하는 질환이다. 그렇기 때문에 어떤 상황이나 관계 문제에서도 감정이 개입되지 않으므로 극단적인 선택도 서슴없이 하게 되는 것이다.

이런 사실을 보면 우리가 건강할 때는 이성과 감정이 상생작용을 하고 있는 것이 분명하다. 감정은 살아가면서 우리의 희로애락을 담고 그것을 표출하며 자신을 다스려 나가는 데 꼭 필요하다. 표출하지 못함으로써 빚어지는 결과는 생각보다 심각하다. 그러므로 지금 여기서 현재의 감정을 이해하는 것이 중요하다. 내가 지금 행복한지 불행한지, 화가 올라오는지 차분한지 이해하는가? 감정을 정확히 이해하지 못한다고 그 감정이 없는 것은 아니다. 그것은 자신도 모르게 무의식으로 직행해 억압 속으로 들어간다. 그래서 밝고 낙천적으로 보이는 사람이 스트레스 검사 결과 높은 지수를 보이는 것이다. 당신의 스트레스 정도는 얼마나 될까?

상대의 감정도 수용하라

다음은 미국의 의학 교과서에 나온 설문 내용을 직접 번역한 전문의가 한 방송에서 소개한 스트레스 자가진단 테스트다.

1. 한 달에 두 번 이상 극심한 스트레스를 호소한다.
2. 아무리 휴식을 취해도 피로가 풀리지 않는다.
3. 온종일 불운, 우울, 분노 등을 느낀 적이 있다.
4. 최근 성욕 감퇴를 느낀 적이 있다.

5. 체중이 쉽게 불어난다.

6. 단 음식, 밀가루 음식 등이 먹고 싶다.

7. 기억력과 집중력이 떨어진다.

8. 두통, 어깨와 목 긴장 등을 호소한다.

9. 설사, 변비, 소화불량이 자주 발생한다.

10. 감기 몸살, 입술 물집 같은 질환이 자주 발생한다.

해당 항목이 많을수록 스트레스 지수가 높은 것이며, 7개 이상이면 심각한 상태이니 자신의 스트레스 지수는 얼마나 될지 한번 점검해 보기 바란다.

세상이 요구하는 사항은 우리의 감정까지 빼앗아 간다. 그 함정에서 빠져나오기 위해 우리는 감정을 빼앗기지 말아야 한다. 싫으면 싫다고 말하고, 안 되는 건 안 된다고 단호하게 말하자. 화가 나면 화가 난다고 말하자. 감정에도 융통성이 필요하다. 융통성은 건강하다는 증거이므로 다른 사람의 시선 따위 의식하지 말아야 한다. 다른 사람에게 정신적, 육체적 피해를 주지 않는 한 이성을 바탕으로 한 자신의 감정에 솔직한 것은 잘못이 아니다. 다른 사람의 반응 역시 존중해 줘야 할 것이다. 그들의 감정을 이해하는 것은 나를 먼저 이해할 때라야 가능하므로 내 감정 상태를 좀 더 정확하게 읽을 필요가 있다. 그것은 나를 수용하고, 나를 배려하는 일이다. 긍정적인 감정이든 부정적인 감정이든 있는 그대로 인정하고 수용할 수 있도록 내게 더욱 세심한 배려를 해줘야 할 것이다.

내가 소중하듯 다른 사람들도 소중하다. 내 감정에 몰입하느라 상대의 감정을 들여다보지 못한다는 것은 너무나 이기적인 일이다. 어느 날 감정이 요동치는 상황이 발생했을 때 가능한 말로 표현하고 스스로에게 질문을 해보는 것이 좋다. 무엇 때문에 화가 나는 것일까? 내가 지금 우울한 이유는 뭐지? 이런 감정이 내게 어떤 도움이 될까? 이것 하나는 꼭 기억해야 한다. 내 감정이 몹시 화가 나 있더라도 그것은 당신이 화를 선택했기 때문이라는 것을 말이다.

06

시계 거꾸로 돌리기

내 것이 안 되는 이유

당신은 어떤 삶을 살고 싶은가? 당신이 원하는 꿈과 목표, 이상적인 삶은 무엇인가? '가정원칙'이라는 이론이 있다. 가정원칙은 자기가 원하는 삶을 실제 살고 있다는 가정하에서 시작하는 것을 말하는데, 간단해 보이지만 그리 쉽게 실천할 수 있는 일은 아니다.

우리는 여러 가지 감정을 느끼며 살고 있다. 즐겁고 행복하면 얼굴이 펴지고 웃음이 가득하다. 사랑하는 사람과 헤어지면 그 사람과의 추억과 나눈 시간들을 그리워하며 슬픔과 상심에 빠진다. 그러나 우리는 그와는 반대인 경험도 하게 된다. 상대의 얼굴이 활짝 웃고 있으면 즐겁고 행복한 감정이 생겨난다. 또는 짜증스럽고 불쾌한 얼굴을 보면 기분이 나빠지고 화가 난다.

미국의 철학자이자 실용주의 철학의 확립자로 알려진 '윌리엄 제임스'는 '다윈'의 "모든 인간은 다른 사람의 표정에서 감정을 정확하게 유추하는 탁월한 능력이 있다"라는 말에서 발상해 '다른 사람의 얼굴이나 행동을 보면 알 수 있는 다양한 정보나 느낌을 얻는 것과 같이 자신의 현재 기분이나 행동적 반응에서 특정한 감정을 경험할 수 있다'는 가설을 세웠다. 이 말은, 즉 감정이란 자기 자신의 감정을 이해함으로써 느끼게 되는 경험을 말한다는 것이다. 가정원칙에서는 결과를 불러일으킨 주범이 원인이라 말하지 않고 보이는 결과물에 대한 반응 때문에 느끼는 감정이 원인이라고 말하고 있다. 다시 말해 아파서 학교에 가기 싫은 것이 아니라 학교에 가기 싫어서 아픈 것이고, 즐거워서 웃는다기보다 웃어서 즐거운 것이라고 말한다.

또한 제임스는 〈감정이란 무엇인가〉라는 논문에서 흥분을 일으키는 사실을 지각하면 바로 신체 변화가 나타나는데 이런 변화에 대한 느낌을 감정이라고 했으며 곰에 대한 공포를 예로 들어 설명했다. 그는 상식적으로 곰을 보면 두려워서 도망간다고 생각하는데 사실 이것은 잘못된 생각이며, 도망가기 때문에 두려움을 느낀다고 주장했다.

이솝우화에 '여우와 포도' 이야기가 있는데, 이 내용은 책이나 인터넷을 통해 많이들 접해 보았을 것이다. 배가 무척이나 고픈 여우가 포도밭으로 숨어들었다. 여우는 나무 높이 달린 탐스러운 포도를 발견했다. 여우는 그 포도를 먹으려고 온갖 방법을 다 써보았지만 포도는 그 자리에서 여우를 조롱하듯 매달려 있었다. 삐친 여우는 마침내 포기하고 말했다.

"아무나 딸 테면 따라지. 저 포도는 시어서 맛이 없단 말이야."

이 이야기는 대표적인 가정원칙의 예다. 여우는 포도를 따 먹지 못한 이유를 포도가 익지 않아 시기 때문이라고 합리화했다.

긍정적인 자기 합리화로 자신을 정당화할 수 있다면 내게 이로운 것이므로 적당한 합리화는 필요한 것이라 할 수 있다. 때로는 스트레스 퇴치법이나, 자책감을 느끼지 않을 방법으로도 합리화는 꼭 필요하다 할 수 있겠다. 물론 긍정적인 합리화라면 그렇다는 말이다.

젊어지고 싶은가? 당신도 가능하다

2013년 EBS의 〈다큐프라임〉에서 '황혼의 반란' 3부작을 방영했다. 방송은 70대 후반에서 80대 후반의 노인들을 상대로 '추억여행'이란 이름으로 30년 전 자신의 모습을 연상하는 실험을 진행했다. 이 실험은 1979년 미국 하버드대학교의 심리학과 교수 '엘렌 랭어'가 행했던 일명 '시계 거꾸로 돌리기 연구'를 우리나라에서 최초로 (기간을 30년으로 늘려) 시행한 기록이기도 하다. 랭어 교수는 노인들에게 7일간의 휴가를 주고 그동안 20년 전인 1959년으로 돌아가게 했다. 그 시대의 TV 방송을 보고, 20년 전의 마음으로 그 시절 생활했던 그대로의 모습을 한 채 살림도 하고 여가도 즐기며 젊은이처럼 무엇이든 혼자 해결하도록 했다. 그렇게 7일간의 실험이 끝난 후 변화된 그들의 모습을 통해 전 세계가 놀랄 만큼 엄청난 결과를 발견했다고 한다. 참가한 노인들의 신체 나이나 지능 등이 실제로 50대 수준으로 향상된 것인데, 이는 생각이나 마음이 어떤지에 따라 감정이나 신체 반응이 달라진다는 것을 알 수 있다. 이 또한 가정원칙이 적용된 사례로 볼 수 있다.

EBS의 실험에서 주어진 7일간의 생활수칙은 다음과 같았다.

현재(실험 당시 2012년)를 기준으로 30년 전으로 돌아가

하나, 나는 현재 1982년에 있습니다.

둘, 나는 1982년에 맞게 말하며, 행동합니다.

셋, 나는 모든 일을 스스로 합니다.

이것은 우리도 일상 가운데서 충분히 간단하게 활용할 수 있는 방법이다. 꼭 노인들뿐만 아니라 50대든 40대든 30대든 자신이 원하는 시기로 돌아가 실제로 그 시절의 삶을 살아가는 실험, 당신도 해볼 만하지 않겠는가?

혈기 왕성했던 그 젊은 시절로 돌아가 마치 내가 20대인 양 살아보는 것, 참으로 흥미로운 일이 아닐 수 없겠다. 더불어 젊음까지 더해진다니 말할 나위도 없을 것이다. 외모뿐 아니라 나의 직업, 나의 능력과 재량 등을 활용하는 일을 현재 하고 있다고 상상해 보자. 그 또한 즐겁고 행복한 일이 아니겠는가? 실제로 그런 삶을 살아가는 듯한 모습과 행동을 한다면 동기에 맞는 행함을 실천할 것이고 도전할 수도 있을 것이다. 그러다 보면 실제로 당신이 원하던 삶을 살아가게 될 날이 올 것이라 믿어 확신한다.

당당한 모습을 보이라

우리는 생각이 행동을 지배한다고 생각한다. 그러나 가정원칙에서는 행동이 생각을 바꿀 수 있음을 보여 주었다. 세계적인 사회심리학자 '에이미 커디'는 "마음이 몸을 바꾸듯 몸이 마음을 바꾼다"라고 주장했다. 커디 교수가 말하는 성공을 부르는 열 가지 신체 습관이다.

1. 허리에 손을 얹고 당당하게 서기
2. 양손으로 몸을 감싸 안지 말기
3. 아무도 없을 때 책상에 다리를 올리기
4. 어깨를 웅크린 채 다리 모으고 앉지 말기
5. 양손으로 책상을 짚고 허리를 쫙 펴기
6. 한 손은 팔꿈치에 대고 한 손으로 뒷목 만지지 말기
7. 의자에 앉아 팔을 옆자리에 올리기
8. 두 팔을 책상에 얹고 의자 끝에 앉지 말기
9. 한쪽 다리를 올리고 앉아 손을 머리 뒤로 하기
10. 팔짱 낀 채 구부정하게 앉지 말기

이와 같은 자세들은 다른 사람들이 보기에 약간은 거만해 보일 수 있다. 그러나 당당하면 그만이다. 이렇게 자신감 넘치고 당당한 모습만 갖춰도 우리의 마음은 실제로 변화된다. 생각을 바꿔야 한다. 반드시 당당하다고 등이 펴지는 것은 아니다. 등을 꼿꼿이 폄으로써 더 당당해질 수 있다. 말을 잘한다고 앞에 나서길 좋아하는 것이 아니

다. 앞에 나서므로 말을 잘하게 되는 것이다. 삶은 그렇게 우리를 감쪽같이도 속인다.

사람들은 참으로 미련하고 아둔하다는 것을 스스로는 잘 모른다. 삶이 그리 호락호락하지 않다는 것을 알아야 한다. 특히 자기감정에 대해 스스로도 모르는 부분들이 너무 많아서 혼란에 혼란을 경험하기도 한다. 자신을 변호하는 데 합리화만큼 좋은 것은 없다. 나를 보호하고 다른 사람을 설득하는 일에도 적당한 합리화는 필요하다. 그것은 거짓과는 다르다. 전적으로 자신이 만들어 낸 생각이지만 자신의 감정을 지키고 배려하는 일에도 활용 가능한 방법이다.

합리화를 정당화하라

과연 우리는 얼마나 솔직하게 살아가고 있을까? 일상적으로 느끼고 있는 자기 마음은 어떤가? 과연 자신은 철저하게 솔직하다고 말할 수 있다면 말해 보라.

앞에서 언급한 가정원칙과 자기 합리화 중에 우리는 어느 것을 더 많이 사용하고 살아갈까? 아마도 매 순간순간 자신을 합리화하며 정당화하려고 노력하면서 살아가고 있을 것이다. 그것을 부인한다면 당신은 거짓말쟁이다. 우리의 언어문화는 요즘 들어 더욱 활발하게 발전하고 있다. 여기저기서 스피치 교육이다, 강사 교육이다, 브랜드 마케팅이다 하며 난리가 아니다. 이 세상은 언어 천지다. 말에 대한 중요성이 두각을 나타내면서 요즘 스피치 열풍이 시장을 장악하고 있다. 그럴수록 합리화는 더욱 기세를 부린다. 말하는 기술을 터득한 사람들이 가장 먼저 사용하는 것이 합리화이기 때문이다. 합리화는 자신뿐만 아니라 다른 사람을 이해시키고 설득하는 데 큰 힘을 발휘한다. 그러려면 언어 구사는 기본이므로 말의 능력을 완벽히 갖추기 위해 자기개발을 확장하는 것은 물론 아주 좋은 일이다. 합리화의 기술 또한 이에 해당한다는 말을 하고 싶은 것이다.

사회에 적응할수록, 연륜이 더해 갈수록 합리화의 기술은 더욱 유연해지고 정교해진다. 보통 사람들은 이런 사람들을 절대 따라갈 수 없다. 타고난 설득력을 갖춘 사람도 있겠지만 훈련되고 다듬어진 기술이 아니라면 명함도 내밀지 못한다. 자신을 내세우고 당당하게 나서서 자기감정을 고스란히 드러내는 데에도 기술이 필요하다. 거절하는 것도, '노'라고 말하는 것도 훈련된 자들이 잘할 수 있다. 몇 번이고 도전해 보는 것이 중요하다. 당신도 합리화를 당당하게 정당화하는 데 능숙한 사람이 되기 바란다.

07

당신이 진정한 프로다

사람마다 알고 보면 엄청난 재능들을 가지고 있다는 것은 의심의 여지가 없는 사실이다. 그러나 그 재능을 스스로도 모르고 있을뿐더러 '나 같은 사람이 무슨'이라는 소극적인 생각으로 재능을 끌어내기는커녕 인정조차 하지 않으려 한다. 자신의 능력을 애써 부인한다. 마치 재능은 자신과는 전혀 상관없는 특정한 사람에게만 있을 것이라는 생각을 하고 있다. 현재 각 분야에서 정상을 달리고 있는 사람들도 이미 주어진 환경에서 쉽게 대물림된 경우도 있겠지만 처음부터 자신의 능력을 알고 재능을 끌어 쓴 것은 아니다. 몇 번의 실패를 통해 좌절하고 낙심해 절벽 끝에 서본 경험이 있을 것이다. 그들은 아마 고심하던 끝에 우연한 기회에 자신에게 대단한 재능이 있음을 깨닫게 되고 연단의 과정을 통해 지금의 자리에 올랐을 것이다.

《기대의 힘》의 저자 '나카타케 류지'는 기대를 거는 방법에 따라 사람의 성장과 성공, 나아가 목표 달성 여부가 좌우된다고 말했다. 이는 재능이나 숨겨진 잠재력을 칭찬하고 지지하며 동기부여를 하는 힘을 말하는 것이다. 아무것도 못한다고 하찮게 치부하고 관심을 갖지 않는다면 자신이 가진 숨어 있는 재능은 영원히 묻어 두고 살 수밖에 없다. 그런데 해결하기엔 너무 힘겨운 일이나 아이디어를 끌어내야만 가능한 일들을 접할 때 숨어 있던 재능이 비로소 세상 밖으로 고개를 내민다. 숨어 있는 재능은 그렇게 밖으로 나아와 세상에 공헌하기를 바라는 것이다. 아무것도 하지 않는데 재능이 스스로 드러날 것이라는 기대는 하지 말아야 한다. 재능은 동기가 부여되거나 어떤 충격에 의해 자극을 받아야 뚜렷하게 발휘된다. 그 과정이 그리 쉬운 것은 아니다. 자신의 한계를 극복하고 뛰어넘어 새로운 과정에 돌입하는 모험은 참으로 기막히게 즐겁고 행복한 일이 될 것이다.

당신은 지금 현재 자신이 임하고 있는 분야에 애착이 있는가? 그 분야에서 진정한 프로가 되고 싶다면 먼저 그 분야가 최고라는 자부심과 그것을 신뢰하는 힘이 있어야 한다. 그래야만 더욱더 자긍심을 가지고 몰입하게 되며 그 무엇보다도 열정과 에너지가 증폭된다. 그리 쉽게 가는 인생이 어디 있을까. 방황이 꼭 헛된 것은 아니다. 방황하는 과정에서 우리는 좀 더 성숙할 수도 있고 지금까지 미처 깨닫지 못했던 자신의 능력을 찾아내거나 개발할 수 있는 좋은 기회가 될 수도 있다.

무슨 일을 하든 짜인 일과에만 열심을 보인다면 더 이상의 발전이 있을 수 없다. 당신이 고용주가 아니더라도 자신의 재능을 활용할 수 있는 기회에 눈을 뜨도록 노력하자. 눈앞에 보이는 일에 전념하더라도 그 일을 더욱 효율적이고 기능적으로 할 수 있는 방법을 연구해 보자. 즉, 머리를 써가며 일하라는 것이다. 그렇게 하다 보면 능률은 저절로 오를 것이고 당연히 그 분야에서 최고로 인정받는 사람이 될 것이다.

자신의 일을 즐기라. 즐기는 자를 따라올 사람은 아무도 없다.

좋아하는 일을 하라

성공적인 삶을 살고 싶은데 현재 하는 일에 대한 열정이 없다면 당신은 지금 헛된 시간을 보내는 것이나 다름없다. 무슨 일이든 열정 없이 하는 것은 동물이 먹이를 찾아 온 천지를 헤매는 것이나 다를 바 없다. 말 그대로 먹고살기 위해 어쩔 수 없이 하는 일인 것이다. 이런 말을 하면 사람들의 비난이 쏟아질지도 모르겠다. 그러나 억지로 일한다는 말이 입버릇처럼 나오는 푸념이 아니라 진심이라면 다시 한번 생각해 볼 만한 일이다. 진정 성공적인 삶을 살고 싶다면 지금 당장 삶이 힘들더라도 억지로 하는 일을 멈출 수 있는 용기가 필요하다. 인생은 생각보다 훨씬 짧다. 내가 좋아하고 생각만 해도 신나는 일을 떠올려 보자. 안 되는 일은 없다. 두려울 뿐이다. 두려움은 허상이라고 앞에서 수도 없이 말해 왔다. 다시 한번 말하지만 두려움은 허상일 뿐이다.

좋아하는 일을 하는 것은 자신을 위해서도 좋은 기회가 된다. 나를 사랑하고 존중하는 기본적인 마음과 기회를 허락하는 나를 위한 최소한의 배려다. 좋아하는 일을 하는 사람이 그렇지 않은 사람에 비해 성공할 확률이 훨씬 높은 것은 많은 사람들의 성공담을 통해서도 엿볼 수 있다. 그만큼 더욱 노력할 것이며 꿈과 지치지 않는 열정으로 일에 열중하게 될 것이기 때문이다.

좋아하는 일은 자기의 능력이나 잠재력과도 상통한다. 동기부여가 되어 숨어 있던 잠재력까지 깨우게 되니 스스로의 힘이 에너지의 원천이 되어 더욱 활발한 업무가 이루어질 것이다. 사람들은 흔히 말한다. 지금 하는 일이 좋아서 하는 사람이 얼마나 되겠냐고. 그러나 다시 한번 깊이 생각해 보기 바란다. 정말로 지금 하는 일이 마음에 들지 않는가? 아니면 해봤거나 할 수 있는 일이 이것밖에 없다는 이유로 하는 것인가? 만약 해본 일을 다시 선택했다면 당신은 그 일을 싫어하는 것이 아니다. 그 일을 통해 많은 도움을 받았거나 자기도 느끼지 못하는 사이에 일에 대한 애정이 싹텄기 때문이다. 혹은 그 일에 적합한 재능이 있거나 잠재력을 발견해 냈는지도 모른다.

만약 그렇다면 앞으로는 하고 싶지 않은데 억지로 일한다는 표현은 하지 말자. 기운 빠지고 맥 빠지는 말이므로 자신에게 하나도 도움 될 것이 없다. 가능한 한 일이 즐겁다는 생각으로 바꿔 보자. 내가 이 일을 좋아하고 있었구나 하고 깨닫게 될 것이다. 자신의 재능과 잠재력을 끌어내라. 하던 일을 멈추고 새로움에 도전하는 것을 두려워하지 말자. 당신의 재능이 음식을 만드는 것이고 그것이 즐겁다면 그에 맞는 음식점을 운영하거나 취업을 해서 경험해 보는 것이 좋다.

운동을 좋아하고 운동 용품에 관심이 많다면 스포츠 용품점 사장이 되거나 취업을 해서 많은 경험을 쌓은 뒤 당신의 사업을 시작할 수도 있다.

작년 2월에 청년 멘토링 축제 'MBN Y 포럼 2016'이 '네 꿈을 펼쳐라'라는 주제로 개최되었는데, 이날 외식사업가 백종원은 자신이 좋아하지도 않던 건축 사업을 하다가 크게 실패한 사실과 좋아하는 음식을 먹으며 행복했던 기억들을 더듬어 음식 사업을 해 크게 성공한 사례를 이야기했다. 청소년들에게 꿈과 희망을 심어 주는 시간을 가진 가운데, 백종원은 지금 잘하는 일보다 좋아하는 일을 하다 보면 반드시 성공할 수 있는 기회가 찾아온다고 적극 조언했다고 한다.

또 배우 류승룡은 CGV 신촌아트레온에서 열린 대학생을 대상으로 한 CGV 시네마클래스 강의를 통해 자신이 좋아서 시작한 연기가 자신을 성장시킨 과정에 대해 허심탄회하게 털어놓았다고 모 일간지의 기자가 전한 바 있다. 류승룡 역시 좋아하는 일을 지속적으로 한 결과 성공한 자신의 경험을 대학생들과 함께 나눈 것이다.

대부분의 사람들이 새로운 일에 도전하는 것을 무모함으로 간주해 버리는 경우가 많다. 그 모든 이유는 두려움이다. 두려움에 굴복해서 실패를 생각하고, 안 되는 조건을 생각하고, 아직은 준비가 안 되었다는 핑계를 댄다. 물론 시장조사와 선호도 등이 중요하지 않다는 것은 아니다. 사전에 치밀한 조사가 이루어지고 시대상과 시장성 등을 충분히 검토한 후에 시작해야 한다는 것은 말하나마나 아닌가. 처음부터 크게 할 필요도 없다. 마음가짐이 중요하다. 내가 무엇을 하고 싶은지, 그 이유는 무엇인지, 그 일을 통해 이루고 싶은 것은 무엇인지를 안다면 움직여라! 인생은 눈 깜짝할 사이에 막을 내릴 준비부터 한다.

좋아하는 일을 시작할 때도 정해진 규칙이 있다

목표를 정하고 그 일을 제대로 실행하기 위해서는 '확실한' 목표를 정해 놓아야 한다. 내가 얼마만큼의 성과를 올리길 바라는지, 원하는 성공의 크기는 얼마나 되는지, 그 일을 통해 어떤 모습으로 거듭나고 싶은지, 내 삶의 질을 어느 만큼의 반열에 올려놓고 싶은지 등 생각하고 계획하고 꿈꾸는 것들을 기획하고 기록해 두어야 한다. 인간은 하나님께 생명을 부여받을 때 무한한 능력도 함께 부여받았다. 그것을 꺼내 쓰는 것은 순전히 당신의 몫이다. 또한 정해 놓은 목표가 당신이 상상하고 실현 가능하다고 믿는 믿음과 일치되는 것이 중요하다.

《꿈꾸는 다락방》의 이지성 작가가 말한 'R=VDRealization=Vivid Dream 공식'은 선명하게 꿈꾸면 그 꿈이 언젠가는 이루어진다는 뜻이다. 이 뜻은 경험해 본 사람만이 아는 진실이다. 그와 같이 자신이 원하는 삶을 위해 정한 목표가 꿈과 일치한다면 실현될 꿈을 위해 한 발짝 더 다가설 수 있도록 모든 에너지를 쏟아부어야 한다. 미쳐서 하는 일을 막을 만한 힘을 가진 사람은 없다.

현재 자신의 환경과 재능, 재정, 건강 등을 고려해 가장 적합하고 실현 가능한 일을 계획해야 한다. 살아 있는 한 우리는 무슨 일이든 할 수 있다. 그러나 자신의 성향과 기질, 능력과 상황을 고려하지 않으면 좌절하거나 낙심할 수 있다. 좌절의 경험 또한 중요한 자원이 될 수 있지만 이왕이면 성공 가능한 일부터 차근차근 시작하는 것이 좋다. 그리고 성공을 발판으로 이룰 수 있는 또 다른 꿈을 꾸어라. 그렇게 한 발짝씩 나아가다 보면 첫 번째 성공은 당신의 삶 속에서 계속될 성공의 성공 아래에서 든든한 주춧돌이 되어 주고 있을 것이다.

누구를 위해 꿈을 꾸는가? 그것은 오직 당신 자신을 위해서여야만 한다. 당신이 좋아하는 일, 하고 싶은 일, 당신의 잠재되어 있는 능력이 어디까지인지 시험해 보고 싶지 않은가? 당신이 가지고 있는 거대한 능력을 다른 사람들은 알지 못한다. 그 능력이 얼마나 되는지는 스스로 발견해서 사용해 봐야만 알게 될 것이다. 이제껏 그런 것 없이도 잘 살아왔다고 믿고 싶은가? 하고 싶은 일만 하고 사는 사람이 얼마나 되겠냐고 말하고 싶은가? 그렇게 말하면 마음이 편해질는지 모르겠다. 그러나 그것은 부정적인 자기 합리화일 뿐이다. 당신은 무엇이든 할 수 있고 그만한 능력을 가지고 있다는 것을 의심하지 말기 바란다.

08

불필요한 인맥은 솎아 내자

어디를 가나 인맥 잔치다. 여기서도 저기서도 인맥의 향연은 그칠 줄 모르고 세월을 타고 나아간다. 인맥의 중요성은 이미 30여 년 전부터 중요하게 강조되고 있었지만 세월이 지날수록 점점 더 절실함을 실감하는 것 중의 하나다. 인맥이 없는 성공은 있을 수 없다. 요즘은 컴퓨터로 사람이 하는 일을 대신 처리하기도 하지만 사람의 손이 미치지 않는 일은 아직은 아무것도 없다. 특별히 사업을 하거나 영업 혹은 판매업을 하는 사람들은 말할 것도 없고, 이제는 일반 직장인이나 가정주부 역시 인맥 쌓기에 많은 시간과 비용을 투자하고 있다.

그러나 안타까운 것은 대부분 만나는 부류가 한정되어 있다는 점이다. 게다가 상대가 전문가일수록 사람들은 그들과의 관계를 어려워한다. 근접하기 어렵고 자신과는 수준이 다른 사람으로 보인다는 것이 한계선을 긋게 되는 이유다. 참으로 안타깝기 그지없다. 정작 필요한 사람들은 멀리하고 자신과 별다를 바 없는 편안하고 만만한 상대에게서 안정을 찾으려 한다. 물론 버릴 것 하나 없는 게 인간관계라고는 하지만 자신에게 큰 도움이 될 만한 사람을 가까이 두는 것만큼 큰 수확은 없다는 것을 알아야 한다.

자신과 비슷하거나 한정된 구역에서 만나는 사람 외에 다양한 분야에서 전문가로 활약하고 있는 사람들을 만나는 것을 두려워하지 말기 바란다. 그들 역시 당신과 다를 바 없는 똑같은 사람이다. 그들의 당당함을 보고, 그들의 열정을 보면서 그들에게 배울 것이 많음을 인정하기 바란다.

명함을 주고받는 일은 중요하다. 그러나 그 명함을 기억하고 소중히 다루는 사람은 그리 많지 않다. 대부분이 가방 구석에 구겨 넣고 몇 달이 지나도록 명함에 대해서는 까맣게 잊곤 한다. 나중에 발견한 명함이 누구의 것인지 기억조차 희미하다. 이런 사람들은 그중에 큰 보물이 있을 수도 있다는 사실을 모르고 있다. 결국 눈앞에서 귀인을 놓치는 셈인 것이다.

나는 명함을 나누는 일을 즐긴다. 내 명함이 쓰레기통으로 들어가거나 구겨져 버려질지라도 개의치 않는다. 왜냐하면 그런 행동은 나와는 상관없는 상대의 몫이고 선택이기 때문이다. 인맥은 자산이다. 사람들은 자신을 드러내고 싶어 하는 욕망이 있다. 이 또한 낮은 자존감의 한 형태다. 만만치 않아 보이는 사람과의 관계가 불편한 것도 자신의 정체성이 상실되는 느낌 때문이다. 그래서 말이 많아지거나 아니면 반대로 말없이 숨죽이고 있는 자신을 보게 되는 것이다. 자신감 있고 당당한 사람은 가만히 있어도 저절로 존재가 드러난다.

만약 상대방의 존재가 너무 커서 자신이 가려지는 것같이 느껴진다면 정신 차려야 한다. 왜 상대방이 자신을 가렸다고 생각하는가? 자신이 스스로 숨고 있다는 사실을 진정 모르는가? 자신의 모습을 인식함으로써 존재감을 키우도록 노력해야 한다. 그들은 그들대로의 장단점이 있다. 아무리 그럴듯해 보이고 어디에서든 두각을 나타내는 사람일지라도 당신과 비교하거나 평가하지 말자. 당신은 당신대로 훌륭하고 괜찮은 사람이다. '부자아빠 만들기'의 칼럼니스트 '세이노'도 우리가 자신감을 갖지 못하고 불행해지는 이유가 바로 '비교 심리'에 있다고 말했다. 어느 누구도 당신의 개성이나 매력을 따라올 사람은 없다. 자신에게 먼저 당당하고 그다음에 어디서든 당당함이 옳은 순서다.

이제부터는 누군가에게 명함을 받으면 따로 명함첩을 만들어 보관하는 습관을 들이도록 하자. 그리고 매주 명함을 정리하면서 전화가 어려우면 안부 문자라도 보내 보도록 하자. 특히 당신이 사업을 하거나 앞으로 할 계획이라면 더더욱 명함 관리를 잘해야 한다. 자신의 명함은 물론 상대의 명함 역시 소중히 다루며, 빼놓지 않고 안부를 전하는 것이 기본이다. 별것 아닌 듯 보여도, 생각지도 못한 사람이 이름을 기억해 주고 안부 문자를 보내 주었다는 사실만으로도 당신은 그의 마음에 관심을 심어 놓게 된 것이다. 무엇이든 심는 대로 거둔다고 했으니 그렇게 조금씩 시작해 보는 것, 한번 시도해 보기 바란다.

부정적인 사람을 멀리하라

주변을 둘러보라. 최소한 한 달에 한 번, 아니 1년에 한두 번 만나는 것에서 시작해 거의 매일 만나는 사람까지 하나하나 떠올려 보자. 주로 어떤 사람들이 주변에 있는가? 사람이 중요하다고는 하지만 아무나 만나는 것은 피하는 것이 좋다. 내 인생에 무엇에든 필요한 사람을 만나야 한다. '아무나' 만나서 그들과의 관계를 유지하느라 나를 희생하고 시간을 낭비할 이유가 없다. 이 말에 대다수가 어떻게 사람을 필요에 의해 만나느냐고 반문할 것이다. 그러나 그것은 여러분 모두가 실천하고 있는 일이다. 내가 좋아하고, 만나면 기분 좋고, 서로 무엇인가 도움이 되고, 어렵고 힘든 상황을 해결해 나갈 수 있도록 도움을 줄 수 있는 사람들, 지금 당신이 만나는 이들도 그런 사람들이지 않은가? 아무튼 무엇에든 쓸모가 있는 사람들일 것이다.

여기서 말하는 '아무나'는 만나면 기분이 나빠지고, 부정적인 말만 늘어놓고, 당신의 성공을 질투하고, 허풍을 일삼으며 남을 험담하기를 좋아하는 비인격적인 사람들을 말하는 것이다. 대화를 하는 도중에도 매사에 의심을 품고 불만을 표하면서 부정적인 언어와 생각으로 가득한 사람들이 있다. 이런 사람은 당신 삶에 아무 도움도 되지 않는다. 아니, 오히려 해가 될 수 있다. 부정적인 생각으로 가득한 사람들은 매사를 부정적인 측면부터 바라본다. 부정적 에너지는 너무 강해서 전염성이 높다. 부정적 에너지는 우리의 기운을 빼앗고, 내 소망이 부질없다며 모든 꿈을 접게 만든다. 이 세상은 평범한 사람들이 살아가기에는 수많은 혹독한 위험이 도사리고 있으니 아무것도 하지 않는 것이 현명하다고 속삭인다. 주변에 이런 사람이 있다면 당장 그와의 관계를 끊기 바란다.

'오프라 윈프리'는 "여러분을 더욱 높이 올려 줄 사람만을 가까이 하세요"라고 말했다. 내게 한마디의 말이라도 힘을 주는 사람을 만나자. 그런 사람을 옆에 두어야 한다. 내가 듣고 싶고 들어야 하는 말을 해주는 사람을 만나자. 그런 사람은 내가 다시 일어설 용기를 주는 사람이다.

인간관계를 유지하느라 애쓰지 말라

적당한 인간관계는 삶을 더욱 윤택하게 만드는 데 많은 도움을 줄 수 있다. 그러나 그 인간관계를 유지하는 것 때문에 많은 시간과 물질과 에너지를 쏟다 보면 또 다른 많은 것들을 잃어버릴 수도 있다. 무엇이든 적당히 유지하는 것이 가장 현명하다는 것은 당신도 잘 알 것이다. 인간관계도 분류해서 관리하는 것이 좋다. 자주 보거나 봐야 할 사람, 가끔 보거나 봐야 할 사람, 1년에 한두 번 보거나 봐야 할 사람, 가끔 안부 정도만 전해도 될 사람, 품앗이가 목적인 사람. 이런 식으로 분류해 적당한 선에서 관계를 유지하는 것이 자신에게 여러모로 용이할 것이다. 괜스레 그 사람에게 끌려다니며 관계를 유지하기 위해 애쓰는 것은 현명하지 못하다. 최근 젊은 사람들 사이에서 '인맥 다이어트'라는 말이 생겨나고 있다. 이는 불필요한 사람들을 정리하고 걸러 내는 것을 말한다. 복잡한 관계들을 끊어 버리면 속이 다 후련하고 마음이 가벼워진다고들 말한다. 말 그대로 인간관계를 정리하고 다시 시작하는 것이다.

지난 4월 취업포털 사이트 '인크루트'가 성인 2,526명을 대상으로 "인간관계에서 피로감을 느낀 적이 있는가?"라는 설문조사를 실시했는데, 이 질문에 "그렇다"라고 답한 사람이 전체의 85%나 된다고 한다. "인간관계를 일부러 정리한 적이 있는가?"라는 질문에는 전체의 46%가 그렇다고 답했고, 실천은 못 했어도 정리하고 싶은 마음이 있는 사람도 18%나 되었다고 한다. 서울대학교 심리학과 곽금주 교수는 이런 '인맥 다이어트' 유행 원인에 대해 "집단주의 문화인 한국에서 인맥은 성공과 연결되는 중요한 자산으로 여겨진다. 하지만 SNS 확산으로 피상적 인간관계가 만연하면서 관계에 대한 피로감이 높아졌다"라고 설명한다. 곽 교수는 "실제로 일본 청년들 중에는 '인간관계 리셋 증후군'을 앓는 이들이 점점 많아지고 있다고 한다. 이렇게 고립을 자처하는 개인들이 늘어나면 범죄 등 사회적 문제로까지 이어질 수 있다"라고 덧붙였다.

사실 사람은 홀로 고립된 채 살아갈 수 없다. 그러나 쓸데없이 많은 인맥을 유지할 필요도 없다. 사람들은 굳이 얼굴도 기억나지 않는 사람의 이름까지 보관하려고 한다. 얼굴이 떠오르지 않는 사람은 미련 없이 지워 버려라. 그도 당신을 기억하지 못할 것이다. 나이가 들어 갈수록 사람들은 인맥의 중요성을 깨닫게 된다. 그렇다고 아무나 막무가내로 인맥의 연결고리에 끼워 넣지는 말아야 한다. 내가 즐겁고 행복한 관계를 만들어야 한다.

어쩔 수 없는 관계도 버릴 수는 없지만 스트레스가 되어서는 안 된다. 분류하고 나누고 적당히 유지하는 정도로만 두어라. 소속된 조직에서의 관계는 어쩔 수 없이 끌어안고 가야만 하는 숙제다. 그러나 그 또한 얽매일 필요는 없을 것이다. 자유롭게 서로를 존중하면 된다. 굳이 하기 싫은 일, 먹기 싫은 술자리까지 함께하며 질질 끌려다닐 필요 없다. 솔직하게 처음부터 당당히 거절하라. 나는 싫다고. 그리고 태연하면 된다. 미움 좀 받으면 어떤가. 그 외의 것에서 자신의 인간성과 진솔한 감정들을 표현하면 된다. 요즘 지성인들은 나이를 불문하고 다른 사람의 취향이나 성향을 존중해 준다. 그래서 오히려 솔직한 사람, 자신을 정확히 표현할 줄 아는 사람을 좋아하는 것이다. 동류는 동류를 알아본다고 했다.

어떤 사람을 만나든 그 사람의 가치를 발견해 내는 능력을 키워야 한다. 그저 편안한 사람을 뜻하는 것이 아니다. 물론 편안함을 주는 사람도 정신적인 도움은 될 수 있겠지만, 내 삶에 그 이상의 것들을 발견해 내는 데 도움을 줄 수 있는 그런 사람을 볼 줄 아는 눈이 필요하다. 세상은 변해 간다. 사람들의 가치관도 많이 달라졌다. 사람 보는 눈도 점점 달라지고 있긴 하지만 아직은 편안하게 다가오는 사람이 제일이다. 왜냐하면 편안하고 만만한 모습 뒤로는 자신의 모습이 가려지지 않기 때문이다. 그러나 꽤나 멋지고, 능력 있고, 당당한 사람 앞에서는 주눅이 들어 말조차 섞는 것을 어려워한다. 심지어 그들이 다가올까 봐 두려워한다. 그들의 당당한 모습에 자신이 너무 보잘것없어 위축되므로 불편함을 느끼는 것이다.

그러나 잘 살고 싶다면, 반드시 성공적인 삶을 살고 싶다면, 그들과 가까이하라. 그들은 당신이 풀어야 할 문제의 답을 알고 있다. 당신보다 뛰어난 사람들과 가까이하라. 그래야 당신의 눈이 밝아지고 발전할 수 있다. 그리고 당신은 그들보다 더 뛰어난 사람일 수도 있다는 생각을 붙잡아야 한다.

09

돼지 목에 진주 목걸이

아무리 값비싼 명품이라도 착용한 사람과 어울리지 않으면 그야말로 '돼지 목에 진주 목걸이'다. 이른바 '명품' 좋아하는 사람들, 참 많을 것이다. 그러나 명품에 어울릴 만한 이미지를 갖추는 일에는 관심이 없다. 이제는 최고급 브랜드라는 이미지와 적합하게 자신을 연출하는 데 관심을 기울여야 한다. 이것은 자기 사랑에서도 기본적인 배려다. 고급 브랜드는 화려함보다는 변함없는 진실과 부드럽고 품격 있는 우아함 그 자체를 표현한다. 다른 사람들에게 자신의 이미지를 나쁘게 보이고 싶은 사람은 단 한 사람도 없을 것이다. 성공을 위해 사람들의 관심을 사고 그들에게 호감을 얻는 것은 무엇보다도 중요한 일이다. 그러기 위해서는 관계란 절대 피해 갈 수 없는 일이다.

개인 이미지란 자기만의 고유한 특성이 외부로 나타나는 현상을 말한다. 외관으로 보이는 전체적인 이미지와 내면에서 흘러나오는 자기만의 느낌, 행동이나 말, 성격 등으로 나타나는 품격과 인격이 발현되는 현상이다. 이미지는 한 개인이 어떤 삶을 살아가고 있는지를 적나라하게 보여 주는 증표이기도 하다. 그렇기 때문에 자신의 가치를 높이고 품격 있는 삶을 살아가는 것이 중요하며, 그런 삶은 고스란히 자신에게 스며들어 외관으로 묻어 나오게 되는 것이다.

《일단은 첫인상》의 저자 김경호 박사는 그의 저서에서 개인의 이미지는 '내적 이미지심리적 · 정신적 · 정서적 특성, 외적 이미지외부로 나타나는 종합적인 느낌, 사회적 이미지상황에 따라 표현되는 관계적인 현상'로 구분된다고 말했다. 어차피 인생은 선택의 연속이다. 아침에 눈뜨면서부터 밤에 눈 감을 때까지 선택하지 않아도 되는 일은 없다. 무엇을 선택하느냐에 따라 삶의 질이 달라지게 되어 있다. 이미지도 마찬가지다. 이미지란 자신의 총체적인 삶을 대변해 준다. 자신이 어떤 사람인지, 무엇을 하는 사람인지, 또는 어떤 환경에 처해 있는 사람인지까지도 이미지를 통해 엿볼 수 있다. '미디어 정치' 혹은 '이미지 정치'라고 말할 정도로 개인 이미지는 정치계에서도 중요한 역할을 하고 있다. 실제로 그들의 옷차림이나 표정, 자세, 언어 등이 이미지를 결정하는 데 큰 힘이 되었다고 한다. 그만큼 성공 사회에서는 빼놓을 수 없는 전략으로 자리 잡은 것이다.

'나' 다움에 속지 말라

요즘은 여성뿐만 아니라 남성들도 외적인 이미지에 관심이 많다.

더군다나 고정된 이미지의 틀에서 벗어나지 못하는 것은 여성이나 남성이나 매한가지다. 당신은 어떤가? 10년이 넘도록 같은 머리 모양, 같은 의상 스타일을 고집하고 있지는 않은가? 어떤 사람들은 평생을 고정된 틀에서 벗어나지 못하고 고집한다. 그러다 보니 그 외의 것들은 어색하고 불편해서 견디기 힘들어한다. 사실은 변화된 모습이 훨씬 좋아 보임에도 본인 스스로는 눈에 안 맞는 안경을 낀 것 같아 불편해서 바로 원상태로 돌아가고 만다. 이렇게 고정된 틀 속에 이미지를 가둬 놓고 모양을 바꾸려 하는 것은 엄청난 노력이 필요하다. 어디 외관만 그럴까. 내관 역시 자신이 만들어 놓은 틀을 깨버리는 것은 모험이자 도전인 것이다.

얼굴의 주름이나 표정 등도 틀에 박혀 있다. 평소에 어떤 생각과 마음을 가지고 살아왔는지 얼굴을 보면 다 나타난다. 나와 지속적으로 상담을 해온 한 여성이 있다. 처음 나를 찾아왔을 때 그녀는 경직된 표정으로 거의 굳은 얼굴을 하고 있었다. 웃는 것도 너무 어색해서 보는 사람이 안타까울 정도였다. 지금껏 살면서 그렇게 경직되고 불편한 표정을 한 사람은 처음 봤다. 그녀의 문제는 욕심이었다. 다른 사람들에게 바라는 자신의 욕심이 채워지지 않으니 항상 인상을 쓰고 화난 얼굴을 해왔다. 불평과 불만이 많다 보니 얼굴이 펴질 날이 없었다.

그녀의 주변 사람들은 그녀와는 반대로 모두가 환하고 편안한 얼굴이었다. 그녀와 함께 있을 때 그들은 힐끗거리며 약간의 눈치만 볼 뿐 전혀 개의치 않고 각자가 좋을 대로 살아가고 있었다. 그들을 보는 그녀만이 얼굴에 못마땅한 표정이 가득했다. 자신은 삶이 형편없고 고통스러운데, 저들은 행복한 웃음을 짓고 태평스럽게 제 할 일만 하는 것을 보면 더욱 화가 치밀었다. 그렇게 평생을 살다 보니 얼굴의 근육 중 자주 사용하는 부분이 견고하게 틀을 만들어 놓은 것이다. 늘 화가 나 있었고 마음에 안 드는 것을 못마땅하게 여겨 인상을 잔뜩 썼던 자리가 움푹 파이고 자리를 잡아 단단히 고정되어 있었다. 그녀는 마음껏 웃는 법도 모르고 있었다. 1년 넘게 관계를 유지하며 표정 연습을 지속적으로 해온 결과 지금은 많이 좋아진 상태다.

표정만큼 고정된 것이 무의식적으로 습관화된 시각이다. 사람들은 자신만의 각도기가 있다. 보이는 모든 것을 자신의 각도기를 들이대고 재보려 하는 습성이 있다. 그러다 보니 다른 사람들을 자기 나름대로 평가한다. 자신의 모습에는 관대하면서 다른 이들의 모습을 자기 멋대로 냉정하게 평가하고 즐거워한다. 이것을 편견이라고 부르기도 한다. 이런 편견은 사람을 있는 그대로 볼 수 없게 만든다. 멀쩡한 사람을 바보로 만들기도 하고, 선한 의도를 가진 사람을 왜곡된 시선으로 바라보게도 만든다.

그리고 또 하나, 반드시 깨뜨려야 할 중요한 틀이 바로 자기도 모르게 불쑥불쑥 튀어나오는 말투다. 평소의 생각과 감정 등이 실려 있는 말투는 무의식 상태에서는 조절이 불가능하다. 가족들 간의 대화 중 말투와 그 외의 사람에게 걸려 온 전화에 응대하는 말투가 확연히 차이 나는 것을 많이들 봤을 것이다. 그렇게 우리는 평소에는 말투를 조절하는 데 선수들이다. 그러나 어느 순간 자기도 모르게 퉁명스러운 말투가 툭 하고 튀어나올 때가 있다. 아무리 멋진 남성 혹은 여성일지라도 말하는 투가 투박하다면 이제까지 가지고 있던 이미지에 큰 오점을 남기게 될 것이다. 그런 과오를 범하지 않기 위해서는 평소의 마음가짐이 중요하다. 보이는 모든 것은 내면에서 나온다고 했다. 정겹고 부드러운 말투가 본래의 내 모습이 될 수 있도록 내면을 가꾸는 일에 더 많은 신경을 써야 할 것이다.

이미지도 실력이다. 요즘은 매너 있고 똑똑해 보이는 이미지를 선호한다. 어느 곳에서든 똑똑해 보이고 당차 보이는 인물에게 사람들이 몰린다. 똑똑한 이미지는 유능함으로 인해 신뢰감을 더해 주며 독립적이고 도전적으로 보이는 인상이 사람들의 환심을 사는 매력으로 작용하고 있다. 그리고 실제로 똑똑하고 당찬 사람들이 생각이나 판단에서도 올바른 선택을 하고 있다. 이들은 특별한 행동을 하지 않아도 이미지 속에 품격이 배어 나온다. 그러므로 똑똑해 보이는 사람들을 좋아하는 이유가 성립되는 것이다.

진정으로 똑똑한 사람들은 지식과 지혜와 인성과 인품 모두를 갖춘 사람을 말한다. 어느 하나에 치우침이 없이 골고루 발달된 사람이다. 똑똑하지도 못하면서 잘난 척하는 사람을 구분하는 방법은 그 사람의 품격이나 매너를 보면 알 수 있다. 이들은 똑똑하지 못하므로 다른 사람들의 마음을 살필 능력이 없다. 오로지 자신밖에 모르고 옹졸해 편협한 사고방식을 가지고 있다. 이들의 주변에는 사람들이 모이는 듯하나 결국 흩어지기를 반복한다. 승부욕이 지나치게 강해서 지고는 못 견디는 성향이 있기 때문에 자신보다 앞서가는 사람들을 해치거나 부정한 방법을 동원해서라도 성공을 가로채려 한다. 이런 사람들은 이미지마저도 거짓된 가면을 사용하는 경우가 많아 견제

해야 할 대상이기도 하다.

매력을 드러내라

'대칭 이론'을 주장한 미국의 사회심리학자 '시어도어 뉴콤'은 인간은 대칭이나 균형을 이루기 위해 서로에게 끊임없이 영향을 준다고 설명했다.

인간은 누구나 매력 있는 사람들에게 더 끌린다고 한다. 그 매력은 사람마다 다르겠지만 어떤 매력이든 그것을 개발하고 발달시켜 훌륭한 자기만의 매력으로 세상을 향해 발산하기 바란다. 자기만의 독특한 매력이 있는 사람에게는 관심이 몰리기 마련이다. 매력은 외모에만 있는 것이 아니다. 그것은 그 사람에게서 풍겨 나오는 긍정적인 느낌이다. 그 매력에는 상대의 마음을 잡고 움직이게 하는 힘이 있다.

'레테르 효과' 혹은 '라벨 효과'라는 말을 들어 보았는가? 이는 상대에게 어떤 특정한 상황을 칭찬했을 때 그에 맞는 행동을 하게 만드는 놀라운 효과가 있다고 해서 붙은 이름이다. 즉, 상품에 그 품질을 설명하는 라벨을 붙이듯이 말이다. 자신의 매력을 맘껏 드러내 '이 사람은 이런 사람이다'라는 신의를 얻는 것이 중요하다. 그래서 나를 칭찬하는 사람을 만나야 한다는 것이다. 그 사람이 칭찬하는 그 부분이 나로 하여금 칭찬에 합당한 보답을 하기 위해 움직이게 만든다. 어려서부터 칭찬을 많이 듣고 자란 아이들이 어른이 되어 더욱 긍정적이 되고 사회적으로 성공한 경우가 많다. 그 이유도 그들은 일찍부터 레테르 효과에 부응하며 살아왔기 때문이라고 볼 수 있을 것이다. 자기 브랜드는 자기 자신을 세상에 드러내되 무엇보다도 확실하고 진실되고 무한한 가치가 있음을 증명하는 것이다. 특히 면접을 앞두고 있거나 새로운 일을 도모하는 경우, 새로운 삶의 현장에서 자신을 소개하기에 앞서 적합한 이미지를 갖춰야만 한다. 이력서에 쓸 만한 스펙이 가득한들 이미지만 못하다는 것을 사람들은 잘 알지 못한다. 그저 죽어라 공부하고 스펙을 쌓고 굳은 얼굴로 면접장에 와 앉았다 치자. 긴장된 얼굴에 굳은 표정, 그리고 외모에 묻어나는 이미지에 향기가 없는데 누군들 그 사람에게 끌릴 수 있겠는가.

먼저 자신을 차별화된 명품 이미지로 제대로 포장하도록 하자.

첫째, 항상 긍정적인 마음과 좋은 생각은 기본이다. 나를 먼저 이해하고 사랑하기에 힘써야 한다. 나는 진정 소중한 존재이며, 무엇이든 잘할 수 있는 능력을 타고났다고 스스로 칭찬하자. 그리고 다른 사람을 이해하고 그들 역시 소중한 존재이며 무엇이든 할 수 있는 권리가 있음을 인정해야 한다.

둘째, 얼굴 스트레칭을 통해 표정을 관리하고 뭉친 근육들을 풀어준다. 표정은 상대를 기분 좋게 만들기도 하고 기분 나쁘게 만들기도 한다. 그러므로 평소 밝고 긍정적인 표정을 짓도록 노력하자. 얼굴이 펴지면 인생이 펴진다는 말이 있다. 그것은 설명이 필요 없다. 웃어라, 미소 지어라. 미소 지은 상태로 10분만 유지해 보자. 원수 같았던 사람도 달리 보일 것이다.

셋째, 긍정적인 언어를 사용하자. 당신이 주로 사용하는 언어는 무의식중에 뇌에 박힌다. 뇌는 자신이 입력한 정보들을 위해 충성하라는 사명을 부여받았다. 긍정적인 언어는 뇌의 도움으로 삶을 더욱 풍요롭게 만드는 표정으로 승화된다.

넷째, 귀격의 태도와 자세로 자신감을 드러내라. 당신은 굴함이 없는 용기를 가져야 한다. 어디에서든 당당하게 자신을 표현할 줄 아는 사람이 되어야 한다. 반듯한 자세와 옷차림, 깔끔한 매너와 에티켓으로 자신 있는 모습을 연출해 보자. 누구보다도 훌륭하고 누구보다도 멋진 사람으로 표현될 때 그 표현은 당신 삶에 고스란히 녹아들게 되어 있다. 그것은 곧 당신을 명품화하고 당신의 가치가 상승하는 데 엄청난 도움을 주게 될 것이다.

다섯째, 끊임없이 공부하라. 공부하는 사람이 이기는 세상이다. 지금보다 더 나은 삶을 살기 위해 끊임없이 자기를 개발하고 보다 더 나은 새로운 세상을 꿈꿀 때 당신의 이미지는 더욱더 빛나게 될 것이다.

10

과거에서 들려오는 잡음을 퇴치하라

지금까지 살아온 세월 동안 우리는 자신도 모르게 틀을 형성해 왔다. 그리고 다람쥐 쳇바퀴 돌듯 틀 안에서 반복되는 자신의 삶을 인식하지 못했다. 상황의 변화에 따라 사람도 변화하는 것이 맞다. 그러나 인간은 틀을 벗어나는 것을 두려워하는 까닭에 변화하는 것을 망설이거나 혹은 거부해 버리고 있다. '쥘 짐머'는 "사람은 누구나 자신에게 익숙한 목발에 몸을 의지하고 싶어 한다"라고 말했다. 그러나 새로운 것에 적응하는 것이 생각만큼 어려운 것은 아니다. 적응해 가는 과정에서 또 다른 많은 것들을 경험하고 배우고 익히게 되며, 결국 익숙해지기 마련이다.

사람이 나이를 먹는 것은 아무런 변화 없이 세월의 태평함 속에 안주하기 위한 것이 아니다. 그 과정 속에서 지속적으로 발전하고 진화하기 위한 것이며, 그 삶을 통해 경험하고 깨달은 진리들을 함께 나누기 위함인 것이다. 변하지 않는데 어찌 많은 것을 경험할 수 있으며 어찌 성장할 수 있겠는가. 나이라는 틀에 따라 살지 말고 시대를 따라 살아야 한다. 나이에 맞는 시련을 경험해 보지 못한 사람들, 성공하는 과정에서 실패를 경험해 보지 못한 사람들, 가난하고 궁핍한 생활을 해본 경험이 없는 사람들이 있을 것이다. 그들을 절대로 부러워해서는 안 된다. 그것을 자신과는 상관없는 남의 것이라는 틀로 가둬 던져 버린 사람들은 언제 어느 때 닥칠지 모르는 폭풍 앞에 대처할 수 있는 방법을 알지 못한다. 틀이라는 것은 어디에나 존재하지 않는다. 사람들이 만들어 놓은 것일 뿐이다. 과거의 나와 지금의 내가 한결같다는 것은 결코 좋은 말이 아니다. 세월이 변하고 시대가 변하는데 어찌 한결같을 수 있는가. 예전의 나와 지금의 나는 달라졌어야 한다.

지금 당신의 모습을 보라. 예전의 나와 어떻게 달라졌는가? 어릴 적 자신감 없이 위축되어 사람 앞에만 서면 긴장했던 자신이 지금은 당당하게 고개를 들고 할 말을 자신 있게 하며 살아간다면 당신은 성공한 사람이다. 예전에 파란만장한 청소년기를 보내고 문제아로 낙인이 찍혔었는가? 그렇다 해도 지금의 모습이 모범적이고 열정적이며 지나온 과거에 얽매이지 않고 당당하게 살아가고 있다면 당신은 훌륭하게 성공한 사람이다.

예전과 달라진 자신의 삶이란 가난에서 부유함으로, 실패에서 성공으로 등과 같이 보이는 면만을 말하는 것이 아니다. 물론 훨씬 나은 삶으로 발전한 것은 당연히 잘된 일이다. 그러나 그보다는 내 생각이나 판단, 편견이나 자존감 등이 긍정적인 방향으로 향상되어 있는 내면세계를 말하는 것이다. 그렇게 내면이 풍성하게 빛을 발하면 외적인 현상은 자동으로 따라오는 것이므로 삶은 변화하게 되어 있다. 그러나 예전의 가치관과 사고방식, 좋지 않은 습관 등을 여전히 놓지 않고 있다면 문제가 될 수밖에 없다. 여전히 남아 있는 가부장적인 제도와 40대 이상의 성인에게서 볼 수 있는 남녀의 책임의식 문제 등도 변화하지 않기에 전과 같이 제자리를 벗어나지 못하고 있다.

사람들은 과거를 내려놓고 싶어 하지 않는다

'에크하르트 톨래'의《NOW》라는 책에 이런 내용이 실려 있다.

두 선승 '탄잔'과 '에키도'가 폭우가 내린 뒤 몹시 진흙탕으로 변한 시골길을 걸어가고 있었다. 마을 근처에서 그들은 길을 건너지 못해 쩔쩔매고 있는 젊은 여인과 마주쳤다. 진흙탕이 너무 깊어 그녀가 입고 있는 비단 기모노가 망가질 위험에 처해 있었다. 탄잔은 얼른 그녀를 등에 업고 길 건너편으로 데려다주었다. 두 선승은 침묵 속에 발걸음을 계속했다. 5시간 뒤, 그들이 머물게 될 절 가까이 이르렀을 때 에키도가 더 이상 참지 못하고 말했다.

"왜 그 처녀를 등에 업고 길을 건너다 주었는가?"

탄잔이 말했다.

"나는 몇 시간 전에 그 처녀를 내려놓았는데, 자네는 아직도 그녀를 업고 다니는군."

책 속의 에키도처럼 우리는 지나온 날들을 생각 속에서 내려놓지 못하고 살아간다. 그 생각 위에 다른 생각을 올려놓고 한데 묶어 더욱 무거워진 생각을 끌어안고 살아가느라 힘겨워한다. 기억 자체가 문제 되는 것은 아니지만 과거의 기억이 현재를 살아가는 데 부정적인 기운으로 작용하는 것은 막아야 한다. 우리는 지나온 과정 중에 경험한 많은 것들을 통해 삶을 배워 왔다. 그것은 경험에 그치고 현재를 살아가는 지금 현명하게 대처해 나갈 수 있는 지혜로 남아야 한다. 그것이 걱정이라는 부정적인 감정을 부추기게 되는 것이 문제가 된다. 그 경험 속에 '내'가 있었고 경험 속의 내가 지금 내 안에 자리 잡고 있다. 그것이 무슨 일에서든 발목을 잡고 늘어지게 되므로 그 끈을 놓는 것만이 과거에서 자유로울 수 있는 길이다.

생각의 방향을 전환하라

생각을 바꾸면 인생이 달라진다는 말이 유행처럼 서점가를 주름잡고 있다. 그런데 이 말은 단지 유행이 아니라 사실이다. 과거의 경험에서 배우고 터득한 일들이 쓸모없는 것은 아니다. 단지 방향을 전환하자는 것이다. 폭풍전야를 맞은 듯한 삶의 휘청거림을 느껴 본 적이 있을 것이다. 그 시련이 어디서부터 왔는지 생각하기도 전에 삶을 송두리째 엎어 버렸던 기억과 그런 고통들을 추스르느라 우리는 그 상황을 고스란히 기억 장치 속에 넣어 버린다. 가끔씩 그 기억 장치가 발동해 지금 일어나고 있는 일들에 대한 부정적인 상황을 연상하게 만든다. 경험으로 학습된 것이 전부가 아니라는 것을 깨닫지 않는 이상 삶은 변화될 수 없다. 인간관계 전문가이자 사랑의 치료사라고 불리는 '대프니 로즈 킹마'는 자신의 저서《인생이 우리를 위해 준비해 놓은 것들》에서 "당신이 겪는 시련은 결코 우연히 일어난 사건이 아니며 거기에는 우리가 미처 깨닫지 못한 목적이 담겨 있다"라고 말하고 있다.

우리에게 주어진 시련과 고난으로 인해 좌절하고 낙심만 하고 있어서는 안 된다. 그 안에서 새로운 메시지에 귀를 기울여야만 한다. 지금까지 살아왔던 삶의 태도와 방향을 점검하고 재정비하라는 신호이기 때문이다.

다음은 '마이클 미칼코'의《생각을 바꾸는 생각》이라는 책에서 일부 발췌한 "거위들은 왜 날지 못했을까?"의 내용이다.

> 높게 담장이 둘러쳐진 농가 마당에 거위들이 모여 살고 있었다. 맛있는 옥수수가 있는 데다 앞마당은 안전했기 때문에 거위들은 위험에 처할 일이 없었다. 어느 날 철학자 거위가 그들에게 다가왔다. 그 거위는 아주 훌륭한 철학자였기에 거위들은 매주 그의 이야기를 귀 기울여 들었다.
>
> "인생이라는 길 위에 선 내 친구 여행자들이여, 너희는 엄청나게 높은 담장으로 둘러싸인 이 마당이 세상의 전부라고 생각하니? 실은 바깥에는 더 큰 세상이 있어. 그저 어렴풋이 알 수 있는 세상이야. 우리의 조상들은 이 바깥세상에 대해 알고 있었지. 도대체 왜 우리 조상들은 날개를

펴 아무도 가지 않은 사막의 황무지와 바다와 푸른 골짜기와 나무가 우거진 산을 날아다니지 않았을까? 아, 슬프다. 우리는 이 농가의 마당에 갇혀 있어. 날개는 접혀서 옆구리에 박혀 있지. 그것은 우리가 눈을 들어 우리의 집이어야 할 하늘을 바라보지 않고 진흙의 웅덩이에 만족했기 때문이야."

다른 거위들은 철학자의 교훈에 고취되고 영감을 얻고 감동을 받았다. 그들은 그의 한마디 한마디에 열중했다. 그들은 몇 시간, 몇 주, 몇 날을 철학자 거위의 교리를 분석하고 비평하면서 시간을 보냈다. 거위들은 나는 것에 대한 윤리적이고 정신적인 함축성에 관한 논문을 작성했다. 이것이 그들이 했던 전부다.

단 한 가지, 그들이 하지 않았던 것이 있었다. 그들은 날지 않았다. 옥수수는 맛있었고 앞마당은 안전했기 때문이었다.

요즘 세상에는 여기저기서 자기개발을 위한 강연이나 교육 세미나가 수도 없이 열리고 있다. 그러나 사람들의 변화는 그에 비해 너무나 더디게 이루어지고 있다. 과거의 틀에서 벗어나는 것이 두렵기 때문이다. 불안하기 때문이다. 그나마 그런 강연장을 찾는 것만도 놀라운 변화가 일어날 수 있는 작은 움직임이라 생각한다. 그마저도 안 하는 사람들이 얼마나 많은가.

거위의 우화처럼 우리는 기존의 삶에서 벗어나는 것이 여간 어려운 게 아니다. 머리로는 훤히 알고 가슴으로도 느끼지만 행동에 이르기까지는 대단한 용기가 필요하다. 그들은 말한다. 지금까지도 그냥저냥 잘 살아왔다고, 뭐 하러 사서 고생하냐고, 그냥 이대로 살면 된다고 말이다. 그러나 삶을 조금씩 바꿔 가는 것은 자신을 사랑하는 자만이 가능한 일임을 기억하라. 당신에게 거대한 세상에서 퇴보하지 않고 앞으로 나아가 당당해질 수 있는 기회를 제공하는 것, 자신이 아니면 누가 해줄 수 있는 일이겠는가? 그 작은 변화가 당신의 삶을 변화시킬 것이다. 어쩌면 그 과정에서 로드맵을 새로이 수정해야 할 상황이 생길지도 모른다. 그러나 그 정도의 일은 지나가는 바람에 지나지 않는다. 이제는 과거의 나와 결별하고 새로운 삶을 살아가자. 지금 당신 앞에 주어진 삶은 무거운 멍에를 지고 있는 과거로부터 독립시켜야 한다. 당신이 소중하듯이 당신에게 주어진 삶 또한 소중히 여기고 존중해 주기 바란다.

"천 리 길도 한 걸음부터"라는 속담이 있다. 지금껏 살아왔던 고정된 틀을 깨고 나온다는 것이 어찌 쉬울까. 인간의 생각을 행동으로 실천하는 것은 여간한 노력과 끈기가 없으면 불가능하다. 조금씩, 천천히 한 걸음부터 실천해 나가는 것이 중요하다.

11

내 몸에 휴식을 제공하자

몇 년 전, 한겨레신문이 창간 24돌 기념 특집으로 '탈출! 피로사회'에 대한 기사를 다룬 적이 있다. 여기에 주거, 교육, 의료를 개인이 오롯이 책임지는 사회는 끊임없이 일할 수밖에 없다는 내용이 실렸다. 고려대학교 경영학 박사 강수돌 교수의 저서 《일중독 벗어나기》에서는 "일중독은 성과를 지향하는 사회 시스템을 내면화하는 과정에서 생긴다"라며 "탈락, 낙오에 대한 두려움이 강한 사람들이 살아남기 위해 성취를 추구하는 경향이 있다. 이런 사회 시스템을 바꿔야 한다"라고 말하고 있다. 또 저자는 "일거리가 없어 나도 일중독에 걸리고 싶다고 말하는 사람들에게 일중독을 벗어나자는 주장은 한가한 소리로 들릴 수밖에 없다"라며 "일자리와 노동 시간 나누기 등 최근 진행되는 정책을 적극 추진해야 한다"라고 주장했다.

그러나 일에도 성격이 있기 때문에 하고 싶다고 누구나 할 수 있는 것도 아니고, 하기 싫어도 해야만 하는 일이 많다는 사실이 안타깝다. 사실 일자리는 마음만 먹으면 널려 있다. 작년에 수원 화성으로 강의를 하러 간 적이 있다. 그 회사는 거의 상시채용공고를 올리고 있는 아주 큰 규모에 많은 인력을 필요로 하는 회사였다. 그러나 직원은 항상 부족했다. 이유인즉, 업무 시간에는 휴대폰 사용을 금하고 외출 또한 금지되어 있다는 것이다. 정보 유출을 방지하기 위해 회사 측에서 정한 규칙이 마음에 들지 않아 절이 싫으면 중이 떠나듯이 직원들이 떠난다는 것이다.

그곳뿐 아니라 어디든 마찬가지다. 그만큼 사람들은 일에 대해 그리 절박하지 않은 듯 보인다. 특히 젊은 청년들일수록 땀 흘리며 수고하는 것을 그리 선호하지 않다 보니 일자리 문제에서 어디에 기준을 맞춰야 할지 조금 혼란스러운 감이 없지 않다.

일반 사람들에게 일이란 없어서는 안 될 생계 수단이자, 방편이다. 이른 아침부터 늦은 밤까지 시간을 쪼개고 나눠 꽉 짜여 있는 일정을 소화하느라 가족들 간에도 서로 얼굴 보고 살기가 어렵다. 더군다나 일에 빠져 있는 사람들의 경우, 이들은 일을 만들어서 하는 타입이므로 업무의 양이 다른 사람들에 비해 훨씬 많아질 수밖에 없다. 이들은 자신에게 쉼을 허락하지 않는다. 삶이 오로지 일을 중심으로 돌아가기 때문에 자신을 위한 여가나 취미 활동마저 있을 수 없는 일이다. 이들은 일을 하는 과정에서 성취감을 느끼고 해낸 일에 대해 자부심을 느끼며 행복이 오로지 일함에 달려 있다. 즉, 일과 사랑에 빠진 사람들이다.

그러나 이들이 범하는 오류가 있다. 그것은 쉬지 않고 일하는 것이 자신을 얼마나 혹독하게 괴롭히는 일임을 모른다는 것이다. 온종일 온몸의 세포, 기관, 장기, 골격 마디가 함께 움직이고 있음을 인식하지 못한다. 그들은 자신이 쉬지 않고 일하는 동안에 내 몸의 모든 감각기관들도 쉬지 못하고 있다는 것을 알지 못한다. 이것들이 지치고 힘들어 면역력을 상실하게 되었을 때 닥쳐오는 불행을 감당해야 할 사람은 자신이라는 것을 모르고 있는 것이다. 성공을 위해서는 게으름과 나태함은 있을 수 없다. 그러나 일하는 시간과 휴식하는 시간은 엄밀히 구분해야 한다. 적당한 휴식으로 피곤한 몸을 재충전하고 편안하게 쉼을 허락하는 것이 다음의 목적 달성을 위해 수고해야 할 내 몸을 위한 최소한의 배려인 것이다.

일중독인 사람들은 의외로 주변에 많이 있다. 이 글을 쓰고 있는 나 역시도 일중독자다. 덕분에 쉬는 법을 잊은 지 오래다. 아무 일도 안 하고 시간을 보낸다는 것이 왜 그리 무의미하고 시간을 헛되이 보낸다는 생각이 드는지, 잠시라도 앉아서 TV를 보거나 누워서 뒹구는 것조차 내게 허락할 수가 없다. 오로지 일을 할 때가 제일 마음이 편하다. 잠시 쉬더라도 일을 앞에 두고 언제라도 다시 시작할 수 있도록 만반의 준비를 해둔다. 일이 없는 시간에는 다른 일을 만들어서라도 해야 한다.

가끔은 일과 관련된 서적에서 쉼을 얻어라

무조건 일만 하기보다는 가끔씩은 여가 시간을 만들고 책으로 눈

길을 돌려 보자. 나도 가끔은 작정하고 책을 본다거나 서점에 가서 많은 시간을 보내기도 한다. 주말이면 어느 때는 12시간 이상씩 책을 읽을 때도 있다. 그 시간만큼은 뇌가 시원하게 정화되는 느낌이 든다. 그러나 그 역시 중독 증세가 있어 한번 책을 들기가 무섭다. 쉼을 모르는 일중독인 사람들에게 권하고 싶은 것은 바로 책을 통해 치유를 하라는 것이다.

나도 책을 통해 치유를 하고 쉼을 누리고 위로를 받고 있다. 그 느낌이 정말 좋아서 영원히 지속되기를 갈망한 적도 있다. 나와 같은 사람들은 사막에서 오아시스를 발견해 내기 위해 책을 읽는다. 그 안에서 새로운 답을 얻기 위함이다. 그렇게 책을 통해 새로운 세계를 체험한 사람들은 책이 가득한 환경에서 살아가게 된다. 그중에는 아직 표지도 안 넘긴 책들도 있고, 읽다 접어 둔 책도 많을 것이다. 그들은 한결같이 말한다. 언젠가 통독을 하고 말리라고. 그러고는 또다시 새로 나온 신간을 기웃거리고 있는 자신을 발견하게 된다.

20세기 후반 아르헨티나 출신의 가장 위대한 시인이자 소설가였던 '호르헤 루이스 보르헤스'도 작가로서의 일을 즐기는 사람이었다. 그는《보르헤스, 문학을 말하다》에서 이런 말을 했다.

"가끔 저는 집에 쌓인 많은 책들을 바라보면서 그 책들을 다 읽기 전에 죽을 것이라고 느낍니다만 한편으로는 새 책을 사고 싶은 유혹을 누를 길이 없습니다. 서점에 들어가서 제 취미에 딱 맞는 책을 발견할 때마다 저는 이렇게 되뇝니다. 저 책을 살 수 없어서 얼마나 애석한가. 이미 집에 한 권 있으니 말이야."

이 글을 읽으면서 책을 좋아하는 사람들만의 공통점이 있다는 것을 알 수 있었다.

그렇다면 책만 보면 지루하고 졸음이 몰려온다는 사람들에게는 어떻게 책을 권해야 할까? 보다 책을 지루하지 않게 읽을 수 있는 방법이 있다. 그것은 현재 가장 관심 있는 분야의 책을 읽는 것이다. 예를 들어, 현재 일하고 있는 분야의 책을 탐독하는 것이다. 출산 전후라면 출산과 육아 서적을, 새로운 것에 도전하고픈 마음이 있다면 성공에 관한 자기개발서를, 가족 중 지병을 앓고 있는 사람이 있다면 그와 관련된 의학 서적을 읽되 처음부터 끝까지 다 읽을 필요는 없다. 목차를 보고 관심 있는 내용이 실려 있는 대목을 보면 된다. 어차피 처음부터 읽는다 해도 그 많은 내용을 다 알 수는 없다. 먼저 팥소만 빼 먹듯이 자기에게 필요한 부분만 선택해서 읽어 나가기 시작하면 관심 정도가 점점 넓어질 것이고 그러다 보면 책을 읽는 재미가 쏠쏠하게 붙을 것이다.

"독서가 정신에 미치는 효과는 운동이 신체에 미치는 효과와 같다"라고 영국의 언론인이자 극작가인 '리처드 스틸'은 말했다. 균형 잡힌 신체와 건강을 위해 사람들은 이른 새벽부터 자기 관리에 돌입한다. 목숨까지 걸 만큼 과도하게 말이다. 그러나 정신의 건강을 위해 목숨을 걸고 정신수양을 하는 사람은 극히 드물다. 독서는 정신건강을 위해 가장 효과적인 수련법이다. '피터 드러커'와 함께 현대 경영의 창시자로 불리는 경영의 대가 '톰 피터스'는 "진짜 인생을 살고 싶다면 당신 자신을 모든 종류의 책들로 둘러싸라"라고 조언한다. 이렇듯 책은 우리 삶을 지혜롭고 풍성하게 살아갈 수 있도록 인도하는 지침서임을 인정하지 않을 수 없다.

일중독에서 벗어나 일을 즐기는 자가 되라

자신이 하는 일에 즐거움을 느끼는가? 일을 통해 얻는 것은 무엇인가? 스스로에게 질문해 보자. 일중독인 사람은 일 외에서는 어떤 즐거움도 느끼지 못한다. 그렇다면 일을 이용해 즐길 수 있는 방법을 찾으면 된다. 그중의 하나가 몰입이다. 한국발명문화교육연구소 소장인 왕연중 교수에 따르면 에디슨은 전구 하나를 발명하기 위해 1,800번이나 실험을 했다고 한다. 김필수 작가의 《리셋!》이란 책에 에디슨에 관련된 글이 나온다.

"에디슨 선생님, 전구를 발명하려고 1,800번이나 실험을 하셨다면서요? 그렇게 실패를 많이 하면서도 포기하고 싶은 생각이 들지 않으셨나요?"

에디슨이 대답한다.

"실패라뇨? 나는 단 한 번도 실패한 적이 없어요. 나는 1,800번 실패한 것이 아니라 전구에 불이 들어오지 않는 1,800가지 방법을 알아낸 것입니다."

기자는 또 질문을 던졌다. "하루에 18시간씩 실험실에서 연구를 하신다는데 힘들지 않으세요? 하루 이틀도 아니고 몇 년씩이나 그렇게 계속하면 좀 쉬고 싶지 않습니까?"

에디슨의 대답은 이랬다.

"나는 평생에 단 하루도 일이란 것을 해본 적이 없습니다I have never done a day's work in life. 그건 모두 즐거움이었죠It was all fun."

이 글을 보면서 기립 박수라도 치고 싶은 마음이었다.

어차피 일에서 벗어나기 힘들다면 그것 역시 당신의 선택이다. 그러나 이왕에 하는 일이라면 일을 통해 즐거움을 경험하라. 그 또한 일에 대한 애정이 있어야 가능하다. 일을 하면서 스트레스를 받는 것은 당연히 즐거움이 아니다. 무슨 일이든 자신이 계획하는 대로 척척 돌아가면 세상에 문제 될 것이 무엇이겠는가. 에디슨이 실패 또한 즐거움으로 받아들인 것처럼 우리도 일에 대한 시각을 달리한다면 어떤 결과가 나올지라도 스트레스와 연결 짓지 않을 수 있다.

지금 하고 있는 일에서 즐거움을 찾아보자. 술이 없으면 무슨 재미로 사는가 하는 사람은 과한 음주로 몸이 지칠 대로 지쳐 있다 하더라도 다음 날 다시 술자리가 생기면 지친 몸과 마음은 어디로 갔는지 싹 사라져 버린다. 이런 것처럼 일에서도 즐거움에 몰입되어 힘든 줄 모르고 시간 가는 줄 모른다면 당신은 일중독자가 아니라 일을 즐기는 사람이라고 볼 수 있다.

그러나 한 가지 명심할 것이 있다. 일에 취해 몰두하느라 조금의 쉼도 허락하지 않는다면 당신 몸의 세포들은 노역으로 인해 지치고 병들어 갈 수 있음을 기억하기 바란다. 당장은 외관상 아무 문제가 없어 보일지 모르지만 속으로 골병이 들어 머지않아 신체적으로 호소할지도 모른다. 아무리 즐기는 일일지라도 너무 과하면 해롭다는 것은 누구나 알 것이다. 자신을 귀하게 대접하기 바란다. 적당한 휴식과 여유를 허락하면 오히려 일이 더 잘될 것이다.

12

좋고 나쁜 모든 문제는 나로부터 시작된다

때로는 세상의 모든 문제를 내 것으로 받아들일 수도 있고 가족의 사소한 문제 하나도 내 것이 아닌 것으로 받아들일 수도 있다. 문제와 마주했을 때 그 문제를 바라보고 정의하는 것은 당신이 받아들이기 나름이다. "내가 뭐?" 하며 별로 심각하지 않게 생각할 수도 있고, 너무 크게 부풀려서 고민할 수도 있다. 그러나 그 모든 것이 당신의 선택이기 때문에 중요하고 안 중요하고는 당신에게 달려 있는 것이다.

삶은 참 복잡하고 미묘하다. 사람 역시 그렇다. 안타깝게도 인간의 삶에는 선택할 수도 없고 외면할 수도 없는 집단이 있다. 그것은 바로 가족이다. 가족은 내 모든 총체적인 이미지를 만들어 내는 데 많은 부분에서 영향력을 행사하는 사람들이다. 아주 예리한 관찰자들인 것이다. 그렇게 가정이라는 울타리 안에서 다양한 경험들을 하며 스스로에게 일차적인 가치를 부여한다. 어떤 경험들을 해왔느냐에 따라 자기 가치를 평가하게 되는데, 비교적 안정되고 따뜻한 사랑을 느끼며 행복한 경험들을 누리고 살아온 사람들이 자기에 대한 가치를 더 긍정적으로 평가하게 된다.

긍정적인 자기가치관을 형성하고 있는 사람은 다른 사람을 평가할 때도 긍정적인 면을 먼저 보게 된다. 그들의 독특성을 인정하고 존중하며, 있을 수 있는 여러 상황들을 이해할 줄 알고 그것을 탓하거나 부정하지 않는다. 이런 사람들은 자신에게도 관대하다. 자신의 감정을 제대로 표현할 줄 안다. 무엇인가 잘못 돌아가는 듯한 상황에서도 당황하거나 비판하지 않고 현실을 직시하는 능력이 있다. 이들은 융통성이 있으며 어느 상황에서든 항상 배우려는 자세가 되어 있다.

부정적인 자기가치관을 가지고 있는 사람들은 무슨 일이든 남의 탓으로 돌리는 경향이 있다. 이들은 세상을 믿지 못하므로 누구도 신뢰하지 못한다. 다른 사람의 성공을 부정하려 하며 시기하고 질투한다. 이들은 융통성이 없으며 자신에게도 엄격해 관대하지 못하고 자신마저도 믿지 못하므로 특정한 어떤 사람에게 전적으로 의존하기도 한다. 열등감으로 인해 자신을 완벽으로 포장하기도 한다.

가족치료의 선구자로 알려진 '버지니아 사티어'는 자신의 저서 《아름다운 가족》에서 다음과 같이 말하고 있다.

"높은 자아존중감을 가진 부모는 양육에 적합한 가정을 만들 가능성이 더 많고 낮은 자아존중감을 가진 부모는 문제 가정을 만들어 낼 가능성이 많다. 이런 체제는 가정의 설계사를 필요로 한다. 바로 부모들 말이다."

긍정적인 자기가치관을 가진 부모 밑에서 자란 사람과 부정적인 자기가치관을 가진 부모 밑에서 자란 사람은 성장하면서 점점 더 환경의 영향에 지배를 받게 된다. 같은 상황에 처해도 받아들임의 문제에서 큰 차이를 보이기 때문에 상처받는 정도에서도 엄청난 차이를 보인다. 누군가에게는 아무것도 아닌 일이 누군가에게는 죽을 것같이 힘든 일이 되고, 아무 생각 없이 툭 던진 말인데 누군가는 그 말 한마디에 심장이 쪼개지는 고통을 느낀다. 사소한 일에도 반응하는 차이가 크므로 서로 다른 두 사람이 가까워지기는 어려울 수밖에 없다. 부정적인 자기가치관을 가진 사람들은 대인관계에서도 많은 어려움을 겪게 된다. 이들은 관계에 대한 부정적 신념 또한 크게 자리 잡고 있기 때문에 어느 누구도 안심하고 들일 가슴이 없다.

항상 자신을 우위에 두라

미국의 심리학자 '조셉 월피' 박사는 "대인관계에는 세 가지 방법이 있는데, 첫 번째는 오직 자신만을 생각하는 것이고, 두 번째는 다른 사람들을 먼저 고려하는 것이며, 세 번째는 자신을 먼저 생각한 다음에 다른 사람들을 고려하는 것이다"라고 했다.

자신의 가치를 평가 절하하는 사람들은 자신을 신뢰하지 못하는 현상 중의 하나로 자신을 평가하는 데 다른 사람들의 반응을 요구하게 된다. 이들은 겸손을 가장해 자신을 신뢰하지 못함을 교묘히 숨긴다. 진정한 겸손이란 무엇인가? 겸손이란 자신을 드러내지 않는 것이 아니다. 당당히 자신을 드러내되 다른 사람을 무시하지 않는 것이다. 그들의 인격을 존중하며 나와 다른 사람들을 인정하고 받아들이는 미덕을 갖춘 사람이 겸손한 것이다. 이렇듯 겸손이라는 말을 사람들은 왜곡하고 있다.

이기심과 자기를 사랑하는 마음은 다르다. 이기심은 다른 사람과의 관계에서 취하는 공적인 마음이라면 자기애는 오로지 자신 안에서 이루어지는 사적인 마음이다. 이기적인 사람은 자신의 이익을 위해 다른 사람의 희생을 강요하지만 자기를 소중히 여기는 사람은 다른 사람도 소중히 여기므로 함께 가려 한다. 이기적인 사람들은 자신의 것을 움켜쥐고 있으려 하지만 자기를 사랑하는 사람들은 자기의 것을 함께 나누는 것에서 즐거움을 느낀다. 이기적인 사람은 항상 불안하지만 자기를 사랑하는 사람은 항상 행복하다.

'버지니아 사티어'는 자기가치감이 강한 사람일수록 용감해서 자신의 행동을 변화시킬 수 있다고 말했으며, 자신에게 더 많은 가치를 부여하는 사람일수록 다른 사람들에게 덜 요구한다고 말하고 있다.

만물을 흡수하는 능력

가치관에 따라 삶의 질은 매우 달라질 수밖에 없다. 따라서 자신을 들여다볼 줄 아는 지혜가 필요하다. 탈무드의 가르침 중에 이런 말이 있다.

"남보다 뛰어난 사람은 두 종류의 교육을 받고 있다. 그 하나는 스승으로부터 받는 교육이며, 또 하나는 자기 자신으로부터 받는 교육이다."

내 안에 답이 있다. 그러므로 자신을 들여다보고 나는 누구인지, 어떤 사람인지를 먼저 알아야 한다. 나의 모든 습관과 행동, 가치관과 사고관 등을 따져 보며 인정할 부분과 개선할 점 등을 연구해야 한다. 하고 싶은 대로 하고, 살고 싶은 대로 사는 것도 가치관의 차이에 따라 모범적인 삶과 문제적인 삶으로 나타날 수 있다. 원하는 대로 살라는 것도 도덕적인 기본 원칙이 밑바탕이 되어야 하는 것이다. 자신의 능력을 향상시키려면 항상 깨어 있어 새로운 것들에 눈을 돌려야 한다. 그중에 배움은 자신의 변화를 시도하는 첫걸음이 된다. "더 이상의 배움은 필요 없다"라고 말하는 것만큼 교만한 것은 없다.

탈무드에 나오는 랍비 '히렐'을 아는가? 'M. 토게이어'의 책《영원히 살 것처럼 배우고 내일 죽을 것처럼 살아라》에 실린 히렐의 주옥같은 명언 중에 몇 가지를 소개하겠다.

· 지식이 더 넓어지지 않는 사람은 퇴화하고 있다고 생각해야 한다.

· 배우기를 마다하는 사람은 죽어 마땅하다.

· 수줍어하는 자는 배울 수가 없다.

· 성미가 악한 자는 가르칠 수가 없다.

· 자신을 위해서만 재능을 쓰는 자는 정신적으로 자살하는 것이나 다름없다.

내가 어떤 사람이든 상대가 어떤 사람이든 인간관계는 피할 수 없는 현실이다. 다행히도 요즘은 의식들이 깨어 있어 상대의 개성을 존중해 주고 그들의 삶의 방식을 인정해 주는 사람들이 많아져 그래도 살기 좋은 세상이 되었다. 그 또한 배움의 결과일 테지만 말이다. 배움에는 '때'가 없다. 물론 정규 과정을 말하는 것이 아니다. 아니, 정규 과정일지라도 그때가 꼭 정해진 것은 아니지 않은가. 요즘은 '때'를 놓쳐 학문을 포기해야 했던 사람들이 늦은 나이에 다시 학문에 심취하는 모습들을 보곤 한다. 그나마 그들은 자신을 위한 최소한의 배려를 해줌으로써 자신을 사랑함을 증명한 사람들이다. 기회는 꼭 주어지는 것이 아니다. 스스로 만들어야 한다. 내가 아는 만큼 세상은 달리 보인다. 많이 알면 알수록 내 삶의 모순점을 찾아내기가 쉽다.

직업의 현장에서 열심히 일을 하고 밤이면 컴퓨터 앞에 앉아 열심히 새로운 것들을 공부하는 사람들이 갈수록 많아지고 있다. 이들은 자신이 진정 원하는 것이 무엇인가를 찾아낸 사람들이다. 원하는 것을 함으로써 자신을 개발하고 그런 자신을 세상 가운데에 당당히 세우기 위한 작업을 하고 있다. 자신의 가치관을 한껏 끌어올리기 위해 스스로 도전을 선택했다. 만약 그들이 가까운 곳에 있다면 마음껏 긍정해 주어라. 그들은 여전히 자기와의 싸움에서 치열한 전투를 벌이고 있는 중이다.

그러나 이런 주어진 환경 속에서만의 배움에는 한계가 있다. 이 세상에 완벽이 있던가. 배움 또한 완벽이 없다. 받아들이는 마음의 자세만으로도 배움의 한계를 정해 놓지 않아도 된다. 마음의 단단한 돌덩이가 일단은 다듬어지면 그다음은 자연스럽게 만물의 모든 것을 흡수할 수 있는 자력이 생긴다. 바로 그것이 배워야 하는 이유다.

13

자유로운 꿈속에 내가 있다

인생을 살아가면서 터득해야 하는 것 중에 하나가 황금률의 법칙이다.

"남에게 대접을 받고자 하는 대로 너희도 남을 대접하라."

모 의약품 회사 회장의 만행 사건에 대해 들어본 적이 있을 것이다. 자신의 차를 운전하던 기사들의 인격을 무참하게 짓밟은 회장의 만행을 참다 못한 운전기사들이 그의 만행 현장을 녹취해 한겨레신문사에 건네면서 세상을 떠들썩하게 만든 일이었다. 아직도 그런 사람들이 있다는 사실이 참 한심하다는 생각이 든다. 남들에게 특별한 대우를 받고 싶어 하는 사람들이 있다. 남들은 그들이 누구인지 모른다. 설령 누구인들 그것은 중요하지 않다. 그 사람이 무엇을 하는 어떤 사람인가보다 그 사람의 인격이 어떤가에 따라 사람들의 반응은 달라지기 마련이다.

황금률은 공평함을 의미한다. 즉, 인간은 동등하다는 말이다. 서로의 관점이나 인격, 감정 등을 이해하고 인정하며 서로 존중하라는 뜻이다. 많이 배우고 덜 배우고, 많이 갖고 덜 갖고를 두고 사람을 평가하거나 구분해서는 안 된다. 중요한 것은 지구상의 모든 사람의 존재를 존중하는 것이다. 그런 존중하는 마음이 불러오는 태도는 사람들의 환심과 호응을 얻게 된다. 이것은 대인관계에서도 아주 기본이 되는 자세다.

'조슈아 베이트먼'은 근본적으로 삶을 충만하게 만드는 것은 "타인과의 유대감과 그들에게 쏟는 관심"이라고 말했다. 온갖 만행을 참고 견딘 운전기사들의 삶은 그 현실이 참으로 비통함 그 자체가 아니었을까? 그들은 생계유지를 위해 그 비참함을 견뎠을 것이고, 만행을 일삼은 고용주는 그것을 악용한 비열하고 악독한 인간일 뿐이다. 그러나 또 누군가는 하게 될 일이기에 이 현실이 안타깝기 그지없다.

내일은 오지 않는다

먹고사는 일은 누구에게나 중요하다. 하지만 그 일 때문에 삶이 즐겁지 않다면 바람직한 상황은 아니다. 일을 통해 삶을 즐기는 방법도 다양하지만 그 또한 자신과는 거리가 먼 이야기라고 한다면 당신은 황폐한 삶을 살아가고 있는 것이다. 그 얼마나 힘겨운 삶인가. 그 힘겨운 삶을 살아온 당신은 그야말로 대단한 사람이다. 먹고사는 일에만 치중하느라 삶을 즐기지 못하고 억지로 견뎌 온 그 정신으로 정말 즐거운 일을 할 수 있었다면 지금의 당신은 어떤 삶을 살아가고 있을까?

평생을 먹고살기 위해 일만 하다가 이제 나이 예순이 넘어 강원도에 땅을 사 예쁜 집을 짓고 한가로운 노년을 보내고자 귀촌을 준비하던 부부가 있었다. 이제 집은 거의 완성되어 가고 귀촌할 준비가 대부분 다 되었으니, 그는 서울을 떠나기 전 건강검진을 받기로 마음먹었다. 이제는 그동안 땀 흘리며 힘써 벌어 온 재산을 지키며 좀 여유 있게 살아 보자는 계획이었는데 뜻밖에도 건강검진 결과가 충격적이었다. 남편이 폐암 말기라는 판정을 받은 것이다. 주변에 흔히 있는 일이지만 남의 일로만 여겨서는 안 될 것이다. 그동안 꿈꿔 왔던 미래가 당장 눈앞으로 다가왔는데 그 꿈에 발을 담가 보기도 전에 불과 얼마 전 그는 삶을 놓고 세상을 떠나 버렸다.

내일은 없다. 우리의 삶은 오늘만 있을 뿐이다. 안 올지도 모르는 내일을 위해 일만 하며 오늘의 나를 지옥으로 몰아넣어서는 안 된다. 그러나 그 일이 즐거움의 목적이라면 얘기는 달라진다. 그러니 즐거움을 추구하는 삶으로 방향을 돌리자. 당신이 좋아하는 일, 하고 싶은 일, 원하던 인생을 지금 실천해야 한다. 요즘은 소비 시대다. 넓은 집과 고급 승용차를 갖기 위해 대출을 받고, 그 대출 빚을 갚기 위해 죽어라 일한다. 예전에는 일반 사람들은 한 번 맛보기도 어려웠던 값비싼 음식이 요즘은 흔하디흔한 메뉴가 되었다. 아무리 비싸도 먹고 싶은 것은 먹고 보는 시대가 된 것이다. 하고 싶은 것을 하고, 먹고 싶은 것을 먹고, 누리고 싶은 삶을 누리는 것은 중요하다.

그러나 그 모든 것을 누리는 것도 형편에 맞게 누려야 하는 것이다. 조금 작은 듯하면 어떤가. 그 안에서도 참된 행복을 누릴 수 있다. 요즘은 특별히 맛있는 음식도 찾아보기 힘들다. 음식 맛이 변한 게 아니라 사람 입맛이 변한 것이다. 넘치는 음식으로 인해 귀하다는 생각이 없어졌으니 특별히 맛있는 것이 없는 것은 당연하다. 그러나 대출을 받지 않고도 모든 것을 누릴 수 있거나 대출을 받아도 갚아 나가는 데 어려움이 없다면 누려라, 마음껏!

그런데 이런 소비 성향으로 인해 희생되는 것은 우리의 아이들이다. 비싼 승용차 할부금을 납부해야 하고 넓은 집을 얻느라 받은 대출금 이자를 갚아 나가느라 부모들은 일하는 현장에서 분주하다. 그 사이 한참 부모의 관심과 사랑을 받아야 하는 아이들은 어려서부터 이 학원에서 저 학원으로 전전하며 다람쥐 쳇바퀴 돌 듯 정해진 일정대로 하루를 살아간다. 결국은 학원비를 충당하느라 부모들은 한 가지 이상의 직업을 갖게 되는 경우도 점점 많아지고 있다. 그러는 동안 아이들은 점점 자존감이 상실되고 자기가치관 또한 희미해지고 있다.

한순간의 즐거움을 추구하느라 돈을 버는 사람들에게 일이란 그저 돈벌이 수단에 불과하다. 그와는 반대로 행복을 추구하는 것은 즐거운 일을 통해 개인의 발전을 도모하고 그로 인해 더불어 나누는 기쁨을 누리는 일이 된다. 다행히 한국직업능력개발원에서 실시한 직업의식에 대한 최근 조사 결과에 따르면 안정적이고 경제적으로 보장

됨을 우선시하는 35세 이상의 연령층과는 달리 나이가 젊은 층일수록 돈보다는 좋아하는 일, 자기개발에 도움이 되는 일을 추구하는 것으로 나타났다고 한다.

살다 보면 세상일이 내 뜻대로 되지 않음을 경험한다. 삶은 국한된 한 분야만이 아니라 그 외에도 누려야 할 것이 정말 많다. 하고 싶은 것은 많지만 환경이 허락되지 않아 못하고, 경제적인 능력이 안 되어 할 수 있는 일이 제한되어 있다. 그렇다고 낙심만 하고 앉아 있을 텐가? 낙심을 털어 버리지 않으면 절대로 앞으로 나아갈 수 없다.

다른 사람들은 어떻게 살아갈까

당신은 일을 하느라 즐거운 삶을 양보한 사람인가? 아니면 즐거운 삶을 위해 일을 찾는 사람인가? 즐겁게 일하면서 삶이 행복한 사람들이 주변에 있는지 둘러보라. 그들에게 배워야 한다. 그 삶이 겉으로는 그저 평범해 보일지라도 그들은 그 안에서 참된 행복을 맛보며 살아가고 있기 때문이다. 비싼 옷, 비싼 구두는 아닐지라도 자신을 사랑할 줄 알고 자신의 삶을 소중히 다룰 줄 아는 사람들이다. 자신에게 적당히 휴식을 제공해 주기도 하고, 정신건강을 위해 좋아하는 취미생활을 즐길 줄도 안다. 적은 돈으로도 만족할 줄 알며 사치하지 않아도 당당할 줄 아는 사람들이다. 이런 사람들 곁에 있으면 당신은 오래지 않아 참된 행복이 무엇인지 깨닫게 될 것이다.

내일 쉬기 위해 오늘을 희생하는 사람들에게는 아무리 기다려도 내일은 결코 오지 않는다. 그 내일 또한 오늘일 뿐이므로 결국 우리는 자신에게 속고 있는 것이다.

가끔씩 전화상담을 요청하고 점심을 함께 먹자며 졸라 대는 한 여성이 있다. 얼마 전 그녀가 여행을 다녀오마고 전해 왔다. 그녀는 음료 계열 회사의 중역으로서 20대부터 50대 중반인 지금까지 앞만 보고 달려온 사람이다. 언변과 지력이 남다르고 척 보면 헉할 정도로 카리스마가 대단한 여성이었다. 넘치는 에너지와 열정은 따라갈 자가 없었다. 여자임에도 불구하고 뭇 남자들도 조아리게 만드는 그런 능력이 탁월한 사람이다. 그녀는 2년 동안 이번이 세 번째 여행이었다. 그녀는 여행을 좋아한다고 했다. 늘 여행을 꿈꾸며 살아왔다고 한다. 그러나 지금껏 세계 일주를 꿈꾸며 그날을 위해 30년을 죽어라 일만 해왔다. 불과 2년 전까지 그렇게 살았다. 친구도 없이, 가족도 없이.

그런 그녀가 2년 전 대장암 진단을 받은 것이다. 살아온 인생이 허무함을 절실히 느끼고 한동안 우울증에 시달리는 중에 나를 만나게 되었다. 다행히 초기라는 진단을 받았고 지금은 건강을 회복해 가는 중이긴 하나, 벌써 그녀의 삶이 확연히 달라졌음을 한눈에 봐도 알 수 있다. 하마터면 잃을 뻔한 삶이었다. 이제는 내일을 위해 오늘을 살던 모습이 아닌, 지금 이 순간을 제대로 즐기는 삶을 살아가고 있다. 변해 가는 그녀의 모습을 보면 항상 기분이 좋아진다. 그야말로 제대로 된 행복을 그녀는 만끽하며 살아가고 있다.

이제는 삶에서 기대 수준을 높일 필요가 있다. 죽어라 일하면서 내 일을 기대하라는 것이 아니다. 삶을 조금 여유롭게 누리면서 일을 즐기는 편을 선택해 더 큰 행복을 기대하라는 말이다. 하나님이 이 땅을 지으시고 사람을 두신 이유는 이 땅을 정복하고 열심히 일하며, 자유를 만끽하고 행복하라는 것이었다. 그것이 바로 삶을 성장시키는 원동력이 아니고 무엇이겠는가. 무엇에든 열정을 품는 것은 좋은 현상이다. 일에 치이고 삶에 치여 일그러진 얼굴들을 이제는 펴기 바란다. 혹시 만사가 내 뜻대로 되지 않는다 해도 낙심하거나 후회하느라 시간을 허비하지 말아야 한다. 《긍정의 힘》에서 '조엘 오스틴'은 말했다.

"당신도 환경을 바꾸라. 신세 한탄만 하고 앉아 있지 말라. 정말 내 인생이 나아질까 하는 걱정일랑 저 멀리 던져 버리라."

간절히 바라고 추구하는 일들에 긍정적인 힘을 바랄 때 그것들은 우리를 절대 실망시키지 않는다. 시간이 조금 더디더라도 참고 인내하다 보면 우리가 바라던 실상은 현실로 나타나게 되어 있다. 우리가 할 일은 현재에 집중하고 지금 행복을 누리는 것이다. 행복은 멀리 있지 않다고 말하지 않던가. 감춰진 보화들을 꺼내 삶의 현장에 심어야 한다. 그것은 우리의 꿈이 되고 소망이 되어 열매를 맺을 날만 바라는 우리에게 몇 배로 큰 보람을 안겨 줄 것이다.

14

당신 인생이다. 원하는 대로 살라

어느 날 문득 나는 내 인생에서 내가 이루어 놓은 것이 무엇인지 곰곰이 살펴보게 되었다. 그리 넉넉지는 않아도 그리 성공했다고 말할 수는 없어도 순간순간을 즐기며 하고 싶은 대로 살아온 건 맞는 것 같다. 그래서 딱히 내세울 것은 없지만 그래도 내 인생을 다른 사람의 손에 맡기지 않았다는 사실 하나는 인정한다.

우울을 경험하는 사람들이 호소하는 문제 중에 비중이 가장 큰 것이, 지금까지 살아오면서 해놓은 게 하나도 없다는 것과 자신은 아무짝에도 쓸모없는 사람이라고 생각하는 것이다. 이렇게 자신에 대한 부정적인 생각이 깊이 자리 잡음으로써 내면 깊숙한 곳을 침울함으로 물들이고 있다.

대부분의 사람들은 인생이 참 불공평하다고 생각하고 있다. 어릴 적에는 부모의 간섭으로 세상을 향한 호기심을 다 채우지 못했고, 어른이 되어서는 세상의 잣대에 끼워 맞추느라 하고 싶은 일들을 다 하지 못했다. 결혼 후에는 가정에 대한 책임과 의무를 다하느라 자유로움을 만끽하지 못했으며, 열심히 일하느라 정작 바라고 원하는 일을 해보지 못했다. 다른 사람들의 눈 밖에 나지 않기 위해 그들이 원하는 삶을 살아 줘야 했고, 그들에게 인정받기 위해 몸과 마음을 혹사시키며 살아왔다. 크고 작은 일들로 인해 가슴을 졸이고 가난에서 벗어나 부를 축적하기 위해 앞만 보고 달려왔다.

그러나 누구도 강요하지는 않았다. 당신 스스로 선택한 삶이다. 오늘을 제대로 살아가려면 그 모든 것을 인정하고 받아들이는 것이 중요하다. 여전히 사람들은 자신의 틀을 깨지 못한다. 아니, 오히려 더 견고하게 만들어 자신이 미처 틀 안에 끼우지 못한 것들을 다른 사람에게 끼워 넣도록 요구한다. 이미 뿌리가 단단히 박혔기 때문이다. 그 뿌리를 제거하지 않는 이상 우리는 절대 그 틀을 깨고 나올 수 없다. 결국 제자리를 뱅뱅 돌고 돌면서 누군가 멈춰 주길 바라며 오늘도 힘겹게 살아가고 있다.

나는 누구인가

지금껏 잘 살아왔노라 평가를 내리는 것은 오직 자신에게 달려 있다. 지금껏 살아온 세월이 20년이 되었든 30년이 되었든 50년이 되었든 제 시기에 맞춰 자신이 할 일을 다 하고 비교적 편안하다고 생각한다면 당신은 성공한 셈이다. 내가 가장 존중하고 지켜야 할 것은 바로 나의 인생이다. 내 삶은 내가 변호해야 하는데 우리는 그렇게 살아오지를 못했다. 모든 책임을 내게 물어 가며 자책하고 자학하며 살아간다. 어리석게도 내 잘못이 아닌데 말이다.

이제는 내가 누구인지를 확실히 알아야 할 때다. 그동안의 삶을 통해 내가 어떤 사람인지 어렴풋이 알 것이다. 인정이 많은 사람인지, 욕심이 많은 사람인지, 사람들의 어떤 반응에 민감한지 알 것이다. 대부분의 사람들은 특정한 자기만의 방식을 고집하는데 이는 그 사람의 정체성과 자존감이 연결되어 있기 때문이다.

에니어그램으로 본 성격유형이다. 나는 이 아홉 가지 유형 중에 어디에 속하는지 파악해 보라.

1. **원리 원칙을 준수하는 사람** 도덕과 윤리관이 투철하고 정확하지 않음에 분개하며 무슨 일이든 꼼꼼하게 짚고 넘어가야 하는 사람들이다. 이들은 자신에게도 엄격해서 헛된 일에 매료되지 않고 바르고 정직한 삶을 살아간다. 강박증이 있어 까다로운 면이 있고, 건강염려증으로 인한 약물 복용이나 영양제 남용 등의 우려가 있다.
2. **착한 아이 콤플렉스를 가진 사람** 이들은 삶의 기준이 오로지 다른 사람들의 필요를 채우는 것에 집중되어 있다. 자신의 마음은 돌보지 않는다. 다른 사람들에게 필요한 사람이 되기 위해 자신의 것을 희생하며 그런 자신을 인정해 주고 사랑해 주길 갈망한다. 이들은 자신이 행한 일에 대한 보상으로 자신이 없어서는 안 될 소중한 존재라는 것을 인정받을 때 삶이 가장 기쁘고 즐겁다. 그렇지 않으면 자신을 몰라주는 것에 대해 분노하여 자기보다 약한 상대에게 분노를

표출하기도 한다.

3. **성공과 성취만을 중요시하는 사람** 이들의 목표는 오직 성공에 달려 있다. 성공하기 위해 온 삶을 불태운다. 누구보다도 인정받기를 원하며 한번 시작한 일은 끝을 보려 한다. 처세술과 융통성이 뛰어나고 무슨 일이든 최고가 되려 하기 때문에 일중독에 걸릴 확률이 높은 사람들이다. 이들에게 실패란 치욕적이며 용납할 수 없는 일이다. 때로는 성공하기 위해 이들은 편협한 방식을 취하기도 한다.

4. **신비주의자** 이들은 자신만의 세계가 있어 홀로 사색하기를 즐기며 예술성이 뛰어나다. 남다른 감각으로 오묘하고 신비스러운 분위기를 연출하며 다른 사람들이 자신의 세계를 침범하는 것을 좋아하지 않는다. 자신은 특별한 사람이라는 생각이 깊어 우울증에 걸릴 확률도 높은 사람들이다. 여성성이 강한 남성들도 이 유형에 속한다.

5. **지적으로 교만한 사람** 이들은 홀로 고립된 생활을 즐긴다. 은둔형 외톨이라고도 표현한다. 학문에 대한 욕심이 많고 방대한 지식을 쌓기 위해 자신의 공간을 온통 서적과 정보지로 가득 채운다. 이들은 정리 정돈을 싫어하며 자유로운 흐트러짐에서 평안을 얻기도 한다. 지적으로 교만해 자신이 아는 것을 고집하고 논리정연하며 그에 대응하는 사람을 무시하고 경멸한다.

6. **매사에 신중한 사람** 자신이 믿고 의지할 만한 상대라면 그에게 충성을 다하는 사람들이다. 그러나 웬만하면 사람을 믿지 못하므로 항상 의심을 품고 있으며 선뜻 마음을 보이지 않는다. 이들은 결단을 내리는 데 너무나 많은 시간을 들이므로 항상 심각하고 조심스럽다. 부정적인 면이 많아서 돌다리도 두드려 보고, 두드려서 깨지지는 않았는지 의심하는 정도가 심한 편이다.

7. **낙천적이며 활동적인 사람** 이들은 한 가지 일에 매진하기를 힘들어하며 한곳

에 진득하게 머물지도 못한다. 사람들과의 교제를 좋아하며 즐겁고 재미있는 것을 선호하므로 자유를 추구한다. 목소리가 크고 변화를 좋아하며 낭비벽이 있다. 책임감이 없어 가정에 충실하지 못한 면이 있다. 청소년인 경우 친구들을 지나치게 좋아하고 모험을 좋아한다.

8. **자수성가형** 이들은 보스 기질이 있어 어디서든 나서기를 좋아하고 힘이 강하다. 매우 자신감이 넘치고 활동적이며 승부를 즐기는 사람들이다. 많은 일들을 어렵지 않게 벌여 놓으나 뒷마무리가 깔끔하지 못한 단점이 있다. 자신에게 항의하는 것을 받아들이기가 어렵고 누구보다도 앞서 자진해 리더의 자리에 오르기도 한다.
9. **평화를 수호하는 중립적인 사람** 이들은 항상 중립적인 위치에 있으며, 오지랖이 넓어 다른 사람의 일에 말려들기 쉽고 평화를 추구하므로 무슨 일이든 복잡해지는 것을 원치 않는다. 목소리를 내지 않으므로 수용적이나 고집은 세다. 다른 사람의 기호에 맞추기 위해 싫어도 자신의 할 말을 다 하지 못하며, 조용히 뒷일을 봐주기도 한다. 자신의 업적을 인정받지 못하면 새침한 상태가 아주 오래간다.

정체성을 확립하라

사람들은 대부분 자신의 성향에 따라 살아간다. 어찌 보면 서로 다른 부분을 지향하고 거기에서 즐거움을 찾는지도 모르겠다. 내게는 전혀 즐거워 보이지 않는 부분에서 즐거워하는 그들을 우리는 서로 모르고 있을 뿐이다. 사람은 자신에게 없는 것들을 찾고 싶어 하는 욕망이 있다. 그것이 사실 내 것이 아니므로 다시 제자리로 돌려놓기도 하지만 내 손에 쥐어 보지 않는 이상 그것은 늘 부족한 채워지지 않는 욕망으로 남게 된다. 사람들은 자기 것이 아님에 흥미를 갖기도 하지만 막상 그 안에 들어갔을 때 느끼는 불편함은 어쩔 수 없다. 머지않아 다시 제자리로 돌아가게 되는 것이 우주의 원리다.

우리가 지금껏 살아온 삶도 나의 정체성이 묻어 있다면 비교적 잘 살아온 것이라고 볼 수 있다. 내가 아닌 다른 사람으로만 살아온 것이 아니기 때문이다. 다양하게 많은 사람들을 보면서 그들이 살아가는 모습과 비교하는 것은 지극히 정상적인 일이다. 그러나 스스로 내 인생이 괜찮다고 생각하는 것은 살아가면서 얻은 경험과 생각을 빗어 판단하는 것이므로 그것이야말로 당당함이라 할 수 있다. 내가 나에게 높은 점수를 주지 않는다면 내 인생은 그저 한낱 떨어지는 마른 나무 잎새와 다를 바 없다.

다시 한번 생각해 보자. 어딘가에 당신의 인생을 부러워하는 누군가가 있었을지도 모른다. 내가 보는 내 인생과 다른 사람이 보는 내 인생은 다르기 때문이다. 지금까지 선택했던 삶의 모든 부분이 다 이유가 있지 않았던가? 당신은 나름대로 잘 살아왔다. 결과야 어떻든 당신은 최선의 것으로 선택을 했을 테니까 말이다.

브레인미디어에 얼마 전 열린 '아시아청년사회혁신가 국제포럼'에 대한 내용이 실려 있다. 덴마크 국회의원이자 대안당 대표로서 혁신학교인 '카오스필로츠'를 설립한 '우페 엘베크' 씨는 기조연설에서 '내가 누구인지'를 찾고 자신의 정체성을 확립할 수 있는 교육이 필요하다고 강조했다고 밝히고 있다.

우리에게는 살아갈 많은 날들이 남아 있다. 지금까지 내가 누구인지조차 모르고 나와 다른 삶을 살아왔다면 이제는 다가올 삶을 또 다른 선택들로 채워야 한다. 지나간 삶을 되돌려 반복하고 싶지 않다면 새로운 방향으로 전환해야 한다. 노선을 변경하라. 가고 싶은 곳으로 목적지를 정하고 그 길로 가기 위한 로드맵을 확보해야 한다. 앞으로 다가올 미래를 기대하라. 그리고 새로운 것들을 맞이할 준비를 하면 된다. 당신은 지금까지 잘 살아온 그 이상으로 앞으로의 인생 또한 잘 살게 될 것이다.

15

행복을 부르는 사람

얼마 전 핸드폰을 새로 구입하고 전화번호를 이동하는데 담당자가 힐끔거리며 자꾸 쳐다본다. 그도 그럴 것이 내 전화기에는 자그마치 2,000개가 넘는 전화번호가 등록되어 있다. 집으로 돌아와 전화번호부 정리를 하다 보니 지워야 할 것만도 3분의 1은 되었다. 그것뿐인가. 소위 말하는 단톡, 페북, 밴드 등 SNS 활동도 빈번해 미처 참여하지 못하는 것들이 대부분이다. 그렇게 요즘은 많은 사람들이 무리에 섞이기 위해 많은 에너지를 소모한다. 소통의 자유로움이 매개체를 통해 이루어지면서 빠져나갈 수도, 외면할 수도 없는 점점 무거운 짐이 되어 가고 있다.

가끔은 중요한 일이 없을 때는 일부러 핸드폰을 차 안에 두거나 가방 속에 넣어 둔다. 잠시라도 내게 자유를 주고 싶어서다. 처음에는 곁에 없는 핸드폰 때문에 마음이 편치 않았지만 몇 번 반복하다 보니 이제는 핸드폰을 손에서 떼어 놓는 것이 하나도 어색하지 않게 되었다. 그렇게 우리는 자유를 원하면서도 자유로움이 주어졌을 때 오히려 익숙지 않은 자신을 볼 수 있다. 이미 깊숙이 뿌리내린 습성 때문이다. 어디를 가든 나이를 불문하고 빈손은 거의 찾아볼 수 없다. 혹시라도 눈을 떼면 세상 즐거움을 놓치게 되는 걸까? 그러나 어찌하랴. 그 또한 즐거움 중의 하나라면 놓치고 갈 순 없는 것을.

변덕스러운 세상

내게도 유난스레 자유를 갈망하던 시절이 있었다. 청소년 시절을 참 화려하게 보냈다고 나는 당당하게 말할 수 있다. 엄격한 부모님의 바람에 많이 어긋나긴 했지만 그래도 그 나이에 할 수 있는 모든 것을 다 경험해 보고 성장했다. 그러나 지금까지 한 번도 후회한 적은 없다. 가끔 청소년들을 대상으로 강의를 할 때 주로 하는 말 중에 이 말이 꼭 들어간다.

"무엇이든 잘하려고 하지 말라. 무엇이든 경험해 보고 무엇이든 즐기는 것이 최고다."

그래도 요즘은 나름대로 자신의 즐거움을 찾아 여가를 보내는 사람들이 점점 더 많이 확산되고 있다. 이것은 시간적 여유가 있는 사람들만의 몫은 아니다. 직장인들은 이른 아침이나 점심시간 혹은 퇴근 후를 이용해 운동을 하거나 자기개발을 위해 다양한 교육 프로그램을 찾아다니는 등 부지런히 움직인다. 그 또한 자신이 하고 싶은 일을 찾아 나서는 것이니 여간 흐뭇한 일이 아닐 수 없다. 또 어떤 이들은 TV 앞에서 뒹굴거나 술집에 앉아 술에 취하기를 기다리며 신세타령을 하거나 누군가를 도마 위에 올려놓고 안주 삼아 열심히 양념을 쳐가며 요리한다. 이 또한 그들이 선택하는 것이다. 이들의 공통점은 같은 시간을 똑같이 분배받았다는 것이며, 다른 점은 사용 내역에서 현저하게 차이가 난다는 것뿐이다. 어떤 삶을 살든 내가 기쁘고 즐거우면 된다. 술에 취해 까만 밤을 하얗게 보낸다 하더라도 그 시간과 그 이후의 시간에 아무 영향이 없고 진정 행복하다면 괜찮다. 그러나 명심할 것은 '행복하다'는 전제다.

그렇게 우리는 어떤 방식으로든 행복과 즐거움을 밖에서만 찾으려 하고 있다. 소속감에서 안정을 느끼고, 성공만이 살길이라 여기며 나에 대한 평가를 남에게서 인정받아야만 신뢰한다. 결국 내가 나를 정확히 모르고 신뢰하지 못하며 남에게만 의존하는 상황인 것이다. 이 세상은 감각적인 사회다. 감각은 시대에 민감하다. 계속적으로 변화되는 이 세상의 변덕에 맞춰 살아간다는 것은 여간 헷갈리는 일이 아니다. 사실은 이렇게 변화무쌍한 세상에서 제대로 된 삶을 누리려면 우리의 시선을 내면으로 향해야 한다. 진정한 행복은 내 안에서 완성되는 것이다.

이제는 나를 위해 살자

우리는 매일 아침 거울을 본다. 정성껏 세수를 하고 양치질을 하고 거울 앞에 선 모습을 가만히 들여다보라. 거울 속에 있는 사람은 누구인가? 참으로 고귀하고 아름답고 소중한 생명체가 아닌가. 알고 보면 당신은 참 사랑스러운 사람이다. 생김새가 어떻든 몸매가 어떻든 그것은 다음 문제다. 먼저 자신을 있는 그대로 사랑하는 순간 당신의 모습은 햇살처럼 빛날 것이다.

잡다한 현상들이 가득한 이 땅 위에서 오직 자신에게만 집중하는 것이 그리 쉬운 일은 아니다. 그러나 모든 삶 속에서 내가 간절히 원하는 것들을 허용함으로써 더 많이 행복할 수 있다면 그것은 나 이외에 주변의 모든 사람에게도 참으로 유익이 되는 일임에 틀림없다.

지나온 세월 속에서 정말 행복했던 순간이 몇 번이나 있었는가? 아마도 그 순간을 적나라하게 표현할 수 있는 사람은 많지 않을 것이다. 어쩌면 행복했던 기억을 더듬어 찾아 올라가는 것조차 어려워할지도 모르겠다. 그것은 아마도 내 행복이 아니었을 것이다. 다른 누군가의 행복을 마치 내 행복인 양 착각한 것인지도 모른다. 그래서 어려운 것이다.

지금까지 살아오면서 가장 행복했던 순간이 언제였나를 질문한다면 당신은 선뜻 대답할 수 있을까? 아마도 곰곰이 생각하느라 고개를 갸우뚱거릴 것이다. 진정으로 행복했던 날들을 떠올려 보자. 그 순간 당신은 다시 행복을 느낄 것이다.

살다 보면 많은 일들로 인해 감정이 시시각각 흩어졌다 뭉쳤다를 반복한다. 그러나 자신으로 향한 긍정의 힘이 단단하게 자리 잡고 있다면 감정이 흩어졌다 하더라도 쉽게 제자리로 돌아오게 된다. 그것이 자기 사랑의 힘이다.

물론 사람마다 느끼는 행복은 다르다. 취향이 다르기 때문에 행복의 내용이나 질적인 가치에서 다른 의미를 부여하게 된다. 내 행복이 소중하듯이 다른 사람의 행복 역시 박수를 쳐줘야 한다. 내게는 아무리 보잘것없는 일로 보일지라도 다른 어떤 사람에게는 잊지 못할 행복한 순간이 되고 있는지도 모른다.

일본과 한국에 수많은 팬들을 두고 있는 일본 최고의 교육학자이자《만두와 사우나만 있으면 살 만합니다》의 저자 '사이토 다카시'는 그의 책에서 이렇게 말했다.

"절대적인 행복은 남과 비교하지 않아도 그 자체로 가치를 뚜렷이 알 수 있다. 다른 사람에게는 군만두가 별 의미가 없다 해도 내게는 절대적인 가치를 갖는다. 그렇다면 나는 나만의 '군만두 행복론'을 가지고 있는 것이다. 바로 이것이 자기 안에 단순한 기준을 갖는 일이며, 절대적 행복의 비결이다."

'사이토 다카시'는 또 이렇게 말했다.

"사소한 일에도 엄청 행복해하는 사람이 있는가 하면, 난도가 높은 엄청난 일을 도전해야만 행복을 느끼는 사람이 있다. 이처럼 중요한 것은 자신만의 행복 패턴을 만드는 것이다."

즉, 사람마다 행복을 담을 수 있는 그릇이 다르다는 말이다. 공은 굴러다닐 때가 가장 행복하다. 벽돌은 누가 건들지 않을 때가 가장 행복하다. 이것은 행복 역시 성향에 따라 느끼는 바가 다르다는 말이 된다.

긍정적인 마음이 행복을 부른다

미국 UC 버클리캠퍼스의 심리학과 '대커 켈트너' 교수가 30년간 연구한 실험에서 이런 결과가 있었다. 1960년 미국의 캘리포니아에 있는 한 여자대학교 졸업식에서 총 141명의 졸업생들이 단체 사진을 찍었다. 30년 뒤 그 학생들이 어떻게 살고 있는지를 조사한 결과 '뒤센 미소Duchenne smile'를 지었던 여학생 대부분이 행복한 결혼생활을 하고 있었다고 한다. 여기서 뒤센 미소란 웃을 때 사용되는 얼굴의 42개 근육 중 의도적으로 움직일 수 없는 눈가의 특별한 근육과 입가의 근육 2개만을 사용할 때 나오는 미소를 말한다고 한다. 즉, 억지웃음이 아닌 진짜 행복해서 웃는 웃음을 말하는 것이다.

세계 최고의 명문인 와튼스쿨에서 최고의 프로그램으로 선정된 '행복한 인생 만들기'를 기반으로 한《나는 이제 행복하게 살고 싶다》라는 책에서는 행복한 사람에게 다음과 같은 뚜렷한 네 가지 특징이 있다고 말하고 있다.

1. **낙관적이다** 행복한 사람은 낙관적이다. 비관적인 사람과는 달리 자기가 좋은 결과를 얻고 문제를 신속하게 해결하리라고 믿기 때문이다. 일을 잘해 내면 스스로 격려하고 좌절을 겪어도 그것을 개인의 문제로 여기거나 문제가 재발해 계속 심각한 영향을 미치리라고 생각하지 않는다.
2. **자신감이 넘친다** 행복한 사람은 자신감이 넘치고 자기 자신을 좋아한다. 이들의 자신감은 높은 자존감에서 우러나며 남들보다 친절하고 너그럽다. 또 도덕

적이고 지적이며 건전하다. 스스로 편견 없는 인물이 되기 위해 노력한다.

3. **외향적이다** 행복한 사람은 사교적이다. 이들은 다른 사람과 교류하면서 얻은 에너지를 적극적으로 활용하고 모임에 가입하거나 남을 돕는 일을 잘한다.

4. **자기효능감이 높다** 행복한 사람은 자기효능감이 높다. 이들은 단순히 목표를 세우는 데서 끝나는 것이 아니라 자기에게 그 목표를 이루는 데 필요한 능력이 있다거나 그것을 달성하는 방법을 배울 수 있다고 믿는다. 또 자기효능감이 높은 사람은 본인 의지대로 인생을 살아가면서 스스로의 행동을 제어하고 자기 운명을 개척할 능력이 있다고 생각한다.

이와 같이 행복은 긍정적인 생각에서 비롯된다. 따라서 행복은 외부에서 주어지는 것이 아니라 자기 내부에서 이루어지는 것이다. 그것은 자기 의지에서 나오는 것이므로 누구의 가르침이나 경험과는 무관하다. 타고난 성향에 따라 지각하는 정도의 차이는 있지만 삶의 모든 것을 어떻게 생각하고 어떻게 받아들이느냐에 따라 행복은 커질 수도 있고 작아질 수도 있으며 완전히 사라질 수도 있다는 말이다. 내가 원하는 대로 살아가면서 기쁘고 즐거울 수 있다면 그처럼 큰 행복은 없을 것이다.

행복해지고 싶다면 생각부터 바꿔야 한다. 문제를 너무 심각하게 바라보지 말고, 자신에게 좀 더 너그러우며, 매사에 적극적이고 열정적인 마음을 품자. 지금 당장 실천에 옮기는 마음이 중요하다. 당신의 삶은 소중하다. 그 삶을 다스릴 수 있는 능력이 당신에게는 이미 주어져 있다.

| 후기 |

진정으로 나를 사랑하자!

가을 나뭇잎의 색이 어찌 그리 고울까. 그러나 사람이 꽃보다 아름답다는 노래 제목도 있지 않은가. 자연이 빚어낸 위대한 걸작 중 가장 위대한 것이 사람이다. 나무나 꽃들도 저마다 화려한 색을 입고 자신의 모습을 있는 그대로 드러낸다. 또 크기가 다르고 높낮이가 다르며 성질이 다르다. 하물며 우리는 세상에서 가장 위대하게 창조된 사람이다. 다른 이들과 더불어 살아가는 것은 협력하여 선을 이루라는 것이지 사람을 조종하고 조종당하는 타당치 않은 관계를 이루기 위함이 아니다. 헤아릴 수 없이 많은 사람들 중 같은 사람은 어디에도 없다. 나름대로 모두 위대한 존재다. 자신을 사랑하느냐고 물으면 많은 사람들이 그렇다고 답한다. 그러나 어떻게 사랑하느냐는 질문에 자신 있게 답하는 사람은 아주 드물다. 대부분이 사랑하는 법을 인정하지 않는다. 다시 한번 질문해 보겠다. 당신은 당신 자신을 사랑하는가?

진정으로 자신을 사랑한다면 아주 작은 것부터 행동으로 옮기기 바란다. 스스로 자신이 원하는 선물을 고르고, 먹고 싶은 음식을 선택하고, 하고 싶은 것을 하도록 배려하자. 여기서 중요한 것은 내 것을 고르는 데 상대에게 묻지도 말고 강요하지도 않는 것이다. 자신이 좋고 원하는 것이면 된다. 대부분의 사람들이 어색해하고 어려워하는 것이 바로 무엇인가를 선택하는 것이다. 이미 훈련된 습성 때문이다. 그렇게 우리는 자신을 잃어버렸다. 그 잃어버린 나를 찾아 어디에서든 자유롭고 행복한 삶을 살아가기를 간절히 소망한다.

내가 나를 사랑하는 법을 실천할 수 있을 때 비로소 다른 사람도 사랑할 수 있으며, 그들의 성향이나 취향도 함께 존중할 수 있다. 사람들은 저마다 가치 기준이 다르다. 절대 나와 같을 수 없다. 나와 같기를 바라지도 말고 그들을 따라가려 애쓰지도 말라. 자기 기준에 따라 자유로운 삶을 살아가기 바란다.

당신, 참 괜찮은 사람이다

초판1쇄 인쇄 | 2018년 2월 5일
초판1쇄 발행 | 2018년 2월 10일

지은이 | 육문희
펴낸이 | 김진성
펴낸곳 | 빛나래

편집 | 박부연, 박진영, 허 강
디자인 | 장재승
관리 | 정보해

출판등록 | 2012년 4월 23일 제2016-000007호
주소 | 경기도 수원시 장안구 팔달로237번길 37, 303(영화동)
전화 | 02-323-4421
팩스 | 02-323-7753
이메일 | kjs9653@hotmail.com

값 15,000원
ISBN 978-89-97763-15-3 03180